根据 2017 年版《普通高中语文课程标准》编写

新课标
新语文
新学习
丛书

丛书主编　褚树荣

本册主编　张永飞

汉语运用

学习任务群
04 / 13

语言家园

丛书主编 褚树荣

本册主编 张永飞

本册编委 褚树荣　张永飞　林鹏里
　　　　　　陶永武　韦　琳　杨　桦
　　　　　　查婺波　郑　超

目 录

写在前面 ...1

学习导航

按图索骥 ...3
课标传真 ...4
助学指津 ...6

专题问道

上编：语言积累运用 ...11

专题1 走向符号化——繁体与简体 ...11
含英咀华 ...11
  甲骨／蒋　勋 ...11
实践笃行 ...13
  做个小小规划师 ...13
闯关测试 ...15

专题2 意义关系网——语境与语义 ...21
含英咀华 ...21
  语境与语义／石安石 ...21
  义境融合／刘焕辉 ...25
实践笃行 ...28
  拨开"浮云"见"神马" ...28

| 闯关测试 | …32 |

专题3 语义的河流——本义与流变 …38

学者谈片 …38
　　词义的变化／张联荣 …38

实践笃行 …43
　　说文解字　以形探意 …43

闯关测试 …47

专题4 格式化的语言——熟语与典故 …53

学者谈片 …53
　　"不亡之言"——熟语／姚锡远 …53

实践笃行 …56
　　成语英雄联盟 …56

闯关测试 …58

专题5 情境中的约定——语法与语用 …62

学者谈片 …62
　　这个婆娘不是人——语言的使用／邵敬敏 …62

实践笃行 …66
　　《悟空学艺》情景剧 …66

闯关测试 …69

专题6 修辞立其诚——积极修辞与消极修辞 …74

学者谈片 …74
　　一样话百样说／王希杰 …74
　　消极修辞与积极修辞／吴礼权 …77

实践笃行 …79
　　修辞，让广告悦耳入心 …79

闯关测试 …86

目 录

专题 7　生活小逻辑——逻辑与思辨　…95

学者谈片　…95

　　审讯室里的"概念"战 / 金鸿儒　…95

　　菊花落瓣之争 / 吴正荣　…97

　　狮子的微笑 / 吴正荣　…99

　　罗拉快跑 / 吴正荣　…101

　　皇冠谜案 / 金鸿儒　…103

实践笃行　…104

　　福尔摩斯思维开发术——发现身边的推理"陷阱"　…104

闯关测试　…108

下编：汉语专题研讨　…113

专题 8　语言的魔方——对联与文化　…113

学者谈片　…113

　　对联的产生与发展 / 徐本湖　徐晶凝　…113

实践笃行　…117

　　裁笺半尺，写字一副——对联文化趣味探究　…117

闯关测试　…121

专题 9　时代晴雨表——民谣与风俗　…127

学者谈片　…127

　　从民谣看儒家文化对传统社会的影响 / 牛敬忠　…127

实践笃行　…131

　　时代晴雨表：民谣探究　…131

闯关测试　…133

专题10 歧路中抉择——文言与白话 ...139

含英咀华 ...139
文白的界限／张中行 ...139

实践笃行 ...143
文白千古事，得失寸心知——文言与白话写作 ...143

闯关测试 ...148

专题11 语言的狂欢——网络语言与汉语规范 ...152

含英咀华 ...152
网言网语 ...152

网络语言／吕明臣等 ...154

实践笃行 ...159
语言的狂欢——网络语言与规范探讨 ...159

闯关测试 ...162

专题12 文化全息码——汉字与文化 ...167

含英咀华 ...167
仓颉作书 ...167

水／林西莉 ...168

学者谈片 ...170
汉字：汉民族文化思维的镜像／高林波 ...170

实践笃行 ...172
我是谁——探寻姓名的意义 ...172

闯关测试 ...175

锦心绣口

应世致用 ...185
"解释和说明"写作活动 ...185

目录

互动对话 …189
    "申诉"口语活动 …189

我学我秀

展览平台 …195
自我评估 …196

知识附录

参考答案 …215
其他附录 …255

后　记 …261

写在前面

在语文学习的道路上你跋涉许久,那些语词构成的密林,有时让你怅然若失,有时又使你茅塞顿开。在阅读前人中你一一收藏人类的智慧之光,在表达自我时你一一点亮自己的心灵之火。在无数个阳光灿烂的午后,或是星光明亮的夜晚,你被这样的火光牵引,走进书本,走向生活。这样的时刻可以称为"生命的唤醒"了,而我们就出现在这样的时刻里。我们有一个共同的名字——"语文树",我们希望以树的形象和你站在一起,共同领略高处和远处的风景——《新课标 新语文 新学习》丛书。为了让你能与她相遇,我们努力了两年。希望这是一场温暖而让人百感交集的旅程,在旅程的起点,让我们暂缓脚步,听一场模拟对话吧。

新课标:语文学习"风向标"

生:老师,您是语文学习的"过来人",能谈谈如何学习语文吗?

师:"学"的本义是一个人在手把手地教习"爻","习"的本义是雏鸟练习飞出鸟窝,所以,"学"是知识的授受,"习"是技能的运用。古人云:"学而时习之,不亦说乎?"学到的知识能放到生活中去为我所用,这才是快乐的事情!语文学习也不例外,一定要注重知识学习和社会实践,要"知行合一"。

生:语文学习离不开语文实践,这个道理大家都懂。国家在课程标准、语文教材等方面有相应的倡导吗?

师:《普通高中语文课程标准(2017年版)》是课程设置、教材编写、教学实施、考试评

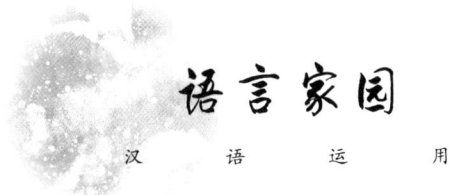

语言家园
汉 语 运 用

价的"国字号"文件。"核心素养"和"学习任务群"是其中的两大亮点。关于语文核心素养,很多专家发表过高见。现在看,还是《普通高中语文课程标准(2017年版)》的说法比较权威:

  语文学科核心素养是学生在积极的语言实践活动中积累与构建起来,并在真实的语言运用情境中表现出来的语言能力及其品质;是学生在语文学习中获得的语言知识与语言能力,思维方法和思维品质,情感、态度与价值观的综合体现。主要包括"语言建构与运用""思维发展与提升""审美鉴赏与创造""文化传承与理解"四个方面。

生: 四个方面是语文学习的四大领域吧?这四种核心素养怎样才能提高呢?

师: 它既是四种核心素养,也关涉四大关键能力,同时也是四个学习领域。为了培育语文核心素养,《普通高中语文课程标准(2017年版)》设置了18个学习任务群,分布在高中三年中修习。

请看下表:

学 习 任 务 群	学 分 安 排		
	必 修	选择性必修	选修(任选)
1 整本书阅读与研讨	1		
2 当代文化参与	0.5		
3 跨媒介阅读与交流	0.5		
4 语言积累、梳理与探究	1	1	
5 文学阅读与写作	2.5		
6 思辨性阅读与表达	1.5		
7 实用性阅读与交流	1		
8 中华传统文化经典研习		2	
9 中国革命传统作品研习		0.5	
10 中国现当代作家作品研习		0.5	
11 外国作家作品研习		1	
12 科学与文化论著研习		1	
13 汉字汉语专题研讨			2
14 中华传统文化专题研讨			2

写在前面

(续表)

学习任务群	学分安排		
	必修	选择性必修	选修(任选)
15 中国革命传统作品专题研讨			2
16 中国现当代作家作品专题研讨			2
17 跨文化专题研讨			2
18 学术论著专题研讨			2
总计	8	6	12

课标组专家进行了大量研究,数易其稿,提出了18个学习任务群。那么,如何把这18个学习任务群分解成学习专题?分解成什么样的学习专题?如何学习这些专题?对你们来说,解决这三个问题是语文学习的核心任务。但目前还没有人提供系统的指导和现成的资源,这也是我们策划这套丛书的良苦用心。

新语文:培植语文大树

生: 通过您的解释,我们理解了"新课标"之"新"。那么,"新语文"又"新"在何处呢?

师: 一个"新"字,表明我们开发了新的语文学习内容。我们在策划专题时,充分考虑了四个标准。一是阅读选文的权威性和时代性。选文要经过历史沉淀,尽量体现经典权威,要搭准时代的脉搏,你们看到的文章应该有相当的新鲜度。二是呈现方式的生动性和悦纳性。你们是学生,不是研究专家,文章选择、活动设计和陈述语体,我们尽量保持喜闻乐见的面孔和平等对话的态度。三是活动设计的操作性和选择性。不管是文本阅读还是活动实践,我们都考虑到简单易行,照顾到弹性选择。四是价值追求的普世性和多元化。开放的眼光、宽容的心态和普世的价值,对你们来说,也是一种核心素养。这方面争取与现行教材成为互补。因为坚持这四条标准,所以这套丛书的内容、结构和呈现不同于以往任何一种教材和教辅。

生: 这样看来,专题策划是重中之重。你们是怎样考虑的呢?

语言家园

汉 语 运 用

师：专题策划，我们郑重其事。我们把每个任务群分解成若干个学习专题，一共形成119个专题，每个专题主要分成"含英咀华（学者谈片等）""实践笃行"两类活动，加上每个任务群的综合写作和口语活动，共计270次语文学习活动。这样，活动指向专题，专题指向任务群，任务群指向核心素养。如右图所示：

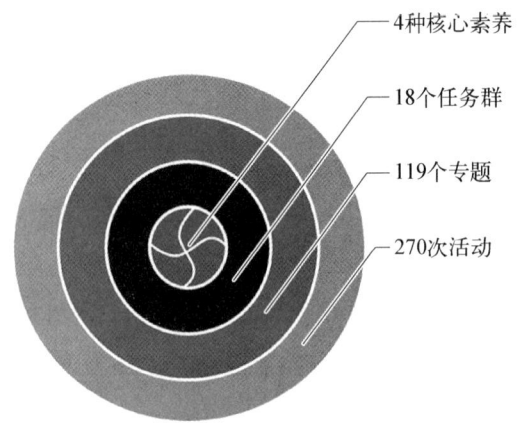

生：看来专题内容就是学习的基本内容，119个专题都涉及哪些内容呢？

师：119个专题的名称和学习范围如下，右边的学时是课标规定的，供同学们课外安排。

学习任务群	专 题 名 称	专 题 内 容	学时
1. 整本书阅读与研讨	1. 阅读的奥秘	整本书的阅读策略与方法	18课时
	2. 理性的光辉	理解性、接受性阅读	
	3. 向深处追溯	拓展性、探究性阅读	
	4. 对话的姿态	参证性、批判性阅读	
	5. 把珍珠穿起	群文性、类型化阅读	
	6. 让心灵遇见	消遣性、休闲性阅读	
2. 当代文化参与	1. 聚焦与透视	关注并调查社会文化热点	9课时
	2. 参与和建构	策划并参与当代文化活动	
	3. 探索与研究	探索并评价当代文化现象	
	4. 尊重与理解	养成尊重多元文化的意识	
	5. 保护与传承	策划民俗文化的现代传承	
3. 跨媒介阅读与交流	1. 拥抱新媒介	了解新媒体的种类和特点	9课时
	2. 媒体三棱镜	理解不同媒介的同题表达	
	3. 理性的眼神	学会辨别媒体立场和态度	
	4. 媒介小达人	学习跨媒介技术传播资讯	
	5. 跨界共同体	创建跨媒介学习共同体	

写 在 前 面

(续表)

学习任务群	专题名称		专题内容	学时
4. 语言积累、梳理与探究；13. 汉字汉语专题研讨	上编	1. 走向符号化	理解汉字简化,能够识繁写简	72课时
		2. 意义关系网	了解语义与语境的关系	
		3. 语义的河流	了解词义的类型及其流变	
		4. 格式化的语言	理解并正确使用熟语	
		5. 情境中的约定	学习语用的规律和规范	
		6. 修辞立其诚	了解并运用修辞提高表达效果	
		7. 生活小逻辑	了解逻辑,提高语用的逻辑性	
	下编	8. 语言的魔方	对联的欣赏与写作	
		9. 时代晴雨表	了解民谣背后的社会和民生	
		10. 歧路中抉择	了解文言白话的特点及其分离	
		11. 语言的狂欢	了解网络语言,认识语言规范	
		12. 文化全息码	探究汉字与文化的关系	
5. 文学阅读与写作	文字秘密	1. 超越惯性	了解诗歌的陌生化技巧	45课时
		2. 文质彬彬	了解散文的知性与感性	
		3. 河的第三条岸	了解小说的想象与虚构	
		4. 尺水里的波澜	了解戏剧的冲突与巧合	
	大地事件	5. 灵魂没有白发	文学"成长"母题阅读与写作	
		6. 零度以上的风景	文学"爱情"母题阅读与写作	
		7. 倒下的真理	文学"战争"母题阅读与写作	
		8. 我应该是一阵风	文学"自然"母题阅读与写作	
		9. 旧故里草木深	文学"故乡"母题阅读与写作	
	大师法则	10. 站在文学背后	创作与鉴赏的理论研习	
6. 思辨性阅读与表达		1. 谬误与审辨	了解思辨的误区和审慎的说理	27课时
		2. 经典的回响	研读经典的论述文本	
		3. 公民的情怀	关注并评论公共事件	
		4. 别样的声音	研读争鸣、答辩类文本	
		5. 价值的困境	理解人性和人生的多元性	
		6. 阐幽与发微	阐释文的阅读与写作	
		7. 证据与逻辑	立论文的阅读与写作	
		8. 对话与驳诘	驳论文的阅读与写作	

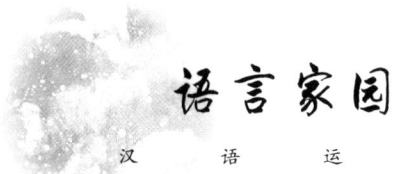

语言家园
汉语运用

(续表)

学习任务群	专题名称		专题内容	学时
7. 实用性阅读与交流	1. 运筹帷幄		策划书的阅读及写作	18课时
	2. 谈言微中		访谈的设计和实录	
	3. 走进现场		沙龙对话和演讲活动	
	4. 亮出你自己		面试活动及相关写作	
	5. 社会广角镜		时评的阅读和写作	
	6. 电子工作坊		新媒体的阅读和表达	
	7. 求真之眼		复杂说明文的阅读	
8. 中华传统文化经典研习	1. 春秋笔法		古代史事传记研习	36课时
	2. 寂寞圣贤		古代诸子散文研习	
	3. 名士情怀		古代游记小品研习	
	4. 心灵律动		古代诗词散曲研习	
	5. 铺采摛文		古代骈文辞赋研习	
	6. 应世致用		古代书信公牍研习	
	7. 仁心写真		古代序跋碑志研习	
	8. 瑰奇想象		古代志怪传奇研习	
9. 中国革命传统作品研习；15. 中国革命传统作品专题研讨	上编	1. 得体与审美	"红色"作品文学性研读	9课时
		2. 严密与崇高	"红色"作品思辨性研读	
		3. 写实与宣传	"红色"作品实用性研读	
	下编	4. 匕首与投枪	鲁迅杂文专题研讨	36课时
		5. 一代天骄	毛泽东诗词专题研讨	
		6. 红色舞台	"红色"经典剧本专题研讨	
		7. 大地的歌吟	"白洋淀派"小说专题研讨	
		8. 时代的乐章	当代散文三大家专题研讨	
		9. 黎明的通知	艾青诗歌专题研讨	
		10. 科学之春	徐迟报告文学专题研讨	
10. 中国现当代作家作品研习	1. 曾经的路途		现当代文学史梳理	9课时
	2. 缪斯的眼神		现当代诗歌研习	
	3. 人生的况味		现当代散文研习	
	4. 杨树的倒影		现当代小说研习	
	5. 舞台你我他		现当代戏剧研习	
	6. 别有幽情生		港台文学研习	

写 在 前 面

(续表)

学习任务群	专题名称	专题内容	学时
11. 外国作家作品研习	1. 文明的滥觞	外国古代文学作品研习	18课时
	2. 精神的宇宙	外国文艺复兴文学作品研习	
	3. 求索与救赎	外国近代文学作品研习	
	4. 荒诞与魔幻	外国现代主义文学作品研习	
	5. 历险与抗争	美国文学作品研习	
	6. 东方的情思	东方近现代文学作品研习	
12. 科学与文化论著研习	1. 生态因果链	生态与环境类文本研习	18课时
	2. 潘多拉魔盒	生物与基因类文本研习	
	3. 天道近物理	天文与物理类文本研习	
	4. 逻各斯密码	数学与逻辑类文本研习	
	5. 科学的圣殿	科学与哲学类文本研习	
	6. 遇见在巅峰	科学与人文类文本研习	
14. 中华传统文化专题研讨	1. 批判与继承	传统文化的现代观照	36课时
	2. 仁义与中庸	儒家文化专题研讨	
	3. 逍遥与隐逸	道家文化专题研讨	
	4. 性命与慈悲	佛教文化专题研讨	
	5. 生克与消长	阴阳五行文化专题研讨	
	6. 血缘与亲情	宗族文化专题研讨	
	7. 祈祷与禁忌	民俗文化专题研讨	
	8. 象征与暗示	汉语文化专题研讨	
16. 中国现当代作家作品专题研讨	1. 诺奖情缘	诺贝尔文学奖获奖作品欣赏	36课时
	2. 琴心剑胆	中国武侠文学欣赏	
	3. 朦胧诗界	中国现当代朦胧诗欣赏	
	4. 时代样板	现代京剧经典唱词欣赏	
	5. 精神寻根	寻根派文学研讨	
	6. 实验先锋	先锋派文学研讨	
	7. 超体空间	科幻作品研读及创作	
	8. 古典格局	章回体小说研讨	
17. 跨文化专题研讨	1. 永恒的爱情	探究爱情在中外戏剧中的表现	36课时
	2. 走出苦难	中西方文学对苦难的救赎	

语言家园
汉语运用

(续表)

学习任务群	专题名称	专题内容	学时
17. 跨文化专题研讨	3. 文本的旅行	探究英汉传译的文化意义	36课时
	4. 镜头下的异域	探究东西方文化碰撞与融合	
	5. 你追求的真实	审视外媒视角下的中国事件	
	6. 不一样的狂欢	中西方节日文化比较	
	7. 从对方眼中发现	西方汉学家笔下的中国古典风流	
18. 学术论著专题研讨	1. 涵盖乾坤	哲学类论著选文研读	36课时
	2. 平正中和	政治类论著选文研读	
	3. 经世济民	经济类论著选文研读	
	4. 返观内照	文化类论著选文研读	
	5. 光风霁月	教育类论著选文研读	
	6. 曲院风荷	艺术类论著选文研读	
	7. 凝固美学	建筑类论著选文研读	

生：这样的内容确实跟现有的教材不一样！还有哪些写作和口语交际活动呢？

师：你们最终要进入社会，阅读、写作和听说三者不可偏废，尤其是听说能力，其重要性远在阅读与写作之上，但目前这一块非常薄弱。因此，写作和口语交际是非常重要的课程内容。我们对写作和口语的训练点分解布局如下：

学习任务群	写作训练			口语训练	
	训练点	训练内容	文体	训练点	训练内容
1. 整本书阅读与研讨	摘录与批注	训练摘录与批注，培养良好的读书习惯	读书笔记	推介	介绍和推荐，突出被推介者的特色，让他人接受和认同
2. 当代文化参与	选点与提纲	筛选主题，分解提纲，确立行动框架	调查访谈	采访	根据提纲采访，实施调查，获取需要的信息
3. 跨媒介阅读与交流	技术与媒介	了解新媒体知识，训练相关媒体的运用技能	媒体交流	主持	关注主题，把控现场，串联话题，启发互动，完成跨界交流

写 在 前 面

(续表)

学习任务群	写作训练			口语训练	
	训练点	训练内容	文体	训练点	训练内容
4. 语言积累、梳理与探究； 13. 汉字汉语专题研讨	解释和说明	训练解释和说明的方法，促进阅读理解	说明文类	申诉	申告和诉求，提出要求、愿望，表达利益关切
5. 文学阅读与写作	虚构中的真实	学习想象虚构技巧，增进文学素养	微型小说	讲述	讲述事件经过，还原事情真相，吸引听众的关注
6. 思辨性阅读与表达	基于证据的推理	训练围绕观点组织证据，根据证据进行推理	立论驳论	辩论	就共同话题，与见解不同的人辩驳争论，阐述理由，申明观点
7. 实用性阅读与交流	公共事件报道	训练聚焦新闻事件，并作出客观表达	新闻通讯	演讲	面对公众表达立场、观点和情感，唤起听众共鸣
8. 中华传统文化经典研习	格式与韵律	了解古诗基本格律和范式，仿写古诗词和对联	仿古诗词	倾听	在口语情境中，倾听对方，获得真实和重要的信息
9. 中国革命传统作品研习； 15. 中国革命传统作品专题研讨	广告与宣传	认识标语的广告功能，训练广告词或宣传标语的写作	广告标语	谈判	根据焦点问题，与不同利益方沟通，取得共识
10. 中国现当代作家作品研习	变异和陌生化	认识文学语言特点，训练文学地表达	现代诗歌	朗诵	各种文学朗读和诗词吟诵，用声音艺术感染人
11. 外国作家作品研习	神聚与形散	认识散文(随笔)的文体特征，训练相关写作技巧	散文随笔	聊天	掌握倾听、追问、附和、献疑、转换等谈话技巧，学会聊天
12. 科学与文化论著研习	设计和报告	认识验证与科学研究的关系，训练实验报告基本写法	实验报告	质询	就困惑处、怀疑处、否定处提出疑问和质询，引起回应
14. 中华传统文化专题研讨	创意与策划	学习策划主题活动，训练策划文案的写作	活动策划	论坛	在专题论坛上，限时发表简要观点，申明理由，获得听众认同

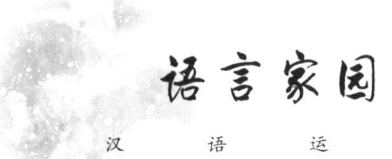

语言家园
汉语运用

(续表)

学习任务群	写作训练			口语训练	
	训练点	训练内容	文体	训练点	训练内容
16. 中国现当代作家作品专题研讨	鉴赏和批评	简介评论的种类,训练时评和文评的写法	评论写作	讨论	就某个话题组织讨论,记录讨论内容,形成讨论结果
17. 跨文化专题研讨	译介信达雅	翻译的基本要求,训练古文、外文和现代散文的互译	翻译介绍	报告	在学术活动中简明扼要地向专家及听众汇报研究成果
18. 学术论著专题研讨	尊重学术规范	简介小论文写作规范,学习小论文写作	学术论文	答辩	在学术活动中解释自己的科研成果或论文,并答复专家的提问

新学习:转轨,以正确的姿态

生:学好该丛书,我们需要怎样的学习方式呢?

师:我们对于丛书的定位是:它是"学本",你们可以把它当作自学课程;也是"脚本",你们可以据此进行社会实践活动;也可以是"教本",教师把它作为统编教材的补充。其实,古往今来,人类任何一种有效的学习,本质上都是自学,都是运用。课外以自学、实践为主,依靠同伴互助,联结社会生活;课内比照、参考为辅,延伸老师讲解,拓宽学习视野,便是自学这套丛书的主要策略,这和多数同学的学习习惯形成互补关系,而不是取舍关系。

生:课内学习和课外活动的关系怎么处理呢?我们已经够忙了,哪里还有时间去完成课外活动呢?

师:必须承认,很少有人只靠课内学习就能够解决一切问题,同学们要思考的是,语文不是靠有限的几篇范文细嚼慢咽就能够提高素养的。朱熹说:"问渠那得清如许,为有源头活水来。"语文素养犹如映照着天光云影的"半亩方塘",而语文实践犹如源源不断的"源头活水"。课内教材和课外自学,不是取舍关系,而应该"得

写在前面

而兼之"。作为在校生,更好的学习方法是"同步"和"配套"。同步,就是进度和节奏与学校课程保持一致。这套丛书的学习周期是三年。每个任务群的自学时间可以参照新课标规定,当然同学们也可以根据自己的学习实际灵活调配。"配套"是指内容上的相辅相成。课内学习哪个任务群,课外相应配套该任务群学本以拓宽和加深。这样,教师的教学和你们的自学形成联动,课内的指令性任务和课外自主性实践产生互补,效果更好。

生:我们自学这套丛书时,书的框架体例能给我们怎样的帮助呢?

师:"写在前面"主要让你们了解整套丛书的框架和内容,从中我们可以发现,16册书形成了一个系统性的结构,与新课标18个任务群严丝合缝地对接,同时也指明学习目标、学习内容和学习方式。第一板块"学习导航"包括"按图索骥"和"课标传真",前者是学习专题的形象图示,你们一看就知道本书的内容;后者是让同学们了解本任务群的学习目标、学习内容和学习方法。第二板块"他山之玉"是你们的同龄人或者其他学校学习的成功案例,可提供借鉴的方法和思路。"助学指津"是对于完成任务群的方法和策略建议。这一板块有些任务群是省略的。第三板块"专题问道"是全书的主要内容,"含英咀华(学者谈片等)"为同学们提供更多古今中外的文化精华。"实践笃行"是该任务群学习的加深和拓宽活动,有的侧重学术研究,有的侧重社会实践。第四板块的"锦心绣口"是综合写作活动和口语活动,也是丛书精心开发的活动体系,要扎实训练。第五板块"我学我秀"里有你们同龄人的学习成果展示,也包括一份综合性的"自我评估"题,相当于任务群学习质量的自我评价,而这种评价的理念和方式,完全不同于你们常见的应试题目,不妨一试。第六板块是"知识附录",这里有本书所有题目的参考答案以及其他有价值的知识,包括整个任务群的推荐阅读书目。

生:我注意到每一个专题的"含英咀华(学者谈片等)"后面还有"我思我在",相当于课文后面的思考练习吧?怎么落实这个任务呢?有些"实践笃行"也不是一个人可以完成的。这样的学习是否也可以在课内外和同学们一起完成呢?

师:需要强调的是,"我思我在"作为文后的学习任务,都是本书的编撰者精心构思的问题,指向文本的内核,同时又扣住专题的主题。为了与文本形成对话,文后的题目并不是聊备一格的虚设,而是非常重要的深入文本的途径,也是理解专题的抓手。"实践笃行"跟文本阅读同样重要,无论是学术性探究还是社会化实践,都是形成语文能力的必经之途。这些活动,有的要独立思考,有的要同伴互助,这要根据任务的性质来定。

生: 丛书确实有着全新的内容和形式,好好学习,相信一定能够提升我们的语文素养。

师: 古人说:"取法乎上,仅得其中,取法乎中,仅得其下。"我们的理念从现实的土壤里生长出来,但又超越现实。我们的创意是长期教学经验的升华,但又带着实验的因子。我们的开发团队,虽然属于当地一线名师,但个体经验毕竟不能代替科学理论。纵然有美好愿景在远处指引,有专业激情在内心推动,但由于我们自身水平有限,最终能否实现预期目标还有待于读者的检验。为了把这件事情做得更好,我们非常需要读者的反馈、批评和建议。建构自学语文课程非常艰难,丛书仅仅是自学课程的框架和拐杖。要在语文学习过程中形成核心素养,不仅需要学本,更需要时间,需要生活。"纸上得来终觉浅,绝知此事要躬行",生活和阅历才是人生最好的教科书。

褚树荣

2018年3月

我们命定的目标和道路,不是享乐,也不是受苦,而是行动,在每个明天,都要比今天前进一步。

——朗费罗《人生颂》

千里之行,始于足下,学习过程犹如一场远行。"按图索骥"呈现了行走的"路线图","课标传真"昭示了行走的"目的地"。我们希望一个个专题就是学习之旅中的一个个驿站,你可以体验学习的全程,也可以自由选择:你如果顺图而行,每一站都各有精彩;你如果率性而行,你最想去的地方就在那儿等你。为了便于选择,我们对每一站风景都作了简要介绍。当然,学习之路从来也是艰辛的,在旅途陷入迷茫或困境时,建议你读一读"助学指津",也许有助于你开拓道路和把握方向。

旅程最艰难的就是迈出第一步,我们期待你的加入。

按图索骥

"树型"知识结构图

语言的积累、梳理与探究,是一棵枝繁叶茂的"大树",它深深扎根于中国汉语的文化土壤之中。这棵大树的枝杈分布着众多的语言现象,也有专题的汉字汉语研讨活动,比如化繁为简、走向符号化的简化规律,在语境"意义关系网"中表达语义的特点,而熟语又是经过时间"格式化"的特殊语言,对联简直就是"语言的魔方",民谣就像一支"时代晴雨表",每个汉字就是一个"文化全息码"……我们把这些语言现象及研讨活动分解成 12 个专题,同学们通过循序渐进地学习这些专题,完成积累、梳理与探究的实践活动,提高对语言现象的理性认识,你就能够形成个体的言语经验,丰富自己的语言积累,提升语言的核心素养。

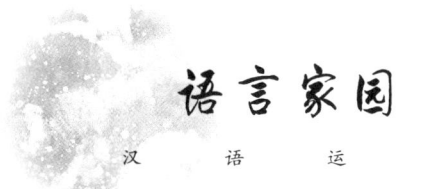

语言家园
汉 语 运 用

课标传真

学习任务群4　语言积累、梳理与探究

本任务群旨在培养学生丰富语言积累、梳理语言现象的习惯,在观察、探索语言文字现象,发现语言文字运用问题的过程中,自主积累语文知识,探究语言文字运用规律,增强语言文字运用的敏感性,提高探究、发现的能力,感受祖国语言文字的独特魅力,增强热爱祖国语言文字的感情。

本任务群的学习贯串必修、选择性必修两个阶段。

1. 学习目标与内容

(1) 在语文活动中,积累有关汉字、汉语的现象和理性认识,了解汉字在汉语发展和应用中的重要作用,巩固和加深义务教育阶段所学的汉字知识;体会汉字、汉语与中华传统文化的关系及汉语的民族特性,增强热爱祖国语言文字的感情。

(2) 通过在语境中解读词汇、理解语义的过程,树立语言和言语的相关性和差别性的观念。

(3) 通过文言文阅读,梳理文言词语在不同上下文中的词义和用法,把握古今汉语词义的异同,既能沟通古今词义的发展关系,又要避免用现代意义理解古义,做到对中华优秀传统文化作品的准确理解。

(4) 在自主修改病句和分析句子结构的过程中,体会汉语句子的结构特点和虚词的作用,进一步领悟语法规律。在学习文学作品时,观察词语的活用、句子语序的变化等,体会文学语言的灵活性和创造性。

(5) 在运用口语和书面语表达的过程中,对比两种语体用词和造句的差别,体会口语与书面语的风格差异。

(6) 反思和总结自己写作时遣词造句的经验,建构初步的逻辑和修辞知识,提高语用能力,增强表达的个性化。

2. 教学提示

本任务群贯串整个高中阶段,既有课内活动,也应有课外任务。必修和选择性必修阶段,均安排 1 个学分,选修阶段不安排学分。

(1) 积累、梳理要有系统、有计划,要有步骤地、持续地进行。积累既是丰富学生词汇、表达方式等的需要,也是为以后的梳理所做的准备。要有布置,有鼓励和督促,持之以恒。

(2) 本任务群的课时,在必修和选择性必修阶段,可以有两种分配方式:或集中安排,或穿插在其他学习任务群中。如何分配课时,由教材编者设计或教师根据自己的教学计划安排。

(3) 本任务群在必修和选择性必修阶段,应贯串其他所有的学习任务群,与各个学习任务群中阅读与鉴赏、表达与交流、梳理与探究的语文活动有机结合在一起。每一个学习任务群,都要为"语言积累、梳理与探究"学习任务群提出问题,提供资料,准备必要的条件;有些学习任务群也可以与本任务群共同完成。例如,在既有书面语读写,又有口语活动的学习任务群中,即可探讨语体风格的问题。

(4) 积累、整合与探究,都要边积累,边记录。必修阶段主要写语言札记,随时记录点滴材料。选择性必修阶段可试写短文,整合和解释有关现象。

(5) 本任务群重在过程的典型性,不论是积累、梳理还是探究,都注重发展语感,增强对语言规律的认识,不追求知识点的全面与系统,切忌违背学生自主学习的精神,生硬灌输一些语言学条文。

(6) 在完成任务的过程中,针对学习内容,可通过专门文章的阅读,引导学生深入思考。

学习任务群 13 汉字汉语专题研讨

本任务群是在必修和选择性必修"语言积累、梳理与探究"的基础上,就汉字或汉语的某一问题,加以归纳、梳理,训练学生从应用中观察语言文字现象的能力和总结规律的综合、分析能力,旨在加深学生对汉字、汉语的理性认识。

1. 学习目标与内容

(1) 有意识地在义务教育和高中必修阶段积累的基础上,发现与汉字、汉语有关的某些问题,结合汉字、汉语普及读物的阅读,进行归纳梳理,验证汉字、汉语的理论规律,

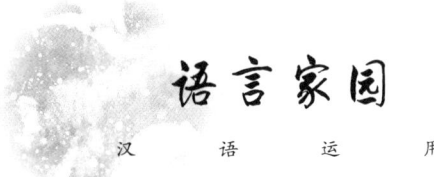

例如汉字的表意性质、汉语的韵律特点、词汇意义的系统性、文学语言的灵活性、口语与书面语的不同特点等，提高对语言现象的理性认识。

（2）针对语言生活中的现实问题，例如网络语言与汉字汉语规范问题、方言与普通话关系问题、成语典故运用问题等，阅读相关论著，整理事实与数据，对社会上出现的语言热点问题展开讨论，用正确的观点与方法分析问题，得出结论，在实际语言运用中努力促进祖国语言文字健康发展。

（3）学生以撰写读书报告、语言专题调查报告、小论文等形式呈现学习成果，并在专题讨论会上发表自己的成果。

2. 教学提示

本任务群为2学分，36课时。建议设置4—6个专题，每个专题6—9课时。

（1）要恰当选择专题。专题应是各阶段学习中已经积累的并有利于将来长期应用的问题，同时要注意现有研究成果是否足以供学生参考。

（2）要配备适用的学习材料。可选用或专门编写主题明确、语料充分、具有启发性的学习材料来引领学习。

（3）要充分利用先进的媒介手段。观察事实、收集数据、贮存资料、分析问题、发表成果要充分利用先进的信息手段，发挥网络等信息工具的优势，优化研究方法，提高研究质量。

《普通高中语文课程标准（2017年版）》

 助学指津

学习任务群4"语言积累、梳理与探究"，旨在培养学生养成巩固和丰富语言积累、梳理语言现象的习惯，在探索语言文字现象、发现语言文字运用问题的过程中，自主积累语文知识，探究语言文字运用规律，增强语言文字运用的敏感性，提高探究、发现的能力。

学习导航

学习任务群13"汉字汉语专题研讨"是在学习任务群4的基础上,就汉字或汉语的某一问题,加以归纳、梳理,训练学生从应用中观察语言文字现象的能力和总结规律的综合、分析能力,旨在加深学生对汉字、汉语的理性认识。

"语言积累、梳理与探究"和"汉字汉语专题研讨"都涉及语言文字的学习与运用,也是一个语言长期实践的过程,它包含语法知识、语用规律、言语现象,与文字敏感、文化底蕴和语文素养有关。这两个任务群的学习,你可以从新课标出发,有计划地开展专题学习活动。每个专题的"含英咀华(学者谈片)"是供你们了解相关知识的,"实践笃行"则旨在情境中学习语言,在活动中探究规律,从而内化为语言素养,最后通过"闯关测试"来巩固你的学习成果。

你可以尝试运用以下方法开启任务群的学习之旅。

1. 资料查询法

许慎的《说文解字》、廖文豪的《汉字树》、汉典网站、繁体字网站,可供你探究汉字的前世今生,品味汉字的文化魅力;杜文澜的《古谣谚》、杨广恩的《熟语趣话》、李渔的《笠翁对韵》等文献资料,可供你积累民谣、熟语、对联等文化常识,熟悉文学典故、时代风貌和社会民生;张联荣的《汉语词汇的流变》、徐默凡和刘大为的《汉语语用趣说》、张中行的《文言和白话》,可以让你了解古今词义的流变、语义语境的关系、语言运用的规范、语体风格的差异,构建起逻辑和修辞的语法知识。

2. 情景模拟法

请根据任务群的专题设计活动,在生活的情境中开展语言实践活动,探寻语言运用的规律和途径。你可以模拟"成语英雄联盟",挑战积累熟语的功夫;你可创设"悟空学艺"的情境,把握语言运用的规范;你可以在"语言的魔方"演练厅中开启对联欣赏与创作的趣味之旅;你可以在民谣的"档案馆""研究院""实验室"中,逐步了解民谣背后的社会风俗和时代民生。

3. 趣味大闯关

你可以在"六书"的演绎、流行语的品读中,实现从"学民"级向"学霸"级的华丽转身;你可以在逻辑推理的过程中,当一位专破语言"谜案"的福尔摩斯;你可以在汉字的文化之旅、书法的视觉盛宴、元宵的灯谜猜想中,当一回古代科举的"魁首"。

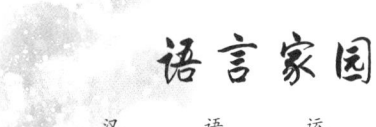

4. 研究性学习

梳理和探究是高级别的语言学习方式。任务群设置了好几个研究性学习项目。你可以策划"民国小镇"规划方案,在专题活动中"识繁写简";你可以通过"晒、识、辨、用"网言网语的实践活动,专题探讨网络语言的鲜活性和规范性问题;你可以通过"探寻姓名的意义"活动,了解汉字与文化的关系。如果你能从身边的语言现象中,总结、梳理、探究和建构出语言规律,那么恭喜你已经是语言运用和研究的高手了!

专题问道

德可以分为两种：一种是智慧的德，另一种是行为的德，前者是从学习中得来的，后者是从实践中得来的。

——亚里士多德

此刻，我们将开启整个学习之旅中的精华部分——专题问道。我们的旅程既以"语文"命名，自然就与"文字"结缘，与"思考"接轨，与"实践"接壤。

"含英咀华（学者谈片等）"，品读文字精华，我们希望给予你的是古今中外那些真正打动人心的文字，它们显示了人类飞翔的能力；"我思我在"，揭示思考路径，我们希望给予你的是从纷繁芜杂的表象抵达本质的眼睛；在"实践笃行"中，你学会情境应用，你接触到活的语文，它生长在真实的语境里；最后通过"闯关测试"来巩固你的专题学习成果。

上编：语言积累运用

专题 1

走向符号化

——繁体与简体

汉语犹如呼吸，与我们如此密切，却又亲密得易被忽视。汉字，源远流长而又新鲜活泼。从悠悠太上、民之厥初、远古人们的结绳记事开始，经过多少历史风雨的打磨，汉字才变成如今的模样？从图画走向方块，从繁体走向简体，从象形走向符号……它的容颜里有多少故事？其中又隐藏了多少文字演化的秘密？在本专题中，让我们聚焦汉字符号化的过程，触摸汉字的肌理，学会识繁写简。

※ 含英咀华

甲　骨[①]

蒋　勋

一片龟的腹甲，一片牛的肩胛骨，或者一块鹿的头额骨，在筋肉腐烂之后，经过漫长岁月，连骨膜都漂洗干净了，颜色雪白，没有留一点点血肉的痕迹。

动物骨骸的白，像是没有记忆的过去，像洪荒以来不曾改变的月光，像黎明以前曙光的白，像顽强不肯消失的存在，在亘古沉默的历史之前，努力着想要呐喊出一点打破僵局的声音。

[①] 节选自《汉字书法之美》（广西师范大学出版社 2009 年版），有改动。蒋勋（1947—　），福建长乐人，台湾知名画家、诗人、作家。主要作品有《汉字书法之美》《蒋勋说红楼梦》《美的沉思》等。

语言家园

汉 语 运 用

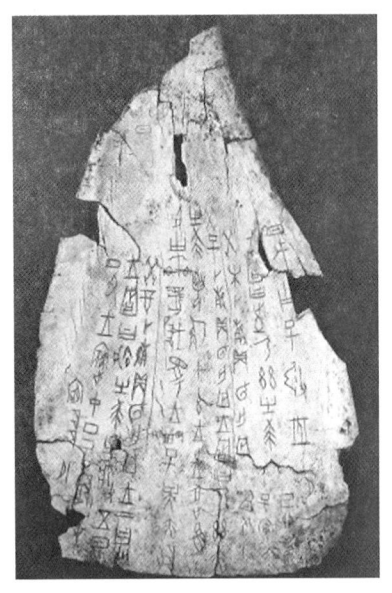

清光绪二十五年（一八九九年），一位一生研究金石文字的学者王懿荣，在中药铺买来的药材里看到一些骨骸残片。他拿起来端详，仿佛那些尸骨忽然隔着三四千年的历史，努力拥挤着说："我在这里！我在这里！"

王懿荣在残片上看到一些明显的符号，他拂拭去灰尘积垢，那符号更清晰了，用手指去触摸，感觉得到硬物契刻的凹凸痕迹。

古代金石文字的长时间收藏研究，使王懿荣很容易辨认出这些骨骸龟甲残片上的符号，这是比周代石鼓还要早的文字，是比晚商青铜镌刻的铭文还要早的文字。

王懿荣发现甲骨文字的故事像一则传奇，也使人不禁联想：长久以来，不知道中药铺贩卖出了多少"甲骨"，而有多少刻着商代历史的"甲骨"早已被熬煮成汤药，喝进病人的肚子，药渣随处弃置，化为尘泥。

王懿荣的学生，写《老残游记》的刘鹗（铁云）继续老师的发现，编录了最早的甲骨文著录——《铁云藏龟》。

从清末到一九三〇年代，甲骨文的研究整理经过王国维、罗振玉、郭沫若、董作宾四位，商代卜辞文字大致有了轮廓。一直到二十世纪末，出土的甲骨大约有近十五万片，可以整理出五千多个单字。

几位学者中又以董作宾对甲骨文的书写美学特别有贡献。一九三三年，他就做了甲骨文时代风格的断代，用"壮伟宏放"形容早期甲骨书法，用"拘谨"形容第二期和第三期的书风，以及用"简陋""颓靡"形容末期的甲骨书法。

甲骨文字是卜辞，商朝初民相信死去的生命都还存在，这些无所不在的"灵"或"鬼"可以预知吉凶祸福。

动物的骨骸，乌龟的腹甲也是死去生命的遗留，用毛笔沾染朱红色颜料，在上面书写祈愿或祝祷的句子，书写完毕，再用硬物照书写的笔画契刻下来。因此，虽然目前看到的甲骨多为契刻文字，却还是先有毛笔书写过程的。也有少数出土的甲骨上是书写好还没

专题问道

专题1 走向符号化——繁体与简体

有完成契刻的例子。"上古结绳而治,后世圣人易之以书契","书写"与"契刻"正是甲骨文完成的两个步骤。

刻好卜辞的龟甲牛骨钻了细孔,放在火上炙烤,甲骨上出现裂纹,裂纹有长有短,用来判断吉凶,就是"卜"字的来源。我们今天在自己手掌上以掌纹端详命运,也还是一种"卜"。

我喜欢看甲骨。有一片骨骸上刻满了二十几条和"下雨"有关的卜辞——"甲申卜雨""丙戌卜及夕雨""丁亥雨",看着看着仿佛看到干旱大地上等待盼望雨水的生命,一次又一次在死去的动物尸骸上契刻着祝告上天的文字。那"雨"是从天上落下的水,那"夕"是一弯新月初升,"戌"是一柄斧头,"申"像是一条飞在空中的龙蛇。

◎ 我思我在

1. 作者认为,"书写"与"契刻"正是甲骨文完成的两个步骤。如果此说成立,毛笔在其中起了很大作用,你同意作者的推断吗?

2. 民国时代的甲骨文研究发展到什么程度了?请根据选文找出3点依据加以说明。

3. 阅读选文后,你对"汉字的产生是一个符号化的过程"有怎样的理解?

※ 实践笃行

做个小小规划师

情境创设

作为一名高中生,你对民国文化了解多少?最近某地要打造一个"民国小镇"影视城,并面向全国征集规划方案。请你结合中国近代历史知识和相关影视作品,从语言文字角度入手,策划一个"民国小镇"的文化规划方案。

语言家园

汉语运用

活动准备

一、为突出方案的"民国范儿",建议你先做一些准备,补一补民国时代的相关功课。

1. 观看电影《黄金时代》《城南旧事》《小城之春》,感受民国风情,并做记录。

2. 翻阅《简化字繁体字对照字典》,熟悉常用字的繁体字写法。

二、"民国范儿"可以从哪些角度来表现呢?下面给你一个策划的参考思路。

1. 建筑篇

(1) 给小镇街道、里弄取名。名字要体现道路的规模,考虑地域和时代特点。

(2) 给小镇楼房、别墅等建筑取名。民国是古今交汇、中西融合的时期,在给建筑取名时,要注意时代特点,如周公馆、巡捕房等。

2. 商铺篇

(1) 查阅资料,或者采访家长、教师,列一列民国时期特有的商铺种类。

(2) 选择其中三类商铺,分别拟牌匾名称,并给出命名理由。

3. 特产篇

(1) 上网了解民国时期流行的特色商品及其广告图片,与同学交流。

(2) 假如这个小镇就位于你的家乡,你觉得有哪些物产可以成为商品?请为这样的物产写一句广告词。

活动过程

我们从建筑、商铺、特产三个方面为你展示了规划思路,请充分发挥你的想象力,和同学进行讨论,再补充一种规划思路。要求:

(1) 你可以邀请三位同学共同完成,每人负责一项任务,也可以一个人独立完成。

(2) 一项任务设计为一张 A4 纸,制作封面,装订成一份由五页纸组成的规划书。

(3) 如果你是一个很有组织能力的人,那么可以发动全班同学都来做"规划师",然后把每个同学的规划书装订在一起,就是一本像模像样的《民国小镇规划》。

(4) 要注意,规划书的全部文字都得用繁体字。

专题问道

专题1 走向符号化——繁体与简体

活动自检

项　　目	活　动　细　目	分值	自评
建筑篇	给街道等取名,结合地域、时代特点	10	
	给楼房等取名,结合时代特点	10	
商铺篇	了解民国商铺种类	10	
	拟写牌匾名称,给出命名理由	10	
特产篇	上网了解民国时期的特色商品及其广告图片	10	
	选择当地物产作为开发的商品,写广告词	10	
_____篇 (自行规划)		10	
		10	
繁体字	正确使用繁体字 (字义与字形能准确对应等)	10	
成　果	撰写实施报告,将报告装订成册,在班上分享	10	

※ 闯关测试

识繁写简,能体现出你的文化素养。在你面前有三道关卡,你将在闯关成功后获得相应分值,现在开始吧!

第一关：初级题(24分)

1. 作家阿城出版了一本关于中国文明造型源于天象的书,他用图画诠释文化,最有可能的书名是(　　) (3分)

   A. 仓颉作书　　　　　　　　B. 结绳艺术
   C. 契刻历史　　　　　　　　D. 洛书河图

2. 下列各字中形旁为"肉"的是(　　) (3分)

   A. 肌　　　B. 明　　　C. 钥　　　D. 腾

3. 鲁迅笔下的孔乙己曾炫耀过"回"字的四种写法,以下选项中不属于"回"繁体字的一项是(　　) (3分)

   A. 國　　　B. 囬　　　C. 田　　　D. 囶

语言家园

汉语运用

4. 以下属于"义"的隶书写法的是（　　） (3分)

A. ![A]　　B. ![B]　　C. ![C]　　D. 义

5. 下面的表述错误的是（　　） (3分)

A. "诉诸法律"的"诸"是"之于"两个字急说时的合音，即"诉之于法律"。

B. "甭说了"的"甭"就是"不用"两个字急说时的合音，字义就是"不用"。

C. "居心叵测"的"叵"是"可"的反写，"可"是可以，反过来写成"叵"就是"不可以"。词语"居心叵测"就是居心不良、深不可测的意思。

D. "彳"的读音"chì"，俗称"双人旁"或"双立人"。"彳"只作偏旁，不独立成字。

6. 快餐店"吃嘛嘛香"列出了当天推出的菜品，但是里面有不少错别字，请你找出来并加以改正。 (9分)

第二关：中级题(43分)

7. 下图为一家店铺的照片，请判断这是家什么店？为什么用繁体字做招牌？(2分)

专题问道

专题1 走向符号化——繁体与简体

8. 2014年,一幅"九球天后"的题词照片在微博疯传,引发网友吐槽,下图为该照片,你看出"槽点"了吗? （4分）

9. 下图是在民国题材的影视资料中找到的截图,请你找找"碴"。 （6分）

10. 以下左列为《诗经》中的句子,其中米字格内的是繁体字,请与右列对应的简体字连线。 （7分）

语言家园

汉语运用

11. 请根据下图中的文字残片，指出这是哪种古文字？ （4分）

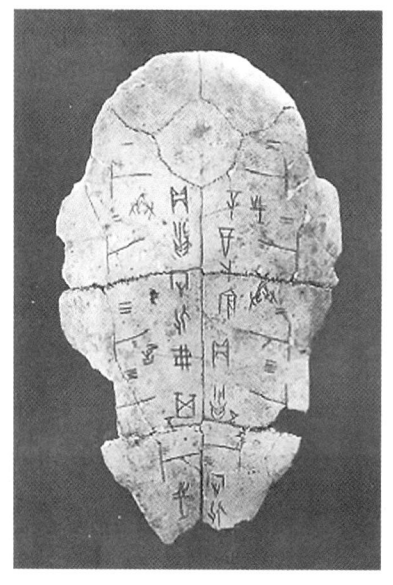

12. 请写出下图中带圈字对应的繁体字，并说说其中隐藏了汉字在演变过程中的哪些规律。 （8分）

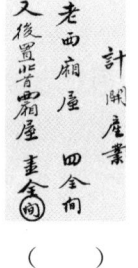   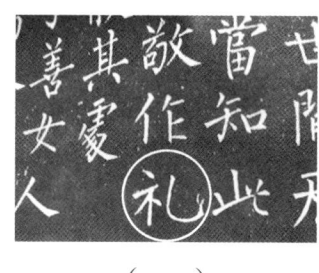

（　　）　　（　　）　　（　　）　　（　　）

13. 下列古文字分别对应现代汉语中的什么字？ （8分）

（　　）　　（　　）　　（　　）　　（　　）

14. 有些武侠片的海报会使用繁体字。请举例，并说说这样做的好处。 （4分）

第三关：高级题(33分)

15. 米寿是对八十八岁的雅称，因为"米"拆开是八十八。那么茶寿是指几岁呢？
（　　） （3分）

A. 91　　　　B. 98　　　　C. 108　　　　D. 78

专题问道

专题 1 走向符号化——繁体与简体

16. 下列对于汉字演变总趋势的说法,不正确的一项是(　　)　　　　(3分)
   A. 由繁到简　　　　　　　　B. 发展过程分为古文字和隶楷两大阶段
   C. 隶书盛行于明代　　　　　D. 楷书盛行于隋唐

17. 张艺谋的《英雄》上映时,有媒体问主演李连杰对"英雄"的理解。李连杰说,英雄不是打打杀杀,汉字中的"武"拆开来是"止""戈",古人理解的"武"应该是拒绝暴力。你认为他说的有道理吗?　　　　(3分)

18. M中学高二(3)班的微信群里正在展开一场关于"汉字要不要恢复繁体"的争论,请将空白处补充完整。　　　　(12分,每空3分)

若兮:	今天看胡歌演的古装片,字幕都用繁体的,好有古风啊。
洛洛:	是啊,是啊,像《卷珠帘》那种中国风的歌,MV(音乐短片)配简体字就少了味道。
小丸子:	
七喜:	是啊,嫌我们考试时字写得太少?赶明儿你选历史试试?
仙剑一生推:	我输入法都用繁體的,可是用手写的话速度跟不上啊。
一打毛衣:	不要说历史了,单是语文一篇作文写下来已经崩溃了吧。
仙剑一生推:	妳們說的是實用功能,也可以從審美和訓詁的角度看吧。
學霸就是我:	
七喜:	我看未必,难道我们要回到上古时期,找块龟甲去刻?
小丸子:	
學霸就是我:	对。其实秦小篆就是对古篆的简化和规范。后来官方和民间一直有不断简化文字的趋势。
若兮:	说繁体影响效率我不同意。

19. 2004年,台湾地区举办票选"小说最爱一百"活动,《未央歌》列于"小说最爱二十"的名单中。这部作品以西南联大和昆明为背景,描写了抗日战争时期青年学生的生活。小说一出版就风靡校园。音乐人黄舒骏曾远赴美国拜访作者鹿桥,创作了同名歌曲《未央歌》,随之传唱于海峡两岸。李安执导《色戒》时,也将小说《未央歌》列为主演汤唯的必读书之一。然而直到2007年,小说《未央歌》才正式在大陆出版。之所以隔了这么多年,是因为鹿桥坚持非繁体不出版,而大陆规定只有古籍书才能以繁体出版。

(1) 请你站在鹿桥先生的立场,写一段坚持繁体出版的内心独白。　　　　(6分)

(2) 黄山书社经多方争取,最后尊重鹿桥先生的意愿以繁体出版,从某种意义上说是一种妥协,而此后《未央歌》在大陆未再版。对此你怎么看?　　　(6分)

专题 2

意义关系网

——语境与语义

你知道"打"字在《现代汉语词典》里有几种意义吗？单是动词就有 24 个义项，它在不同的句子中有不同的含义，这就是语境与语义的关系。一个字或词语字典中有多种含义，我们学习语言是不是需要把这些义项都背下来呢？我们阅读时如何知道这个字（词）在句子中使用的是这个意思而不是那个意思呢？在本专题中，我们要通过解构语义的"关系网"，把握语义与语境的关系，正确判断字（词）在不同语境中的不同含义，从而正确地使用字（词）。

※ 含英咀华

语境与语义[①]

石安石

两类语境

任何词语、句子都是在一定的语境中运用的。语境与语义有十分密切的关系。任何语义都必须在一定语境中才能得到实现；从不在任何语境中出现的"语义"是一种虚构。

语境可以分为两大类：情景语境和上下文语境。情景语境指与交际有关的人物、场合、时间、社会背景等。在口语中，情景语境还包括眼色、面部表情、手势等。

上下文指本词语前后的词语，或本句话前后的语句。例如小说《祝福》有个自然段，只一句话：

[①] 选自中山大学《刊授指导》1988 年第 1 期，有改动。

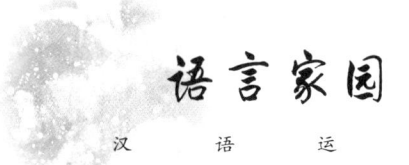

语言家园
汉语运用

冬至的祭祖时节,她做得更出力,看四婶装好祭品,和阿牛将桌子抬到屋中央,她便坦然的去拿酒杯和筷子。

如果要考察"坦然的"这一词语的上下文语境,最直接的自然是"她"和"去拿酒杯和筷子";扩大一点,由"便"连接的前面的"看四婶……屋中央"也是;再扩大一点,是上面引的这一整句话("坦然的"自身除外)。而这句话又有前后有关的话语作为它的上下文语境。从上文,读者知道,这里的"她"指死了两个丈夫又来鲁四老爷家当佣人的祥林嫂,刚刚为赎罪捐了门槛,所以"她做得更出力",而且"坦然的"去拿杯筷;从下文,读者知道,她的女主人四婶仍不准她拿,使她遭到沉重的打击,她越是肯出力,越是坦然,她遭受到的打击将越大。

语境对语义的作用可从以下几个方面说明。

语境使语义单一化

不少词语是多义的,但在一定语境中实现的通常又是其中某一个意义。例如:

五官端正

他为人不错,行为端正。

"端正"一词在前句中只能是"不歪斜,各部分保持匀称状态"的意思,而在后句中只能是"正派"的意思。又如:

这顿饭没菜。

光看这句话,这里的"菜"可能是"饭菜"的"菜",那么这整句话的意思是说这顿饭只有饭而没有下饭的菜;这里的"菜"也可能是"蔬菜",那么整句话的意思是说这顿饭尽吃鸡鸭鱼肉或豆制品之类。但如果坐在饭桌边面对着桌上的食物,那么"菜"的词义和这句话的句义就都是确定的了。

有些句子中每个词的意义都很明确,整个句子却可作不止一种解释。例如:

张三借王五三十块钱。

这是一个农民办的夜校。

前一句,第三者也许不知说的是张三向王五借了三十块钱,还是张三借给王五三十块钱;后一句,不知情者不知说的是由农民(不一定是一个农民)自己办的一个夜校,还是由某个农民办的夜校(不一定是一个夜校)。如果看了上下文,或了解了当时的情景,那么就

专题问道

专题2 意义关系网——语境与语义

只能有一种理解了。

语境使语义具体化

语义是概括的,但在特定的语境中所反映的对象相对地说比较具体。例如请人写个便条,他说"没有笔",这"笔"便是泛指,毛笔、铅笔、圆珠笔都可以指。但如请中国书法家写一个条幅,他说"没有笔",便只指毛笔,而且把小楷毛笔排除在外,只是"笔"中的一小类。如果纸已铺在桌上,墨已研好,他说:"笔!"那么可能只指他已选中的某一支笔了。又如人称代词孤立地并不指某一个人,但在一定语境中往往实有所指,如上引《祝福》中那句话里的"她"就指的祥林嫂。又如《雷雨》第二幕,蘩漪对周萍说:

一个女子,你记着,不能受两代的欺侮,你可以想一想。

这里,不仅"你"有所指,就是"一个女子"也是特指蘩漪自己,"两代"也是特指周朴园和周萍父子。

语境使词和句产生临时意义

每个词都有社会公认的固定的意义,由词构成的短语或句子也都有其固定的意义(尽管有的不止一个意义),但在一定语境的参与下,词、短语、句子都可以获得临时的意义。例如:

我买了一辆"凤凰"。

他俩明晚办事,请吃喜糖。

阿Q们心满意足地说:"我们又胜利了!"

"凤凰"本是一种自行车的牌子,临时获得"凤凰"牌自行车的意义。"办事"临时获得"举行婚礼"的意义。"阿Q"临时成了精神胜利法者的代名词。

同一词语在不同的语境中甚至可以表达相反的意义,产生相反的效果。例如明知有人做了蠢事,还要说:"你真聪明!"这个特殊的语境中"聪明"获得"愚蠢"的含义。在戏院里我国观众高声叫"好!"正常情况下是表示赞赏,但有时却表示强烈的不满,是所谓的"喝倒彩"。

在特定的语境中,句子表达临时意义的现象很为常见。上面举的"好!"其实同时也

语言家园

汉语运用

是句子表达临时意义的一例。又如：

甲：你今晚有时间吗？

乙：有个老同学来找我。

甲一面说话，一面向乙出示两张当晚的电影票，他的话表达的便是："今晚你同我一道看电影吧！"乙的话表达的则是："我得等老同学，我不能陪你看电影了。"这些意思，仅仅从甲、乙对话的本身都是看不出来的。

临时意义可以是多种多样的。例如"你今晚有时间吗？"这句话，在另外的语境中，也许是表示想请对方帮助做点事，也许是想请对方到家里做客。语境帮助说话人明确地表达出某种没说出来的意思，也帮助对方准确地领会这种意思。

◎ **我思我在**

1. 语境与语义是怎样的关系？请在选文中标出说明语境与语义关系的话。

2. 你能根据语境判断下文"意思"的意思吗？

意　思

他说："她这人真有意思①。"她说："他这人怪有意思②。"于是，有人断言，她和他有了意思③，并要他赶快意思意思④。他火了，说："我根本没那意思⑤！"她生气了，问："你们这样胡扯是什么意思⑥？"说的人有点不好意思⑦，便解释说这纯属开玩笑，并没有别的意思⑧。事后，有人说"真有意思⑨"，也有人说"真没意思⑩"。

查《现代汉语词典》"意思"有以下义项。请把对应的"意思"序号填在括号内。

(1) 语言文字的意义，思想内容（　　　）

(2) 意见，愿望（　　　）

(3) 指礼品所代表的心意（　　　）

(4) 某种趋势或苗头（　　　）

(5) 情趣，趣味（　　　）

3. 根据语境解释下列句中加点词语的临时意义。

(1) 审问没有多久，秘密警察弗立德里赫很不小心地"碰"了我一下，我又在昏迷状态中被运了回来。（伏契克《绞刑架下的报告》）

(2) 几个女人有点失望,也有些伤心,各人在心里骂着自己的"狠心贼"。(孙犁《荷花淀》)

(3) 翻译的最高境界是让原作"投胎转世",躯壳换了一个,而精神姿质依然故我。(钱锺书)

义 境 融 合[①]

刘焕辉

"义境融合"即指话语含义与交际场景的融合。

"义境"何以能够"融合"？话语含义特别是其中的寓意又是怎么产生的？原来充当交际工具的语言这套全民通用的符号系统,本来就是从同一语言社会千百万人在千变万化的交际场景无数次地说(写)出的话语中抽象、概括出来的。在这抽象概括过程中,必然要舍弃一些具体的、个别的、临时出现的言语因素和非语言的语境因素,专门抽取带共同性、确定性、全民通用的语言因素来,才能在同一语言社会中获得彼此认同和通用,比如汉语词汇系统中每个词的义项、组词成句的结构规则即语法规则,都应该是全民所公认和通用的,否则就无法充当交际工具和文化传承的载体。然而人们的言语交际又总是在具体的、千变万化的交际场景中进行。在口语或书面交际过程中,一方面因语言符号的有限性、抽象性与表达内容的具体性、无限丰富性之间存在着难以克服的矛盾而感到"言不尽意";另一方面又要尽量避免说写的唠叨和过于直露而不宜把意思都说满、把句子结构都说全,故总得留下一些语义空白让对方根据场景所提供的线索去补充。这两方面都要求说话人善于借助交际场景中那些具有语义指向作用的非语言因素作为补充手段,把所要表达的意思完整地传达给对方,使有限的语言符号能适应话语无限的交际需要。因此当人们把抽象出来的语词符号组成话语重新返回具体交际场景中来运用,语言本身的抽象意义便很自然地融入交际场景,同那些相关的非语言因素结合而为所要表达

[①] 节选自《言与意之谜——探索话语的语义迷宫》(中国社会科学出版社2001年版),有改动。

语言家园

汉语运用

的话语含义,并使交际对方能够理解。这种由抽象向具体的回归、语言义与交际场景的结合,简直达到水乳交融般自然的程度——这是人类语言的特性使然。让我们来剖析一个现实生活中最浅显的例子,看看"义境"是怎么"融合"的。下面是一位上了年纪的著名外科女医生,在三种不同场景遇到几乎相同的几问几答:

  A. 交际场景:手术室门外走廊上,守候着正在进行子宫肌瘤摘除手术的一个中年妇女的家属,焦急地等候手术室传出的信息。门开了,医生满头大汗走出来……

  问:"切了吗?"病人家属赶忙围上去。

  答:"切了。"医生边说,边点了点头。

根据场景提示,这"切了"的一问一答,无疑是指"肌瘤摘除"。

  B. 交际场景:一年后的一个星期天下午,这位连双休日都很少闲着的医生来到一伙离退休的老太太中间参加锻炼。

  问:"切了吗?"几个刚退休的老太太围了上来。

  答:"切了。"医生笑着点了点头。

  问:"切了? 像您这样全市有名的'一把刀'也给'切'下来了……"其中一位表示不解地直摇头。

  答:"大家都一样嘛,还能例外?"医生很平静地边说边系鞋带。

根据场景提示,这里的"切了"是指办理离退休手续只能按年龄"一刀切"。

  C. 交际场景:锻炼完毕,医生回到家里。她见女儿还在看书,记起出门时曾交代她要把排骨和冬瓜切好,放入高压锅炖汤。

  问:"切了吗?"医生从容地把运动衫往衣架上挂。

  答:"早就切好啦,都快炖烂了。"女儿一脸得意的样子。

根据场景提示,这里的"切了"是指切排骨和冬瓜。

  看,"切""了""吗"这三个语词符号本来是从各种交际场景中抽象出来的,在辞典中都有全民共同理解的确定词义(包括有关义项),其组词成句的方式也是符合高度抽象的汉语语法规律的。但经组成"切了吗?"和"切了"这两个非主谓句进入不同交际场景后,无论是充当疑问句或陈述句,其话语含义并不一样,却又都能顺利地进行思想交流。在医院和家里的对话,话语含义和字面意义一致,但"切"的具体对象不同,这是交

专题问道

专题2 意义关系网——语境与语义

际场景使抽象的语义具体化;而在锻炼时与那几位退休老太太的对话,就明显含有超越字面意义的寓意了。这是交际场景赋予话语的寓意。"切"这个词在辞典中过去没有,今后也不会增加"到了年龄一律退休"这个义项。可见话语含义(特别是其中的寓意)总是语言本身的意义和交际场景中相关因素相结合的产物;脱离了交际场景,话语便成了空无所指的"躯壳"。据此可以肯定,一切话语含义都是一定交际场景中的具体意义,这是话语含义对交际场景的绝对依赖性,就像鱼儿离开了水及其所适应的水温、深度以及各种矿物质含量等赖以生存的条件就会死亡、干瘪一样。因此义境融合,是语言用于交际场景的一种天然融合,这是从具体到抽象又从抽象回归具体的必然现象,体现了语言符号比其他符号更富于伸缩自如的弹性和变通使用的灵活性特点。难怪前引石安石先生在《语境与语义》一文说得那么肯定:"任何语义都必须在一定语境中才能得到实现;从不在任何语境中出现的'语义'是一种虚构。"据此,也就不难理解:为什么语法上讨论的"咬死猎人的狗""鸡不吃了"以及"巴金的书"……这些歧义结构,都是从具体语境抽象出来的语言中的歧义;一进入交际场景,歧义便被排除了。由此可以进一步证明:"义境"之所以"融合",是由于交际场景具有修补语义和提供语义线索的功能。它不仅可以使语言结构中的歧义得以排除,而且可以使原来抽象的语义得到具体的确定,还可以填补语言符号线性序列的语义空缺,并赋予它以超越字面意义的寓意。

◎ 我思我在

1. 根据文章内容,概括"义境融合"的意思,100字以内。

2. 说说下面这个故事中威尔逊的话为什么会产生幽默讽刺的效果。

美国第28任总统威尔逊在担任新泽西州州长期间,他的一位好友、该州财政部长詹姆斯突然去世。就在威尔逊极为震惊和悲痛之时,一位政界人士打来电话说:"州长先生,我希望接替詹姆斯的位置。"威尔逊对此人迫不及待的态度极为不快,但他强压住心中的怒火,平静地说:"没问题。如果殡仪馆同意的话,我本人是完全同意的!"

3. 一些语句脱离了具体的语境,语义就有了多种可能性,就是我们常说的有歧义。

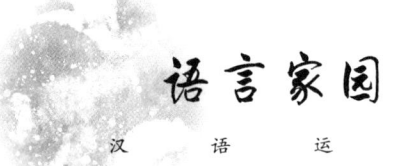

下面几个句子都脱离了语境,请说说它们可能有哪些含义。

(1) 这份报告,我写不好。

(2) 你说不过他也得说。

(3) 衣服洗得干净。

4. 请用简洁、平实的语言写出下面三个比喻句的含义,每条不超过10个字。

英国哲学家培根认为,做学问有三种方式:一是像蜘蛛一样,整天忙于从自己肚子里吐丝织网;二是像蚂蚁一样,整天忙于把食物从外面搬回自己的窝里;三是像蜜蜂一样,忙于采花粉,酿造成蜂蜜。

※ 实践笃行

拨开"浮云"见"神马"

情境创设

最近,同学们对班级的"流行语"颇感兴趣。比如作业太多,很"蓝瘦";这位同学体育课看小说,"我也是醉了";"你咋不上天呢""城里人套路深""神马都是浮云"等。大家纷纷上网搜索近年来的网络流行语,探寻网络流行语的"前世今生"。结果同学们惊诧地发现,同一流行语在不同的句子中会有不同的意思,因此要树立在语境中解读词句的意识,并获得相应的语义解读能力。

活动准备

1. 每人搜集3条网络流行语,并结合语境试着解释其含义。

2. 通过班级博客或者微信圈展示流行语,互相交流。

活动过程

有人曾用一段话概括了2016年度十大网络用语:

专 题 问 道

专题2　意义关系网——语境与语义

2016我一个吃瓜群众,年初就给自己定了一个小目标,要用尽洪荒之力,也不能让友谊的小船说翻就翻。尽管有时葛优躺,有时辣眼睛,有时还蓝瘦香菇,但我相信,有老司机,有这么多厉害了我的哥,什么葛优躺、辣眼睛,什么蓝瘦香菇,一切全是套路。

年轻人喜爱网络流行语,因为流行语浅显易懂、时尚新奇、精练幽默,有助于更好地交流。但要真正做到更好地交流,必须以准确理解流行语的含义为前提。同学们,对于那些经常使用的网络流行语,你们是否真正理解它们的含义呢?

环节一　分享交流

通过班级博客或者微信朋友圈,同学投票选出使用频率较高的网络流行语。大家搜集到的使用频率较高的网络流行语可能有:

① 刷　　　　　　　　　　② 干货

③ 囧　　　　　　　　　　④ 洪荒之力

⑤ 神马都是浮云　　　　　⑥ 主要看气质

⑦ 我也是醉了　　　　　　⑧ ……的小船说翻就翻

⑨ 给力　　　　　　　　　⑩ 杯具

⑪ 你懂的　　　　　　　　⑫ ……就是任性

⑬ 脑洞大开　　　　　　　⑭ 且×且珍惜

⑮ 画面太美我不敢看　　　⑯ 现在整个人都不好了

⑰ 萌萌哒　　　　　　　　⑱ 涨姿势

……

环节二　品味辨析

网络流行语往往有形象、生动、诙谐的特点,形象化的表述又往往带来意义的不确定,用法也缺乏规范,因此品析同一流行语在不同句子(语境)中的不同含义,很有必要。

示例:【囧】

语言家园

汉语运用

例　句	辨　析
① 在这一季中,人们突然惊奇地发现篮球巨星科比出现在片中并且上演了超囧的一幕。	形容词,窘迫、郁闷、悲伤
② 山寨的世界,很囧很强大!	形容词,尴尬、无奈
③ 愚人自娱两不误,《囧探佳人》领军神探囧你一下。	动词,指因为受到外部事件的影响而导致内心的尴尬、窘迫与无奈
④ 明星穿错衣,囧你没商量。	
⑤ 此时场上却上演了最有囧的一幕,姚明没拿到球,可球却直接飞入了篮圈。	形容词活用作名词,特指让人惊讶或无可奈何的事

搜集选取3—5条高频流行语,如"也是醉了""神马都是浮云",解读其在不同语境中的含义。

(一)"也是醉了"

1. "也是醉了"源于一款电脑游戏,后来被运用到微博评论中,因受网民的青睐而得以流行。"也是醉了"是从醉酒的初始意义发展而来,但它表达的并不是"某人喝酒醉了"这一客观事实,而主要是对无奈、郁闷情绪的表达,通常表示对人物或事物无法理喻、无法交流和无力吐槽等。例如:

(1) 也是醉了!两父亲高考前拼儿子,竟翻脸成仇上演打斗场面。

(2) 甲:我没有车,油价上涨跟我没关系。

　　乙:我已经有房了,房价上涨跟我也没关系。

　　丙:我有车没房,我也是醉了。

从表面上看,"也是醉了"和油价及房价上涨这一话题完全无关,丙间接地表达了他对于油价房价上涨的无奈感和压力感,同时也带有一种自嘲式的幽默意味。

2. 结合语境解读下列句子中"也是醉了"的含义。

(1) 自创五言体初衷是厌烦以前的八股体,文风新颖,读来真是朗朗上口,不过总有点打快板的感觉,把人代会开成联欢会,也是醉了。

(2) 下午6点多,终于回到济南,8个多小时的返程路,也是醉了。

(3) 空姐机场购物迟到,这种延误也是醉了。

(4) A:你知道吗?小刚月收入有一万呢!

　　B:哇,好羡慕,他干吗的呀?

专题问道

专题2 意义关系网——语境与语义

A：哈哈,他在家天天睡大觉,老梦见自己月薪上万呢,却从来不去找事做。

B：也是醉了。

(5) 一边看春晚颜值最高的张震耍帅,一边疯狂地用微信摇一摇,也是醉了。

(6) 南京即将迎来一年中最美的季节,春暖花开,骑着自行车漫游南京,想想也是醉了。

(二)"神马都是浮云"

1. "浮云"最早出自《论语》"不义富且贵,于我如浮云",比喻虚无缥缈,转瞬即逝。在后来的使用中,也表示漂泊不定,变幻无常。如诗人李陵的《与苏武诗三首》中,"仰视浮云驰,奄忽互相逾。风波一失所,各在天一隅"。

"神马都是浮云"的流行,缘于2010年国庆期间红遍网络的"小月月"事件,后被收入2010年十大网络流行语。"神马都是浮云","神马"是"什么"的谐音,而"浮云"却在使用过程中获得了更多的新的话语意义。

(1) 比喻某些看得到却得不到的东西,也可表示无实际意义的事物。

(2) 比喻不把某些虚无缥缈、转瞬即逝的东西放在眼里。

(3) 比喻对想要得到却实际得不到的东西故作无视,实质是不愿意面对。

"神马都是浮云"在网络上成为万能金句后,被网友们频繁使用,主要有三种含义：抱怨,感叹,超然。

2. 结合语境解读下列句子中"神马都是浮云"的含义。

(1) 奖金、升职这些是神马东西?都是浮云、浮云……

(2) 看了网络红人"凤姐"红果果的写真集,我只能这样说,神马都是浮云呀……

(3) 新华每日电讯文章《神马都是浮云》中说道："不畏浮云遮望眼,只缘身在最高层。"可我们都是俗人,真能看破一切,做到"神马都是浮云"并不容易。

(4) 汽车设计师在有限的数据下,通过巧妙的空间设计与造型,大大提升了空间利用率。对于家用汽车,轴距神马似乎是浮云,高效的空间利用率才是王道。

环节三　汇纂辞典

解读流行语之后,请筛选出3—5条例句充足、含义丰富的流行语。同学之间共同推敲修改,解读尽量详细、准确。在此基础上,把全班同学的解读成果汇总起来,编纂一部

语言家园

汉语运用

收录30—50个词条的小型《网络流行语辞典》。

示例:【刷】

① (本义)用刷子清除或涂抹。(《现代汉语词典》)

② 引申为拿某种东西在另一物体表面平行移动:刷卡。

③ 重复做,使数量增加:刷屏,刷票,刷题,刷人气。

④ 重复做一些事让他人关注:刷存在感。

⑤ 刷微博、刷朋友圈。

⑥ 刷新,更新。

活动自检

项 目		活动细目	分值	自评
活动准备		每人搜集网络流行语3条,结合语境解释其含义	10	
活动过程	环节一 分享交流	通过班级博客或微信圈展示交流,投票评出使用频率较高的网络流行语	10	
	环节二 品味辨析	(一)"我也是醉了"每句4分,答对5句此项就满分	20	
		(二)"神马都是浮云"每句4分,答对5句此项就满分	20	
	环节三 汇纂辞典	解读流行语之后,筛选出3—5条流行语	20	
		把全班同学的解读成果汇总起来,编纂《网络流行语辞典》	20	

※ 闯关测试

语义要根据语境来判别,这是解词的原则,同一词语在不同语境中具有不同的含义,这是语文常识。带着这样的原则和常识,请完成本专题闯关测试题。

第一关:初级题(30分)

1. "临"字在古文中的常见义项有:a. 靠近;b. 登临;c. 面对着;d. 将要。下列句子中"临"字含义依次判断正确的一项是(　　)　　　　　　　　　　　　　　(3分)

① 把酒临风(《岳阳楼记》)　　　　② 临溪而渔(《醉翁亭记》)

专题问道

专题 2　意义关系网——语境与语义

③ 东临碣石(《观沧海》)　　　　　　④ 故临崩寄臣以大事也(《出师表》)

A. abcd　　　　B. cabd　　　　C. cdab　　　　D. acdb

2. "可怜"一词在古诗文中的含义有：a. 值得怜悯；b. 可爱；c. 可喜；d. 可惜；e. 可羡。下列诗句中"可怜"一词含义依次判断正确的一项是(　　)　　　　　(3分)

① 东家有贤女,自名秦罗敷,可怜体无比,阿母为汝求。(《孔雀东南飞》)

② 可怜无益费精神,有似黄金掷虚牝。(《赠崔立之评事》)

③ 可怜春浅游人少,好傍池边下马行。(《曲江早春》)

④ 可怜身上衣正单,心忧炭贱愿天寒。(《卖炭翁》)

⑤ 姊妹兄弟皆列土,可怜光彩生门户。(《长恨歌》)

A. abcde　　　　B. caebd　　　　C. acedb　　　　D. bdcae

3. 下面五个成语中都有"以"字,其含义各不相同,判断正确的一项是(　　)(3分)

① 不以为然　② 以文会友　③ 以汤沃雪　④ 以小见大　⑤ 以类相从

A. 认为　通过　用　从　按照　　　　B. 把　通过　从　用　按照

C. 认为　用　因为　从　凭借　　　　D. 把　根据　用　因为　凭借

4. 下面成语中都有"当"字,其中有两个含义相同,判断正确的一项是(　　)(3分)

① 门当户对　② 当仁不让　③ 首当其冲　④ 当之无愧　⑤ 当局者迷

A. ①⑤　　　　B. ②③　　　　C. ③④　　　　D. ②⑤

5. 下面每个选项都有两个相同的语句,对其含义的解说有误的一项是(　　)(3分)

A. 冬天,能穿多少穿多少。夏天,能穿多少穿多少。

解说：前一句是说衣服穿得越多越好；后一句是指穿得越少越好。

B. 剩女产生的原因有两个：一是谁都看不上,二是谁都看不上。

解说：前一句指女生看不上别人；后一句指男生看不上该女生。

C. 地铁里一个女孩正在给男朋友打电话："我已经到西直门了,你快出来往地铁站走。如果你到了,我还没到,你就等着吧；如果我到了,你还没到,你就等着吧。"

解说：前一句指你在原地等待就好；后一句指你在家里等着我。

D. 单身的原因：原来是喜欢一个人,现在是喜欢一个人。

语言家园

汉 语 运 用

解说：前一句指单恋,喜欢着一个对象;后一句指没对象了,喜欢独自一个人。

6. 对下面这句话中"涟漪"的意思理解不恰当的一项是(   )　　　　　　(3分)

一朵朵多姿多彩的生活的浪花,会在你我他的心中激起层层涟漪。

A. 指风行水上留下的波纹　　　　B. 指内心深处的触动

C. 指抑制不住的浮想联翩　　　　D. 指引起的深深共鸣

7. 下面古诗句中加点词语意思和现代汉语相同的一项是(   )　　　　　　(3分)

A. 游客三江外,单栖百虑违。(《秋庭夜月有怀》)

B. 东风露消息,万物有精神。(《春近》)

C. 睡觉心空思想尽,近来乡梦不多成。(《早兴》)

D. 秋天一夜静无云,断续鸿声到晓闻。(《秋闺思》)

8. 对下面诗句中"窈窕""解释"两词理解正确的一项是(   )　　　　　　(3分)

① 既含睇兮又宜笑,子慕予兮善窈窕。(《楚辞·九歌·山鬼》)

② 既窈窕以寻壑,亦崎岖而经丘。(《归去来兮辞》)

③ 解释春风无限恨,沉香亭北倚阑干。(《清平调》)

④ 堕落千年难解释,沉沦永世不翻身。(《西游记》)

A. ① 美丽娴静　② 幽深曲折　③ 消除　④ 解脱

B. ① 幽深曲折　② 美丽娴静　③ 消除　④ 解脱

C. ① 美丽娴静　② 幽深曲折　③ 解脱　④ 消除

D. ① 幽深曲折　② 美丽娴静　③ 解脱　④ 消除

9. 下面四首吟咏螃蟹的古诗中,其螃蟹的形象没有被赋予象征意义的一项是(   )　　　　　　(3分)

A. 如今钉在盘筵上,得似江湖乱走无。(《咏蟹》)

B. 莫道无心畏雷电,海龙王处也横行。(《咏蟹》)

C. 匡实黄金重,螯肥白玉香。(《寄文刚求蟹》)

D. 眼前道路无经纬,皮里春秋空黑黄。(《螃蟹咏》)

10. 古人作诗讲究炼字,这些经过精心锤炼推敲的字词极富表现力,具有丰富的内涵。对下面这首诗前两联中加点字的内涵解读得不正确的一项是(   )　　　　　　(3分)

专 题 问 道

专题2　意义关系网——语境与语义

赤　壁

〔明〕杜庠

水军东下本雄图,千里长江**隘**舳舻。

诸葛心中**空**有汉,曹瞒眼里**已**无吴。

兵销炬影东风猛,梦断箫声夜月孤。

过此不堪回首处,荒矶鸥鸟满烟芜。

A. "本"字既说明曹操本有一统天下的雄心,也暗含了其雄心难以实现的结局。

B. "隘"字以辽阔的长江显得狭窄、不够宽来衬托出曹操水师舰船之多。

C. "空"字写出诸葛亮虽有复兴汉室之心,但最终无法实现。

D. "已"字表明赤壁之战曹操把诸葛亮辅佐的刘备当作主要对手而看轻了东吴的孙权。

第二关：中级题(47分)

11. 从下面这两句话中选一句,设置三种语境,使之有三种不同的临时意义。(6分)

① 天马上就要下雨了。

② 我明天要去杭州。

12. 有些笑话利用语言的多义性和模糊性,故意曲解,造成令人发笑或幽默的效果。说说下面这三则笑话为什么会令人发笑。　　　　　　　　　　　　　　　(9分)

① 一歹徒闯入一户人家,晃着手中的刀子对男主人说:"你要敢喊,老子给你点颜色看看。"女主人忙说:"不用给他颜色看,他是色盲。"

② 杀猪的和卖茶的打赌。杀猪的说:"用铁锤锤蛋锤不破。"卖茶的说:"锤得破!"杀猪的说:"锤不破!"卖茶的不服气,拿来一个鸡蛋,用锤子使劲打下去,鸡蛋破了。卖茶的说:"这不是破了吗?"杀猪的说:"蛋是破了,可我说的是锤不破啊!"说着他指指铁锤。

③ 顾客:"癣药,价钱多少?"店员:"每瓶6元!"顾客:"一滴,卖多少钱?"店员:"怎么可以买一滴? 起码一瓶。"顾客:"你们广告上明明说:一滴就灵!"

13. 请以平实的语言表述下面材料中画线句子的含意,不超过15个字。　　(6分)

有个青年人总是抱怨环境,一位长者对他说:"你想保护自己的脚,穿上一双鞋子比给全世界铺上地毯更容易做到。"

14. 解释下列句中加点词语的含义。

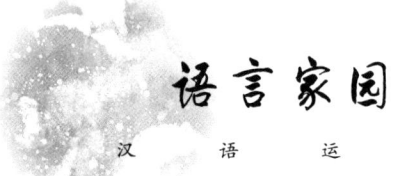

① 1972年周恩来在会见尼克松时说:"由于大家都知道的原因,两国人民之间的来往中断了二十多年。现在,经过中美双方的努力,友好往来的大门终于打开了。"(7分)

② 有一弟子去拜谒禅师,进门时才想起没有带见面礼,于是抱歉地对禅师说:"师傅,真不好意思,我忘了带见面礼。"禅师答道:"那你就放着吧。"弟子不明:"我未带东西,师傅怎么叫我'放着'呢?"禅师又道:"那你就提着吧。" (7分)

15. "双关"这种修辞手法借助一定的语境,故意使语句产生双重意义。下面是2017年央视春晚小品《大城小爱》的开场镜头,刘亮饰演的高空清洁工与妻子打电话,话里有好多双关语,请你找出四处并解释其双重含义。 (12分,每空1分)

刘亮:"喂,媳妇。想我啦,想我你也别来。你看,你怎么来问我是干什么的。你老公,我现在高高在上啊,所有人都得仰视我。看你说的,我都有两把刷子。媳妇,我一会儿,就到上升期了。我不跟你说了。开工了。"

语 句	双重含义	
	他妻子听了以为是……	实际是……
①		
②		
③		
④		

第三关:高级题(23分)

16. 阅读下面这首古诗,结合背景资料说说此诗的字面意义和深层含义。

(8分)

节 妇 吟

——寄东平李司空师道

[唐]张籍

君知妾有夫,赠妾双明珠;

感君缠绵意,系在红罗襦。

妾家高楼连苑起,良人执戟明光里。

知君用心如日月,事夫誓拟同生死。

专题问道

专题2 意义关系网——语境与语义

还君明珠双泪垂,恨不相逢未嫁时。

背景资料:李师道是当时藩镇之一的平卢淄青节度使,又冠以检校司空等头衔,其势炙手可热。为巩固和扩大自己的势力范围,他采用各种手段拉拢一些文人和中央官吏为他效力。张籍当时是唐朝中央政府的水部员外郎,颇有诗名,便成为李师道拉拢的对象之一。张籍以这首诗答复李师道。

17. 阅读下面语段,回答文后问题。

探宝钗黛玉半含酸

一语未了,忽听外面人说:"林姑娘来了。"话犹未了,林黛玉已摇摇的走了进来,一见宝玉,便笑道:"嗳哟!我来的不巧了!"宝玉等忙起身笑让坐,宝钗因笑道:"这话怎么说?"黛玉笑道:"早知他来,我就不来了。"宝钗道:"我更不解这意。"黛玉笑道:"要来一群都来,要不来一个也不来;今儿他来了,明儿我再来,如此间错开了来着,岂不天天有人来了?也不至于太冷落,也不至于太热闹了。姐姐如何反不解这意思?"

薛姨妈便令人去灌了最上等的酒来。这里宝玉又说:"不必温暖了,我只爱吃冷的。"薛姨妈忙道:"这可使不得,吃了冷酒,写字手打飐儿。"宝钗笑道:"宝兄弟,亏你每日家杂学旁收的,难道就不知道酒性最热,若热吃下去,发散的就快;若冷吃下去,便凝结在内,以五脏去暖他,岂不受害?从此还不快不要吃那冷的了。"宝玉听这话有情理,便放下冷酒,命人暖来方饮。

黛玉嗑着瓜子儿,只抿着嘴笑。可巧黛玉的小丫鬟雪雁走来与黛玉送小手炉,黛玉因含笑问他:"谁叫你送来的?难为他费心,那里就冷死了我!"雪雁道:"紫鹃姐姐怕姑娘冷,使我送来的。"黛玉一面接了,抱在怀中,笑道:"也亏你倒听他的话。我平日和你说的,全当耳旁风;怎么他说了你就依,比圣旨还快些!"宝玉听这话,知是黛玉借此奚落他,也无回复之词,只嘻嘻的笑两声罢了。宝钗素知黛玉是如此惯了的,也不去睬他。

(曹雪芹《红楼梦》第八回,有删改)

① 林黛玉到梨香院(宝钗住处),一看到宝玉,为什么说"我来的不巧"?你觉得林黛玉的解释是真实意思的表达吗? (5分)

② 上文最后一段黛玉的话里有话,宝玉和宝钗都听出来了,你听出来了吗?请结合语境说说其中的含义。 (10分)

专题 3

语义的河流
——本义与流变

为什么同样是汉字，文言文就不易读懂？因为词义的演变。例如古代诗人写思乡："山川忆处近，形影梦中归。"后一句好理解，说自己梦回故乡。前一句"山川忆处近"就有点费解，其实这里的"忆"是"思念"的意思，"处"不是表空间，而是指时间。"山川忆处近"是说在我思念故乡的时候，故乡的山水离我就近了。在本专题中，需要我们踏进汉字语义的河流，掌握词义变化的规律，更好地走进古人的精神世界。

※ 学者谈片

词 义 的 变 化[①]

张联荣

汉语中的词，有一些从古到今意义没有什么变化，这主要是一些基本词汇，这使得语言能够保持一种相对的稳定。不然，几千年前的话咱们怎么能懂呢？不过还有相当一部分词，它们的意义从古到今发生了不同程度的变化：或是新的意义产生了；或是旧的意义消亡了；不光是有的理性意义发生了变化，有些附加意义也有了变化。每个时代词义的情况都有所不同，这就是词义的时代性。所以，我们就需要看一看这些词的意义发生了一些什么样的变化（变化的内容），这些变化又是怎样发生的（变化的途径和原因）。

先看下面的例子：

年 《史记·佞幸列传》："力田不如逢年，善仕不如遇合。"年，指收成好。

[①] 节选自《汉语词汇的流变》（大象出版社 2009 年版），有改动。标题为编者所加。

专题问道

专题3 语义的河流——本义与流变

熬 《周礼·地官·舍人》:"共(供)饭米熬谷。"熬,指烤干。

慢 《古今小说·滕士尹鬼断家私》:"回到家中,偶然脚慢,绊着门槛一跌。"慢,指没放在心上,不小心。

寄 《醒名花》九回:"奈胡寇猖獗,恐一时要征战,衙门不是稳便之所,故此只叫小人寄书来安慰了夫人们。"寄,指传送。

文学 《史记·儒林列传》:"儿宽既通《尚书》,以文学应郡举,诣博士受业。"文学,指文献典籍。

文明 《南史·陶潜传》:"今子生文明之世,奈何自苦如此。"这里,文明指社会昌明。

亲戚 《墨子·节葬下》:"其亲戚死,朽其肉而弃之,然后埋其骨,乃成为孝子。"这里,亲戚指父母。

以上举的这些词与今天相比,有的意义有很大的不同。

一个词的古义如果与今义相差甚远,根本就看不懂,容易引起我们的警觉,倒是像上面所举的"寄""亲戚"这样一类词,我们自以为一看就懂,反而容易搞错。《荀子·性恶》篇一开头就讲:"人之性恶,其善者伪也。"唐代的杨倞解释说:"伪,为也,矫其本性也。凡非天性而人作为之者谓之伪。"可见这里的伪就不是虚伪的意思,是指后天人为的,经过加工改造的,与先天的性相对。《左传·僖公四年》记载晋献公夫人骊姬欲陷害太子,在酒肉中下了毒给献公吃,"(公)与犬,犬毙;与小臣,小臣亦毙"。狗和小臣是不是都死了呢?在现代汉语中,"毙"的主要意思是死,如击毙、毙命等。狗和小臣都中了毒,看来死是肯定无疑的了。但在旁边的献公说来,看到的只是小臣与狗倒下了,死没死他一时是无法判断的(如果倒下去再没起来,就可以肯定是死了)。《说文解字》"毙"字条引用了这个例子,解释为"顿仆"(倒下),就很正确。所以,了解词义的发展,先要有一个历史的观念,不要轻易地以今律古。

词义范围的变化分为扩大、缩小、转移三种情况。

(1) 词义的扩大。这是说指称的对象由小类变成了大类。菜的变化是人们常举的一个例子。菜,《说文解字》里讲是"草之可食者",指植物性的蔬菜,所以古人把葱、姜之类称作"辛菜"(有辛辣味),后来肉类、蛋类都可以称作菜,指称的范围扩大了。再比如:

匠 古指木匠。《庄子·马蹄》:"陶(陶工)匠善治埴(zhí,黏土)木。"后指匠人。

39

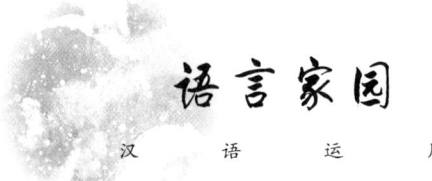

皮 古指兽皮。《墨子·辞过》:"古之民未知为衣服时,衣皮带茭(草绳)。"后兽皮、人皮都称皮(现代有植皮、皮肤等说法)。

动词的例子如:

采 采摘植物的叶果。《诗经·小雅·采薇》:"采薇采薇。"后泛指采取。

涉 渡水。《诗经·卫风·氓》:"送子涉淇。"引申指通过、经历、涉世、涉险。

由上面的例子可以看出,就名词来讲,词义的扩大是指称的事物由小类变成了大类。就动词来讲,词义的扩大是动作行为的范围扩大了,比较:采薇/采矿、采购;酒醒/睡醒、清醒。

(2) 词义的缩小。与扩大相反,缩小是说指称的范围由大类变成了小类。下面再举一些例子:

虫 《说文解字》作"蟲",过去动物通可称虫。《大戴礼记·曾子天圆》有毛虫(如麒麟)、羽虫(如凤凰)、介虫(如龟)、鳞虫(如龙)、裸虫(指人)的说法。《水浒传》中把老虎叫大虫。后主要指昆虫。

禽 本指猎取的对象。《孟子·滕文公下》:"终日而不获一禽。"三国时华佗的五禽戏,就包括猿、虎的动作在内。后主要指飞禽。

丁壮 《汉书·于定国传》讲一位年轻寡妇侍奉婆婆十分勤苦,她的婆婆对邻居讲:"我老,久累丁壮,奈何?"后来丁壮主要指男性。

席 席是一种片状物,古代坐卧用之都可称席。《诗经·秦风·小戎》:"文茵畅毂。"《经典释文》:"茵,车席也。""文茵"是车上的一种虎皮垫子,《释文》也称席。《左传·宣公十二年》:"(赵旃)席于军门之外。"指布席而坐。现在,席指卧具,不指坐具。

在讨论词义缩小的时候,有一种情况需要单独提出来说一说,这就是偏义引申。先看一个例子:

寡 古代男女均可称寡。《小尔雅·广义》:"凡无妻无夫通谓之寡。"《墨子·辞过》:"内无拘女(宫女),外无寡夫,故天下之民众。"后指女不指男。这就是我们要说的偏义引申,这是讲一个词的指称对象有时包含有相对相反的两个方面,在使用中长期偏指一面,意义范围缩小了。

再比如:

祥 指预兆,包括吉凶两个方面。《左传·僖公十六年》:"是何祥也,吉凶安在?"《论

专 题 问 道

专题3 语义的河流——本义与流变

衡·异虚》:"善恶同时,善祥出,国必兴;恶祥见,国必亡。"后偏指吉的一面,双音词有祥瑞、呈祥。

处分 一般指处置。《晋书·杜预传》:"预处分既定,乃启请伐吴。"后指对坏人坏事的处理。

偏义引申是词义缩小中的一小类。

(3) 词义的转移。先看一个人们常用的例子。兵,本指兵器,成语有弃甲曳兵、兵不血刃等,后又转指士兵,我们把这种情况叫作词义的转移。比较一下:

兵$_1$(兵器):作战时用来杀伤对方的器具。

兵$_2$(士兵):作战时用兵器杀伤对方的人。

咱们比较分析可以知道,两个定义有一定联系(兵器—用兵器),但是所指的对象变了,由器具变成了人。器具和人分属于两类事物,这就是说,兵这个词指称的对象由一类事物转向了另一类事物;换句话说,词义由一个范围转入了另一个范围。再比如:

孩 原指小儿笑。《老子》:"如婴儿之未孩(未孩是说还不会笑)。"后转指小孩。

名胜 指才艺超群的名士。《世说新语·文学》:"宣王集诸名胜讲《易》,日说一卦。"又指风景优美的地方,古迹名胜。

声音 古可指音乐。《礼记·乐记》:"声音之道,与政通矣。"后又指乐人。《安禄山事迹》卷上:"赐庄宅各一所,杂彩绫罗、金银器物及声音口等。"

室 本指屋室,转指妻。《礼记·曲礼上》:"三十曰壮,有室。"双音词有妻室。

浅近 由空间转指时间。《晋书·傅玄传》:"六年之限,日月浅近。"

脚色 古代有履历的意思。宋周必大《奉诏录》:"奏议先令吏房取见本人脚色。"后又指人。

◎ **我思我在**

1. 词义的变化有三种方式,请各举一两个例子加以说明。

2. "古今异义"现象体现了"词义的时代性"。中学语文教材中有许多古今异义词。请说说下面加点的词语古今词义有何变化,并按词义的扩大、缩小、转移给它们归类。

① 行李之往来,共其乏困。(《烛之武退秦师》)

语言家园
汉语运用

② 丈夫二十不娶，其父母有罪。（《勾践灭吴》）

③ 山东豪俊遂并起而亡秦族矣。（《过秦论》）

④ 而从六国破亡之故事。（《六国论》）

⑤ 莅中国而抚四夷。（《孟子·梁惠王》）

⑥ 断头置城上，颜色不少变。（《五人墓碑记》）

⑦ 臣之辛苦，非独蜀之人士及二州牧伯所见明知。（《陈情表》）

⑧ 第三个身量未足，形容尚小。（《林黛玉进贾府》）

⑨ 令五人者保其首领。（《五人墓碑记》）

序 号	词 语	古 义	今 义
①	行李		
②	丈夫		
③	山东		
④	故事		
⑤	中国		
⑥	颜色		
⑦	辛苦		
⑧	形容		
⑨	首领		

（1）词义扩大：

（2）词义缩小：

（3）词义转移：

3. 下面语段中加点字的意义与现代汉语的常见义不同，请写出它们在文中的含义。

仆去年秋始游庐山，到东西二林间香炉峰下，见云水泉石，胜绝第一，爱不能舍，因置草堂。前有乔松十数株，修竹千余竿，青萝为墙援，白石为桥道，流水周于舍下，飞泉落于檐间，红榴白莲，罗生池砌。大抵若是，不能殚记。每一独往，动弥旬日。平生所好者，尽在其中。不惟忘归，可以终老。

（白居易《与元微之书》）

专题问道

专题3　语义的河流——本义与流变

① 胜：

② 援：

③ 周：

④ 砌：

※ 实践笃行

说文解字　以形探意

情境创设

小张报名参加了学校组织的汉字探源学习活动。如何让汉字鲜活起来,在游戏中了解汉字"六书"? 如何认识汉字常见部首的含义? 如何了解汉字在历史上的词义演变,熟悉汉字的形与意之间的关系? 让我们随着小张一起去探究汉字词义流变的过程吧。

活动准备

1. 上网查阅汉字和部首的相关知识,了解汉字"六书":象形、指事、形声、会意、转注、假借。

2. 了解汉字常见部首的含义。

3. 选取 3 个部首,为每一部首搜集 10 个常用字,推测其本义。

活动过程

环节一　"六书"辨析

按班级人数准备相同数量的汉字,打印在 A4 纸上,每张纸打印一个汉字。每位同学从老师那里领取一张打印着汉字的 A4 纸,其中 6 张是红底的 A4 纸,这 6 张纸上的汉字分属六书构造。拿到这六张红纸的 6 位同学站成一排,高举手中的纸。其他同学先判断红纸上的字各属六书中的哪一类,再辨析自己手中的字属于哪一类,然后自动站到举

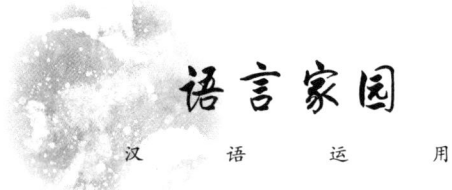

着同类汉字的同学的身后。

附字52个(参考)：

山、雨、田、井、伞、马、日、月、门、身、血、尺、寸、亦、朱、甘、曰、朿、引、系、斩、烦、林、东、社、看、盥、相、虐、从、筹、璀、醋、韶、笙、孵、鼗、副、勒、栎、其、莫、豆、午、来、北、自、太、永、主、才、失

如果觉得难度过大,可考虑去掉转注、假借两类,只辨析象形、指事、形声、会意。

环节二 以形探意,究本溯源

1. 你站对了吗?

每队为一组,同组同学讨论判断组内的字是否属于同类构成(可查阅工具书)。如有不同,该同学重新寻找正确的队伍。

"六书"辨析答案：

① 象形字：山、雨、田、井、伞、马、日、月、门、身

② 指事字：血、尺、寸、亦、朱、甘、曰、朿、引、系

③ 会意字：斩、烦、林、东、社、看、盥、相、虐、从

④ 形声字：筹、璀、醋、韶、笙、孵、鼗、副、勒、栎

⑤ 假借字：其、莫、豆、午、来、北、自

⑥ 转注字：太、永、主、才、失

其中："其""豆""午""来""北""自"是象形兼假借,"亦"是指事兼假借,"莫"是会意兼假借。

2. 当一回老师

确认分类(分组)无误后,小组派代表向全班讲解自己一组汉字的构造及其本义,同组其他成员可作补充。

解析(参考)：

① 象形字：山、雨、田、井、伞(傘)、马(馬)、日、月、门、身(解释略)

② 指事字：血、尺、寸、亦

血：指事字。从皿,象血形,表示器皿中盛的是血。本义为牲血,供祭祀用。

尺：指事字。从尸,从乙。"尸"象人卧的形象。"乙"是个标识,周制寸、咫、尺、仞、

专 题 问 道

专题3 语义的河流——本义与流变

寻、常诸度,皆以人之体为法。本义为十寸。

寸:指事字。从又,从一。"又"象手形,"一"指下手腕一寸之处。本义指中医切脉,称距离手腕一寸长的部位为"寸口",简称"寸"。

亦:指事字。甲骨文字形,在"大"(人)旁加两点,指示两腋所在。本义为人的腋窝。后假借为"亦"(又)的意思。

③ 会意字:斩、烦、林、东(東)

斩:会意字,从车,从斤。古有"车裂"之刑,故从车。斤,斧子,可用于杀人。本义是古代的一种死刑。

烦:会意字,从页(頁 xié),从火。"页"表示头部;从火,表示发烧。本义为头痛发烧。

林:会意字,从二木。表示树木丛生。

东(東):会意字,从日在木中,表示太阳升起的方向。本义指东方,日出的方向。

④ 形声字:筹、璀、醋、韶

筹:形声字,从竹,寿声。本义为计数的用具。

璀:形声字,从玉,崔声。本义"璀璨",指玉石有光泽,色彩鲜明。

醋:形声字,从酉,昔声。从"酉",表示与酒有关。本义指用酒或酒糟发酵制成的一种酸味调料。同声旁的字有措、错、厝、剒、瘠等。

韶:形声字,从音,召声。本义是传说中的虞舜时代的乐曲名。同声旁的字有绍、邵、劭、苕、招等。

⑤ 假借字:其、莫、豆、北

其:象形字,像"畚箕"之形,本义为"箕"。被借作代词。另造"箕"字表"畚箕"之义。

莫:会意字,像太阳没入草丛中,本义为日暮。被借去记录否定性代词的专用字。后来另造"暮"来表示日暮的意思。

豆:象形字,形似高脚盘,或有盖。本义为古代一种盛食物的器皿。后假借为"菽豆"的"豆",豆类植物的总称。

北:像二人相背,本义为"背"。被表方向的"北"借用,来表示北方的意思。后来为了区分字义,二人相背的"北"下面又加了个"肉(月)",写成"背",字形"北"只表示方向了。

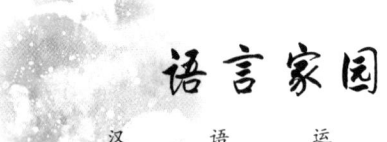

⑥ 转注字：太、永、主、才

大—太：大加"、"，转注为"太"。加大则超过。

水—永：水加"、"，转注为"永"（长流）。

王—主：王加"、"表示最高，转注为"主"，王即是主（君王、君主）。

木—才：减笔转注，木被加工，去掉一部分，变成才（材）。

环节三 浚通源流，图示演变

本环节活动的目的是了解古今字（词）义是如何演变的。

每个小组选取本义和今义差异很大的3个字，然后通过查找资料，了解这些汉字词义在历史上的演变过程，为每个字画一张"词义演变图"。注意："词义演变图"既要标出词义的演变过程，也要关注其词性的变化。

词义演变（参考）

【社】（本义）从示从土，指土地神。

① （引申）指祭祀土地神的地方、日子以及祭礼。如：春社，秋社，社日，社稷，社戏。《古今类书纂要》："社无定日，以春分后戊日为春社，秋分后戊日为秋社……民俗以是时祭后土之神，以报岁功，名曰社会。"

② （引申）"社"渐渐由祭祀发展成有交际娱乐等功能的集体活动。《康熙字典》引《月令广义》："后世宾朋会聚曰结社。"如明末有许多文社，著名的有"应社""复社"。后世有"诗社"等。

③ （引申）社会上的机构、团体；政府部门、行政单位。如：广告社；文学社；合作社；供销社；出版社；报社；新华社。

【副】（本义）动词，用刀剖开。《说文解字》："判也。"

① （引申）动词，相称，符合。剖为两半的东西可以重新相合。名副其实；盛名之下，其实难副。

② （引申）量词。用"副"作量词的东西往往由对称的两半组成，如：一副耳环；一副眼镜；一副笑脸；一副手套；一副象棋；一副对联。

③ （引申）名词，备用的、另一个十分相似或相同的复制物，如：书籍、文献的副本；副墨（书籍、著作或文件正本之外的复制本）。

专 题 问 道

专题3 语义的河流——本义与流变

④（引申）形容词或名词，辅助的、次要的，与"正"相对。如：副将军，副职，团副，副产品。

请你来画一画词义演变图吧！

活动自检

项　　目		活　动　细　目	分值	自评
活动准备		1. 了解汉字"六书"：象形、指事、形声、会意、转注、假借	5	
		2. 了解汉字常见部首的含义	5	
		3. 选取3个部首，同一部首搜集10—20个常用字，推测其本义	10	
活动过程	环节一 "六书"辨析	辨析自己手中的字属于哪类，自动站到举着同类汉字的同学身后	15	
	环节二 以形探意，究本溯源	1. 每队同学自成一组，讨论判断同组内的字是否属于同类构成，不同的同学重新寻找正确的队伍	10	
		2. 确认分类（分组）无误后，每组推举一位同学向全班讲解组内汉字的构造及其本义，同组其他成员可作补充	15	
	环节三 浚通源流，图示演变	每个小组选取本义和今义差异很大的3个字，通过查找资料为每个字画一张"词义演变图"	40	

※ 闯关测试

汉字最初的意义，就是本义，后来产生了引申义、比喻义，词语含义也发生了一定的变化。本专题是关于词义流变的闯关测试题，你能顺利过关吗？那就来试试吧！

第一关：初级题(28分)

1. 请根据汉字字形表意的特点，给下面汉字选出属于本义的一项。(10分，每小题2分)

① "丁"字，其金文、甲骨文、骨刻文如右图 ↑ ▼ ▼。（　　）

A. 小方块体　　　　　B. 钉子　　　　　C. 成年男子

② "毕"字，繁体字写作"畢"，金文 ，篆文 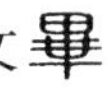 。（　　）

A. 书册　　　　　B. 完成　　　　　C. 畋猎时所用的网

语言家园

汉语运用

③"西"字,金文,小篆。(　　)

A. 鸟入巢休息,即"栖"　　B. 日落　　C. 日落的方向

④"比"字,甲骨文,金文,小篆。(　　)

A. 比较　　B. 靠近,挨着　　C. 连接

⑤"何"字,甲骨文,篆文。(　　)

A. 荷担,肩扛　　B. 疑惑　　C. 盘问

2. 与简化字相比,繁体字更能看出字的本义。请依据下面的繁体字形,选出说法有误的一项。(　　)　(3分)

A. 开(開),本义是"开门"。后引申为"张开""分开""开发"等。

B. 关(關),本义是"门闩"。门闩"横曰关,竖曰键"(《字书》)。后引申为"关门",又引申为"关口",如"一夫当关,万夫莫开"。

C. 闲(閑),本义是"空闲"。后指栅栏。又引申为"防止",如"闲邪存诚"(语出《周易》,意思是防止邪恶,保持真诚)。

D. 间(间、閒),会意,日光、月光从门缝里透过,本义是"间隙、空隙"。后引申为"隔阂",如"离间"。

3. 下面四组汉字,前一个是后一个的本字,即古人造前一个字本来是表示后一个字的意思,后来被别的意思借用了。后一个是被假借后新造的形声字(有的在原字上添加声旁,有的添加形旁)。选出新造字的造字方式不同于其他三项的一项。(　　)　(3分)

A. 自—鼻　　B. 然—燃　　C. 尊—樽　　D. 北—背

4. "字"的本义是"生孩子"。小篆写作,会意兼形声,从宀(mián)从子,部首"宀"表示房屋,"字"表示女人在屋内生孩子。请选出下面句子中"字"的意思不属于本义"生育"的一项。(　　)　(3分)

A. 妇人疏字者子活,数乳者子死。(《论衡·气寿》)

B. 苦山有木,服之不字。(《山海经·中山经》)

C. 女子贞不字,十年乃字。(《易·屯》)

D. 女子许嫁,笄而字。(《礼记·曲礼上》)

专 题 问 道

专题3 语义的河流——本义与流变

5. 形声字形旁表意,所以我们大体上可从形旁推知其本义。请你根据对"户""欠""斤""殳"这四个形旁含义的解释,选出所列的汉字在现代汉语中已看不出其本义的一项。(   )   (3分)

户:本义为单扇的门。　　　　　欠:本义为张口出气。

斤:本义为斧子。　　　　　　　殳:本义为古代的一种兵器。

A. 扇、歌、斩、殴　　　　　　B. 扁、欧、斯、段

C. 扉、欢、斫、毁　　　　　　D. 启、歇、断、杀

6. "婴"的本义是妇女的颈饰,后来引申为动词"缠绕",再引申为"遭遇",又假借为"初生小孩"。找出下面四个句子中"婴"字含义不同于其他三项的一项。(   )(3分)

A. 其次剔毛发婴金铁受辱。(《报任少卿书》)

B. 借问子何之?世网婴我身。(《赴洛道中作》)

C. 今我元元,婴此饥馑。(《后汉纪》)

D. 而刘夙婴疾病,常在床蓐。(《陈情表》)

7. "春"字本义指一年的第一季,后来产生了多种引申义和比喻义。下面诗句中都含有"春"字,请选出意思判断正确的一项。(   )   (3分)

① "一卧东山三十春,岂知书剑老风尘。"(《人日寄杜二拾遗》)

② "腊果缀梅枝,春杯浮竹叶。"(《次韵子由月季花再生》)

③ "红豆生南国,春来发几枝。"(《相思》)

④ "暗卜春心共花语。争寻双朵争先去。"(《卷珠帘》)

A. ① 泛指一年　② 酒　③ 爱情　④ 春天

B. ① 春天　② 酒　③ 爱情　④ 泛指一年

C. ① 泛指一年　② 酒　③ 春天　④ 爱情

D. ① 春天　② 酒　③ 爱情　④ 泛指一年

第二关:中级题(32分)

8. 字谜是汉语特有的一种文字游戏。它根据汉字的结构特点,运用离合、增损、象形、会意等多种方式创制。谜面注重文字形体的组合及偏旁部首搭配,从形态、功用和意义上对谜底汉字各个组成部分作多角度描绘。猜谜者需要具有一定的汉字知识和综合文化

语言家园

汉语运用

素养。

字谜示例：

① 谜面：情急无心垂钓钩。谜底：静。解说："情急"二字都去掉"心"的部首，再加一个竖钩，组合成"静"字。

② 谜面：帘上残红月西厢。谜底：腔。解说："帘"字的上部，加"红"字的一半，组合成"空"字，再在左边（左西右东）加上"月"字，答案就是"腔"字。

下面六个谜语各打一个字，你能猜出谜底吗？ （6分）

谜　面	谜　底
① 我来了，还不走。	
② 他去也，怎把心儿放。	
③ 山上有山，猜出不算。	
④ 孔明、周瑜掌上对策。	
⑤ 明天大扫除，部位重安排。	
⑥ 子分居兮叹别离，重团聚兮意急切。	

9. "塘"字从土唐声，本义与土有关，意思是"堤岸"。后来词义演变为"水池"，指方形水池（圆的叫池，方的叫塘）。请判断下面词语和诗句中的"塘"的含义。 （6分）

① 海塘　② 荷塘　③ 河塘　④ 钱塘江

⑤ 池塘生春草，园柳变鸣禽。

⑥ 蝉声集古寺，鸟影度寒塘。

⑦ 半亩方塘一鉴开，天光云影共徘徊。

⑧ 高者挂罥长林梢，下者飘转沉塘坳。

含　义	词语和诗句（填序号）
堤岸	
水池	

10. 下面加点的字在句中都使用了本义，请根据字形和上下文推测其在句中的含义。 （10分）

专题问道

专题 3　语义的河流——本义与流变

① 丞民乎农桑。（《羽猎赋》）

② 它,虫也。从虫而长,象冤曲垂尾形,上古草居患它,故相问"无它乎?"（《说文解字》）

③ 民之靡盈,谁夙知而莫成?（《诗经·大雅·抑》）

④ 一箪食,一豆羹,得之则生,弗得则死。（《孟子·告子上》）

⑤ 牛之为物,魁形巨首……牟然而鸣,黄钟满脰。（《牛赋》）

11. 下面加点的词古今意义不同,请结合上下文写出这些词语在句中的含义。（10 分）

① 凡祭祀,共(供)其牺牲。（《周礼·地官·牧人》）

② 高帝既作新丰,并移旧社,衢巷栋宇,物色惟旧。（《西京杂记》）

③ 罢归田里。闭关却扫,塞门不仕。（《恨赋》）

④ 求木之长者,必固其根本。（《谏太宗十思疏》）

⑤ 留我左右手,奉承白头亲。（《留王郎》）

第三关: 高级题(40 分)

12. 汉字部首都有一定的含义,同部首的字表达同一类的意思。思考和探究下面这三个部首的含义,并推测表中加点字的本义。　　　　　　　　　　　　（15 分）

部　　首	例字(括号中的字为简化字或异体字)
页(頁)	头(头)、颃、领、项、颜、颐、顾、颔、额、顶、颊颠、题、硕、颗、颇
阝(阜)(左耳朵旁)	险、阻、阡、陌、陵、陇(垄)、陂(坡)、降、陨、防、阴阳、阿、陛、除、队
隹(zhuī)	雀、隼、雕、雉、雄、雌、雞(鸡)、稚、隻(只)雛(雏)、雙(双)、雧(集)、隽、雅

答：(1) 页部：颠(　　)　题(　　)　硕(　　)　颗(　　)　颇(　　)

(2) 阝部：阳(　　)　阿(　　)　陛(　　)　除(　　)　队(　　)

(3) 隹部：雏(　　)　雙(　　)　雧(　　)　隽(　　)　雅(　　)

13. 下面这五个篆字都含有部首"火",请写出它们的楷体字,并推测其本义。（10 分）

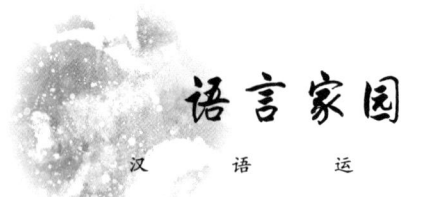

序 号	篆 文	楷体字	本 义
①	炎		
②	燚		
③	焱		
④	𤆄		
⑤	爨		

14. "文字"的"字"本义是"生孩子",文字与生育有没有关系?如果有的话,它们之间是怎样的关系?古代女孩子成年了(满15岁)还没出嫁,叫"待字闺中","字"与"出嫁"的意思又是怎样联系上的呢?请你通过解读下面这些句子中"字"的含义,并为其演变梳理出一条脉络。

(1) 解释下面这些句子中"字"的含义。　　　　　　(9分)

句 子	解 释
① 又不能字人之孤而杀之。(《左传·成公十一年》)	
② 字而幼孩,遂而鸡豚。(《种树郭橐驼传》)	
③ 有奇字素无备者,旋刻之。(《梦溪笔谈·技艺》)	
④ 立字为凭(俗语)	
⑤ 亲朋无一字,老病有孤舟。(《登岳阳楼》)	
⑥ 又有李元中,字画之工,追踪钟王。(《挥麈三录》)	
⑦ 男子二十,冠而字。(《礼记·曲礼上》)	
⑧ 季子谢之,请问姓字。(《论衡·书虚》)	
⑨ 待字闺中(成语)	

(2) 为"字"字含义的演变梳理出一条脉络,画一张含义演变图。　　(6分)

专题 4

格式化的语言

——熟语与典故

语汇是绣娘手中的那一缕金线,是工匠掌中的那一方砖瓦,也是绘者笔尖的那一抹颜料;而熟语则是所有语言"原材料"中的上品。那些或朴实平白,或华美绚丽,或深邃隽永的熟语,都有自己的典故渊源,后来固定为格式化的语言,成为人类语言的宝贵财富。让我们穿越时空的沟壑阻断,重新捡拾熟语的美,了解它的渊源,掌握它的含义,学会准确地使用熟语,提高我们的语言艺术。

※ 学者谈片

"不亡之言"——熟语[①]

姚锡远

熟语是人类有语言之后的派生物,是人类语言发展到相当成熟阶段的产物。各民族语言的历史情况不同,其熟语萌芽的时代也不一样,甚至不同熟语类型形成的时代也不一样。文字是自源性的,熟语产生于文字之前。它定型、定义,集民族文化积淀于理据,并超时空地在口头上流传,代代相继,有时比书面语都稳定。宋人杨万里说:"古者有亡书,无亡言。"这不亡之言,大概就是口传耳授、代代相承的熟语了。"焚书坑儒"的秦始皇能焚毁一些不利自己统治的书,可要灭亡一些不利自己统治的熟语就难了,除非把老百姓的脑袋都砍掉。"熟语"就是贮存于人民头脑深层的历史符号和历史见证。

语言是一套传递信息的符号类聚组合和序列聚合而生成的,也是人类交际、交流思

[①] 节选自《熟语学纲要》(大象出版社 2013 年版),有改动。标题为编者所加。

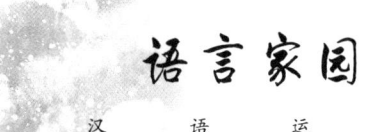

想的工具。人类对"工具性"事物,有些共性的要求:(1)功能越强大、越多样越好;(2)体构越简便越好;(3)耗能越少越好。由于人们这些共性的语用要求的发展,终于在熟语形式上聚光,促成熟语这一特殊的语言成分产生、发展、演变和完善。所以,从一定意义上说,熟语的存在是人们语用实践"真、善、美"的结晶。"真"者,人类文化史天幕上,群星灿烂,思想活跃的客观真实存在也;"善"者,定型定义,相沿习用,顺手拈来,现成方便,信号传递者不用重新编码,信息接收者迅速解码,无劳仔细推敲,即使用简便之"善"也;"美"者,活泼生动、鲜明形象的美学意义上的表情达意也。所以,语言中大量熟语的出现,是语言质的飞跃的表现,它和一般的新词的增加意义是大为不同的。

武占坤在他所著的《中华谚谣研究》一书中说:"熟语一词,人们对它却不熟悉,作为词汇学上的术语,它是50年代末,才由俄语的'Фразеолотия'一词翻译引进的。人们熟悉的是'成语''谚语''俗语''格言''歇后语''惯用语'等这些汉语固有的称谓。这些语言现象成因相同,语貌类似,共性很大,像一个家庭中的同胞兄弟。某些'俗语'和'谚语',甚至像'双胞胎'那样难者为兄,难者为弟。为了研究上的方便,总得给它们起个'族名'吧?引进'熟语'这一概念,作为这些语言片段的名称,便成为自然而然的事了。"

任何民族语言词汇的汪洋大海里,都积淀着一些由民族语用时的"现成方便"、语义上的"丰厚含蕴"、语效上的"鲜明生动"等多种需求机制交汇融合、结晶而成的富于美学素质、定型定义、现成习用的炼语或简句,在普通词汇学上称为"熟语"。这种熟语大都扎根于群众生活语言的泥土之中,从现实语言中吸取营养,不断以"新质要素的逐渐积累,旧质要素的逐渐衰亡"的方式吐故纳新,从而保持其旺盛的生命活力。这种熟语,或在语义内容上是一派真知灼见的灵光,或在创造手法上是出人意料的机智巧妙,或在理据来源上浓妆艳抹着民族传统文化积淀的色彩,或在声韵节奏上朗朗上口,铿锵优美,体现着民族语用习俗上音乐美的风尚,因而有异乎寻常的表现力和感染力,为人们喜闻乐道,熟知习用。

作为语言的建筑材料,熟语不是普普通通的"砖瓦木料",它是预制备用的"雕梁画栋""金门玉户"。从美学功能上看,它有异于寻常词语,属于修辞性词汇,人们的言语活动中,如能对它水到渠成、信手拈来地加以运用,会实现"多"(信息内容多)、"快"(信息的传递和接收的速度快)、"好"(语效好)、"省"(节省临时组词谋句的时间)地表情达意的交际目的。故而熟语层的出现和存在,是语言词汇功能上的一种质的飞跃,由单一的巩固

专题问道

专题4 格式化的语言——熟语与典故

概念称谓事物,又有了艺术地表述复杂概念和完整意思的现成成分。这是人类语言工具的完善和进步。

汉语熟语的成员,语言学家的一般看法是包括成语、俗语、谚语、格言、歇后语、惯用语六种类型,其中数量最多、使用频率最高、信息量最大、社会价值最强、起源最久的要算谚语了。从语用功能上看,谚语被誉为语言宝库的"明珠",从炼义铸型上看,谚语是人类智慧的结晶,是民间语用艺术的火花。所以,无论从数量还是从质量上看,谚语都是熟语的主体成员。

熟语的特性,就在于一个"熟"字,在于人们对它的熟知、熟用,在熟用中定型定义,向"成熟"之语句方面过渡,从而在普通词汇学中取得"词的等价物的称谓"。

语言不等于文化,然而它们和文化之间的关系极其密切,像肠粘连那样难以剥离。熟语的形成大都离不开一定的社会文化背景。熟语形成的文化背景很强,功能也宽泛多项,它不但表意,也可以传情示美,这正是它和专有名称的重要区别。熟语一般都含有多重意义,有字面意义、引申义及比喻义。我们把这些人们长期在口头或书面上流传使用、修辞意味浓厚、语型固定的短语或简句叫熟语。比如"中华人民共和国"这种专有事物的固定词组也有称谓上的定型专用性,但它的功能就和熟语大不相同。所以,我们只把俗语、成语、谚语、锦句、格言、惯用语、歇后语等称为"熟语"。熟语一统江山的局面,在我们这里还是坐定了的。

◎ **我思我在**

1. 千古一帝秦始皇试图"焚百家之言,以愚黔首",却终未能如愿,读完本文之后,你可曾找寻到暗藏其中的答案?

2. 搜寻你的记忆库存,是否听到过一些有关节气、农业耕作、人情世故的谚语、俗语、歇后语或者成语?请写出几条。

3. 语言是社会约定俗成的产物,随着社会的发展,一些词语的含义在新的语境中会引发人们不同的思考,例如有关"班门弄斧"的新观点:专业技艺要想有所突破,必得在行家面前耍一耍。一则可以获得专家指点;二则可以挑战一下行家的权威。请你自己寻找一些熟语,用逆向思维的方式重新解读。

语言家园
汉语运用

※ 实践笃行

成语英雄联盟

情境创设

本次实践活动分为两个环节,"全班总动员"团体赛和"全明星"个人赛。

1. "全班总动员"团体赛由全班同学以小组为单位参加比赛,以"一站到底"的方式进行成语填字和成语飞花竞赛,最终站立人数最多的为胜利组。

2. "全明星"个人赛由每组选出最强的队员参加,选手两两循环组合,个人积分单独统计,进行目标计时、双音节同题和单词限猜竞技,以最终得分排名次。

活动准备

1. 观看中央电视台《中国成语大会》节目,熟悉比赛规则。

2. 阅读《成语大词典》等书籍;查阅相关网站,下载并整理资料。

3. 准备团体赛和个人赛的题目。

活动过程

环节一 "全班总动员"团体赛

《中国汉字听写大会》让我们意识到键盘时代对传统汉字书写的冲击;《中国成语大会》让我们感叹,与我们生活息息相关的"四字格"在现实中竟然如此"乏人问津"。今天借着汉听大会与成语大会的春风,让我们通过"成语英雄联盟"的比赛重新拾起我们心中最深刻的文化印记——最具文化魅力的"四字格"。

(一)比赛方式与规则

1. 全班同学参与,分小组以"一站到底"的方式竞技。

2. 比赛开始,全班同学站立,看屏幕各组轮流答题,限时2秒钟,回答不出或者答错时,全班同学齐喊"请坐"。

专题问道

专题 4　格式化的语言——熟语与典故

3. 以最后站立人数最多的小组为获胜组。

（二）比赛题目

1. 成语填字

含十二生肖元素的成语填字。例如：首（　　）两端、（　　）角挂书、画（　　）成（　　）、（　　）死（　　）烹、（　　）（　　）混杂、风（　　）（　　）不相及、（　　）鬼（　　）神等。

2. 成语飞花

例如：有各色花卉名或者直接有"花"字的定点发散式成语联想，如兰桂齐芳、踏雪寻梅、出水芙蓉、走马观花、雾里看花、百花争艳、锦上添花、春暖花开等。

3. 组内选拔赛

组内选拔设题方式等同于"全班总动员"赛设题方式，组内自行组织选拔，得分最高的两名同学代表小组出赛。

环节二　"全明星"个人赛

（一）比赛方式与规则

1. 由各小组选出最强选手参加比赛，人数须为双数。

2. 参赛选手两两组合，以积分赛的方式同场竞技，四个流程结束后按积分排名次，评出前三甲。

（二）比赛题目

1. 目标计时

一位选手描述，搭档猜成语，不能直接出现成语中的字眼，选手应尽可能快地完成目标成语的猜词，用时短的为胜。有一次"过"和一次"违规"的机会。例如：选手用"对同一个问题，不同的人从不同的立场或角度有不同的看法"来表述成语"见仁见智"，搭档来猜，猜不中可以继续提示。

2. 双音节同题

两组选手共用一个题目，每次选手需要用一个双音节词描述一个四字成语，双方轮流交换，直到一方选手正确猜中为止。例如：成语"痛饮黄龙"，可以用双音节词"祝捷"来表述，猜不中可以继续提示"酒会"，或者"畅喝"，直至其中一组猜中。

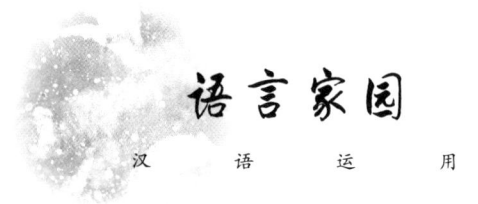

语言家园
汉 语 运 用

3. 单词限猜

在规定时间内,主持人表述一个成语的典故,猜词者只有两次试猜机会,直到正确猜中为止。没有"过"和"违规"的机会。

(三)游戏规则

所有猜词游戏除单词限猜之外,都需要两人合作完成。其中的描述者只能用题面成语的释义、典故、使用情况对题目进行提示,直到合作的猜词者正确猜中题目。描述过程不能出现题目中的任何一个字,不能用任何口型提示,也不能用其他语种的同义词提示。描述用语中出现题面字时即为犯规。选手感觉过于困难的题目,描述者或猜词者可以选择"过"。

活动自检

项 目		活 动 细 目	分值	自评
活动准备		1. 观看《中国成语大会》节目 2. 每人积累成语,准备5个以上典故 3. 准备竞赛题目	10	
活动过程	环节一 "全班总动员" 团体赛	1. 成语填字 每一个词由一个同学来回答,轮到答题的全部答对可得20分,答错按个人总答题比例扣分	20	
		2. 成语飞花 每个同学分组依次接龙出词,轮到并全部答出者可得20分,答错按个人总答题比例扣分	20	
		3. 组内选拔赛 组内获胜代表小组出赛者,可得20分	20	
	环节二 "全明星"个人赛	小组代表出赛,前三甲获得者得分依次为30分、20分、10分	30	

※ 闯关测试

熟语,是鲜活的语言,是语言的化石。积累熟语,你就能丰富自己的语言库存。希望你能顺利过关!

专 题 问 道

专题4　格式化的语言——熟语与典故

第一关：初级题(50分)

1. 下列每个九宫格中都包含着一个成语，请在括号里写出。（20分，每小题2分）

(1) (　　　　　　)

新	人	过
衣	白	如
头	驹	胜

(2) (　　　　　　)

秋	月	里
光	风	十
边	一	无

(3) (　　　　　　)

千	周	钧
手	哺	吐
发	言	握

(4) (　　　　　　)

天	刚	内
团	圆	如
外	里	方

(5) (　　　　　　)

以	济	迁
世	民	为
土	食	安

(6) (　　　　　　)

攻	天	云
高	公	下
为	心	浮

(7) (　　　　　　)

封	都	侯
付	纸	笑
兵	谈	一

(8) (　　　　　　)

勇	单	之
匹	一	开
马	夫	当

(9) (　　　　　　)

头	评	鸿
重	泰	论
足	山	轻

(10) (　　　　　　)

一	白	气
长	贯	继
以	夜	虹

2. 歇后语一般由两部分组成，前半部分是形象的比喻，后半部分是说明或解释，像是谜底。通常我们只说出前半截，所以叫作歇后语。它分为两种，一种是谐音歇后语，一种是喻意歇后语。请根据提示补全。　　　　　　　　　（20分，每小题2分）

59

语言家园

汉语运用

(1) 穷木匠开张——_____

(2) 纳鞋底不用锥子——_____

(3) 和尚打伞——_____

(4) 电线杆上绑鸡毛——_____

(5) 一手拿针一手拿线——_____

(6) 左手喇叭右手鼓——_____

(7) 热锅上的蚂蚁——_____

(8) 老虎嘴里拔牙——_____

(9) 螃蟹过街——_____

(10) 太岁头上的土——_____

3. 常有意义相近或者相同的熟语供人们在不同的语境中使用,请在下列横线上填上适当的熟语。　　　　　　　　　　　　　　　(10分,每小题2分)

(1) 与"项庄舞剑,意在沛公"意义接近的是《醉翁亭记》中的"_____"。

(2) 与"八竿子打不着"意义接近的熟语是"_____"。

(3) 与"好死不如赖活"意义相反的熟语是"_____"。

(4) 与"痴心妄想"相近的熟语是"_____"。

(5) 与"刨根问底"意义相近的熟语是"_____"。

第二关：中级题(35分)

熟语的生命力在于运用,请以语段方式表述下列情境,尽可能多用熟语来表达。

4. 2016年的"双十一"是一场"盛宴",一场"狂欢",让我们用"熟语风暴"记录这场盛况吧。　　　　　　　　　　　　　　　(15分,每小题5分)

(1) 节前电商造势,人们期待的情形：_____

(2) "双十一"晚的盛况：_____

(3) "剁手党"们的矛盾心理：_____

5. 2016年是美国总统大选年,选举前后发生的一连串事件远远比电视剧精彩,请用"熟语风暴"来记录这一过程。　　　　　　　　　　　　　　　(20分,每小题5分)

(1) 大选之前的"电视辩论"：_____

专题问道

专题 4　格式化的语言——熟语与典故

（2）大选之前的媒体造势：＿＿＿＿＿＿＿＿＿＿＿＿＿＿＿＿＿＿＿＿

（3）大选之时的戏剧性反转：＿＿＿＿＿＿＿＿＿＿＿＿＿＿＿＿＿＿

（4）大选结果揭晓后的全球反映(包括美国在内)：＿＿＿＿＿＿＿＿＿

第三关：高级题(15分)

6. 成语言简意赅，又耳熟能详，常被广告设计者所用。如：默默无蚊(蚊香)、牙口无炎(牙膏)、衣衣不舍(服装)、随心所浴(淋浴器)、骑乐无穷(自行车)。你如何看待这种语言使用现象？请用300字左右谈谈你的见解。　　　　　　　　　　(15分)

专题 5

情境中的约定
——语法与语用

人们常说"到什么山,唱什么歌",也就是根据不同的交际目的和交际对象,选择不同的语言形式来表达,这就是"语用"。语法是从语言运用实践中归纳出来的规则,而"语用"则是语言行为。在特定的语境之中,你会惊奇地发现:有时当你"扭断语法的脖子",突破语法选择限制,把个人的感悟和体验注入语言,你将创造一个新奇、独特的语用世界!

※ 学者谈片

这个婆娘不是人[①]
——语言的使用

邵敬敏

中国古代有很多巧妙运用语言的传说。清朝时苏州有个名士,叫祝枝山。据说,有一天,有户四世同堂的人家要为自己的老祖母做八十大寿,特地把祝枝山请来写贺诗。这位祝先生起首第一句却大大出人意料:"这个婆娘不是人。"这不是在骂老寿星吗?顿时,全家大吃一惊,横眉怒对。祝先生不慌不忙地补上第二句:"九天仙女下凡尘。"一看这句下联,大家马上就转怒为喜、眉开眼笑了。接着的第三句"儿孙个个都是贼",又让这家上上下下大大小小目瞪口呆、怒气冲冲。可是当他们看到最后一句"偷得蟠桃奉至亲"时,个个又变得喜形于色、赞不绝口。从语言学角度看,这四句贺诗之所以会造成这种先

[①] 节选自《汉语语法趣说》(暨南大学出版社 2014 年版),有改动。

专 题 问 道

专题5 情境中的约定——语法与语用

贬后褒、先抑后扬、先怒后喜的喜剧性特殊效果,显然是由于第一句与第三句分别先说出表面上是贬义的结果,形成误导,而在第二句和第四句才亮出实际上是褒义的潜在原因。这是两个句序故意倒装的因果复句。

还有一个很有趣的故事,说一个人偶然参加了一次"诗会",那些人明明知道他不会写诗,却故意要出他的洋相,一定要他写诗。那人没法子,只好随口说了一句"柳絮飞来片片红",顿时遭到众人的嘲笑:"柳絮"明明是白的,"片片红"不是在闭着眼睛说瞎话吗?旁边有一人颇为同情那人,便说由他来接第二句"夕阳光照桃花坞"。这两句一连,不但第一句的"片片红"因为"夕阳光照"而得到了落实,而且还产生了无限的意境,大家不禁暗暗叫绝。其实,这里用的手法也是因果复句的倒装。

这两个文学典故形象生动地说明了语言运用的奇妙。它可以一会儿让你怒不可遏,一会儿又使你春风满面;一会儿哭,一会儿笑。一句话说得不地道,两个好朋友说不定会打上一架;而一句话说到点子上去了,又会使仇人握手言和、重归于好。

◎ **我思我在**

1. 凡是违反语法结构规律或客观事理的句子都是病句,违反语法规律叫语法错误,有悖客观事理叫逻辑错误。如果把"这个婆娘不是人""儿孙个个都是贼""柳絮飞来片片红"这3句话从语境中剥离,它们属于哪种错误类型?试分析。

2. 平时你接触过哪些语法错误的类型?请按照示例完成下面表格。

类 型	描 述	例 句
语序有误	如果词语出现的位置不符合规律,或者分句间顺序不当,就是病句。	① 通过检查,大家讨论、发现、解决了课外活动中的一些问题。 ② 不但他好好学习,而且还帮助其他同学。

(续表)

类 型	描 述	例 句

3. 第1题的3个句子,独立成句不合常理,补上"九天仙女下凡尘""偷得蟠桃奉至亲""夕阳光照桃花坞"就成了妙语。补上的句子解释了前边的句子之所以成立的原因,彼此之间就是因果复句。根据分句间的关系,复句还有几种类型?请用表格说明。

类 型	描 述	例 句
因果复句	指句和句之间是原因和结果关系的句子。一句说明原因,另一句说明结果。	① 因为非对称图形只有C一个,所以会被认为与其他图形不同。 ② 既然普洛诃尔说这是野狗,那它就是野狗。

专题问道

专题5 情境中的约定——语法与语用

(续表)

类 型	描 述	例 句

4. 下面句子在语法上都有问题,且具有高考的难度。请你试试看,直接在原句上修改。

(1) 具有自动化生产、智能识别和系统操控等功能的工业机器人,正成为国内不少装备制造业提高生产效率,解决人力成本上涨的利器。

(2) 如何引导有运动天赋的青少年热爱并且投身于滑雪运动,从而培养这些青少年对滑雪运动的兴趣,是北京冬奥申委正在关注的问题。

(3) 对南极地区海冰融化现象在南极上空大气运动过程的认识,就必须扩大科学考察区域,加强科研观测精度,改进实验设计方法。

(4) 今年五一节前夕,发改委发出紧急通知,禁止空调厂商和经销商不得以价格战的手段进行不正当竞争。

(5) 据报道,某市场被发现存在销售假冒伪劣产品,伪造质检报告书,管理部门将对此开展专项检查行动,进一步规范经营行为。

(6) 打车软件为乘客和司机搭建起沟通平台,方便了市民打车,但出租车无论是否使用打车软件,均应遵守运营规则,这才能维护相关各方的合法权益和合理要求。

(7) 2015年3月1日正式实施了《湖北省全民阅读促进办法》,是我国首部关于全民阅读的地方政府规章,普通人的阅读权益因此获得了法律保障。

(8) 近年来,生态保护意识渐入人心,所以当社会经济发展与林地保护管理发生冲

突时,一些地方在权衡之后往往会选择前者。

(9) 对血液和血液制品进行严格的艾滋病病毒抗体检测,确保用血安全,是防止艾滋病通过采血与供血途径传播的关键措施。

(10) 英国政府计划从今年9月开始,推行4—5岁幼童将接受语文和算术能力的"基准测验",此政策遭到了教师工会的强烈反对。

※ 实践笃行

《悟空学艺》情景剧

情境创设

M中学即将举办汉文化艺术节,高一(3)班准备的节目是《悟空学艺》情景剧。全班同学都认为《西游记》是深受中学生喜爱的国学经典,而自导自演的戏剧方式是对汉语言文化完美而又新颖的展现。

活动准备

1. 主演两人,旁白一人,群演由全班同学担任。旁白也可由教师担当,教师是全剧总导演与主持人。

2. 编写剧本,排练。

3. 准备"戒尺"、师父的"长袍"等道具。

4. 制作PPT。

活动过程

情景剧《悟空学艺》

(舞台背景)PPT展示标题:

《西游记》第二回　悟彻菩提真妙理　断魔归本合元神

专题问道

专题5　情境中的约定——语法与语用

旁白：话说那自称来自东胜神洲傲来国花果山水帘洞的美猴王，自拜了菩提老祖为师之后，光阴如梭，已是七年。一日，悟空在班中听讲，听到得意处，喜得抓耳挠腮，眉开眼笑，最后忍不住手之舞之，足之蹈之……（演绎悟空受师父三戒尺之打，却悟得深意的故事）

环节一　挨打的悟空

旁白：悟空没有理会众人的怪责与嘲笑，却解读出了菩提老祖的弦外之音，从而获得了单独开小灶的机会，尔等众人，若想同样获得提升机会，须得闯关成功。

请分析下面句子的成分。

生了气的菩提老祖用戒尺狠狠地打了调皮的悟空三下。

分析：此句看似简单，却包含了句子的常见成分：主语、谓语、宾语、定语、状语、补语。主持人还可以就各句子成分的词性进行分析，就各短语之间的关系进行分析。然后用3个句子的成分分析作为过关考核。

第一关：试着找出下面句子的主语、谓语、宾语。

(1) 石猴在所居涧水源头寻到名为"水帘洞"的石洞，被群猴拥戴为王。

(2) 石猴经南赡训洲到西牛贺洲，上灵台方寸山，入斜月三星洞，拜见菩提老祖，被收为徒，取名孙悟空。

(3) 西行路上，悟空打死六个剪径的强盗，唐僧抱怨不已。

环节二　"小孙师傅"和"小孙的师傅"

旁白：前文再续，书接上一回，自那猴子得了菩提老祖的暗中指点，学会了驾云之术，颇有小得，同门艳羡。（旁白声中，演员们演绎剧情。）一日，有人来请"小孙的师傅"列席参加仙界的"腾云术"大会，那猴子一听，喜不自胜，暗忖自己不知何时已升级为"小孙师傅"，得意之余，刻意装扮了一番前去参会，谁知会中大出洋相，被人讥为"爬云"，懊恼之余，向群演求救。作为群演，你能够为悟空解释被讥笑为"爬云"的原因吗？

分析："小孙师傅"和"小孙的师傅"虽只有一字之差，但短语的结构已经发生了改变。

前者为并列名词短语,指小孙本人;后者为偏正短语,指小孙的师傅,两句话所指的对象早已发生了改变。

第二关:判断下列短语的结构。

(1) 一根金箍棒

(2) 美猴王孙悟空

(3) 偷走袈裟

(4) 菩萨的坐骑

(5) 你这多事的泼猴

环节三　美猴王"大胜"混世魔王和美猴王"大败"混世魔王

旁白:上回说到那孙猴子因为不解"小孙师傅"和"小孙的师傅"的区别,在"腾云术"大会上出了洋相,让菩提老祖大为不悦,但祖师爱才,念在师徒情分上原谅了他,还悉心教导悟空各种奇术。然而,悟空未能改掉好胜之心,终于在又一次的出风头之后,被菩提老祖赶出了师门。

悟空再三求告,祖师铁了心不再见他,悟空无奈,拜别祖师,回到花果山水帘洞,却发现山洞竟被一个叫"混世魔王"的妖怪所占。悟空火冒三丈,打上门去,大战魔王。战到最后,悟空拔一把毫毛,丢在口中嚼碎,望空中喷去,叫一声"变!"即变做两三百个小猴,团团围住魔王。悟空上去夺下他的刀来,照顶门一下,砍为两段。这一胜战,悟空确立了山头的统治地位,各地小报更是争相登载他的光辉事迹,一时风光无限。不过,悟空有一事不明,要请教各位。

悟空:俺某日翻看各地小报,有一疑惑。甲报曰,"美猴王大胜混世魔王",这个俺看得懂,是俺赢了。可是乙报却曰,"美猴王大败混世魔王",这不是乱扯吗?可是俺细细看了文章,还是俺赢啊,这是咋回事呢?

你能够作为小报编辑为孙悟空解释吗?

分析:汉语语序的重要性。因为美猴王写在混世魔王的前面,前者为尊,而且作为动作的主动者,无论是"大败"还是"大胜"都是前者为胜。

第三关:下列句子调换语序之后,语义有没有发生变化?请判断。

(1) 你走吧!→走吧,你!

专题问道

专题5 情境中的约定——语法与语用

(2) 美猴王大败混世魔王。→混世魔王大败美猴王。

(3) 他也许去东海龙王那里了。→他去东海龙王那里了,也许。

(4) 即使悟空不来请,你也应该去。→你也应该去,即使悟空不来请。

(5) 观音不完全同意。→观音完全不同意。

活动自检

项　目		活　动　细　目	分值	自评
活动准备		初步了解语法知识,编写剧本,制作课件,准备道具	22	
活动过程	环节一 挨打的悟空	能够准确分析3个句子成分的可得满分,余者按比例获得相应分值	18	
	环节二 "小孙师傅"和 "小孙的师傅"	能够准确分析5句短语结构的,本项可得满分,余者按比例获得相应分值	30	
	环节三 美猴王"大胜"混世魔王和美猴王"大败"混世魔王	能够准确分析5句句子语义是否发生变化的,可得满分,余者按比例获得相应分值	30	

※ 闯关测试

语言的表达需要规范,你在本专题学习了语法与语用的相关知识,请你借用孙行者的"火眼金睛",大胆地去闯关吧!

第一关：初级题(30分)

1. 请标出下列句子的主干部分(主语、谓语、宾语),并判断句子的主干是否有误。

(9分,每小题3分)

(1) 近日刚刚建成的西红门创业大街和青年创新创业大赛同步启动,绿色设计和"互联网+农业"设计是本次赛事的两大主题。

(2) 朝鲜艺术家这次来华表演的歌剧《红楼梦》,受到了中国观众的热烈欢迎,给予了很高的评价。

(3) 这份工作报告,不仅全面总结了改革开放30年来我县医疗卫生事业不断改革和发展,而且指明了构建我县医疗卫生保障体系的方向。

语言家园

汉语运用

2. 观察下列句子的枝叶部分(定语、状语、补语),并判断它们是否有误。

(9分,每小题3分)

(1) 在您的令尊的指点下,我的拙作终于得以发表。

(2) 面对五名具有 NBA 打球经验的美国队,中国队并不怯阵,整场比赛打得气势如虹,最终以3分优势险胜对手。

(3) 那位失主在电视台昨天为表谢意又诚挚地为小赵点了一首歌。

3. 下列句子都有语病,但只要修改一处即可,请尝试修改并说明原因。

(12分,每小题3分)

(1) 沿海城市不仅要改革开放,而且内地山区也需要开放改革。

(2) 这种办法又卫生又方便,深受群众所喜爱。

(3) 房地产市场之所以陷入长达一年的萧条,除了市场周期性调整的因素外,还在于部分开发商追求暴利,哄抬房价,也是泡沫加速破裂的重要原因。

(4) 为了防止这类事故不再发生,我们加强了交通安全的教育和管理。

第二关:中级题(26分)

4. 写作时提到某一事物,常运用与该事物密切相关的物件来代替,以求行文的生动变化。如苏轼《前赤壁赋》"方其破荆州,下江陵,顺流而东也,舳舻千里,旌旗蔽空",以船尾"舳"和船首"舻"代替"船"。下列诗文中运用此种表现手法的选项是( ) (多选,5分)

A. 岁寒,然后知松柏之后凋也。

B. 明眸皓齿今何在?血污游魂归不得。

C. 沙鸥翔集,锦鳞游泳;岸芷汀兰,郁郁青青。

D. 黄巾为害,萍浮南北,复归邦乡。入此岁来,已七十矣。

E. 遥想公瑾当年,小乔初嫁了,雄姿英发,羽扇纶巾,谈笑间,强虏灰飞烟灭。

5. 下文是 M 中学读书节活动学生筹委会发给莫言先生的邀请函,其中有四处语言表达不得体或不简明,请找出并加以改正。 (8分)

我校第五届读书节将于2016年2月25日至2月28日举行。作为家乡学子,我们特向您发出鼎力邀请,恭请您莅临指导并给广大莘莘学子发表演讲。虽然您现在已是炙手可热的公众人物,事务繁忙,但我们仍十分期盼您的惠顾。

专题问道

专题5 情境中的约定——语法与语用

6. 右图是M中学举办迎新晚会的构思框架,请把这个构思写成一段话,要求内容完整,表述准确,语言连贯,不超过80个字。(7分)

7. 下面这段议论枯燥无味,请运用比喻、反问等修辞手法加以修改,使其生动形象,不超过80个字。(6分)

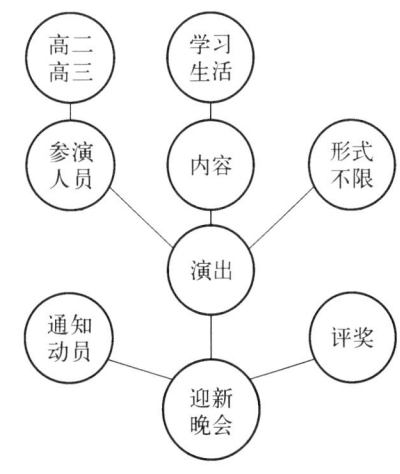

生活中挑战和机遇同在,追求难免会遭遇失败,我们必须坦然面对生活,不要因为一点小小的挫折就放弃追求。

第三关:高级题(44分)

8. 某同学从自己所写的文章里选出以下三组,为每组文章拟一标题,编成集子。所拟标题与各组文章对应最恰当的一项是( ) (5分)

第一组:《看见〈看见〉》《书虫诞生记》《对话苏东坡》《家有书窝》

第二组:《同桌的你》《伴我同行》《奔跑吧,兄弟》《没有麦田的守望者》

第三组:《感悟青春》《我的"离经叛道"的话》《扪心自问》《当我发呆时我在想些什么》

A. 读万卷书　　寸草春晖　　我思我在

B. 悦读生活　　寸草春晖　　指点江山

C. 悦读生活　　那些花儿　　我思我在

D. 读书万卷　　那些花儿　　指点江山

9. 下文是某中学学生会向各班班长发出的通知,请阅读并按要求完成后面的题目。

为了进一步弘扬优秀传统文化,提高同学们的国学素养,校学生会定于10月18日下午4点,在报告厅举办"走近孔子"读书交流会。届时在孔子研究领域享有极高盛誉的孙荣教授将光临指导,并向各班奉送其最新研究著作。请拨冗组织班委推荐两名发言的同学,并告知他们一定务必按时到会。

(1)在不改变语意的前提下,为了表达简明,文中必须删掉两个词语,分别是_____和_____。 (2分)

语言家园

汉 语 运 用

（2）文中使用不得体的两个词语，分别是＿＿＿＿和＿＿＿＿。　　（2分）

10. 在下文空格处分别补写出倡议的理由和具体内容，两处字数各不超过40个字。

（10分）

倡 议 书

各位同学：

乘坐公交是很多市民日常出行的选择。众所周知，□□□□□□□□□□□□□□□□□□□□□□□□□□□□□□□□□□□□□□□。可是，我市不文明乘车现象时有发生，甚至发生老人被人群挤倒而摔成粉碎性骨折的悲剧。

为此，我们向全校同学发生倡议：

□□□。

文明乘车，从我做起！让我们用自己的行动为城市增光添彩！

××中学学生会

×年×月×日

11. 阅读下面的新闻，请你以编辑的身份写一段评论。要求观点鲜明，语言简明、连贯、得体，100个字左右。　　（10分）

2015年8月24日晚，温州人林某和家人到某火锅店就餐。其间，林某因为火锅汤底加水的问题，和该店男服务员朱某发生纠纷。于是，朱某到厨房用塑料盒盛来开水倒在林某身上，致使林某被烫伤。

12. 下文宝钗的回答，最可能是希望王夫人（　　　）　　　　　　（5分）

王夫人道："原是前儿他（金钏儿）把我一件东西弄坏了，我一时生气，打了他几下，撵了他下去。我只说气他两天，还叫他上来，谁知他这么气性大，就投井死了。岂不是我的罪过。"

宝钗叹道："姨娘是慈善人，固然这么想。据我看来，他并不是赌气投井。多半他下去住着，或是在井跟前憨顽，失了脚掉下去的。他在上头拘束惯了，这一出去，自然要到各处去顽顽逛逛，岂有这样大气的理！纵然有这样大气，也不过是个糊涂人，也不为可惜。"

（曹雪芹《红楼梦》）

专题问道

专题5 情境中的约定——语法与语用

A. 追查金钏儿真正的死因

B. 勇于认错以免良心不安

C. 不要将金钏儿的死放在心上

D. 不必为金钏儿的意外而生气

13. 下面是今人根据李商隐《夜雨寄北》译写的一首新诗,请从所给两题中任选一题作答,120字左右。(10分,每小题5分)

会有一天,我跟你说起今夜的雨,

弥漫的水气,浸润了远来的家书。

窗外的池塘,秋水涨满,

我在想,你是怎样写下了我的称呼。

故乡好远,阻隔着千山万水,

归期迷茫,日日在手指间飘忽。

离人的思念,就像那红烛的芯子,

刚刚剪去,又悄悄长出。

好在啊,好在还有记忆中西窗的烛光,

它摇曳在眼前,摇曳在今夜的巴蜀。

附:

夜 雨 寄 北

[唐]李商隐

君问归期未有期,

巴山夜雨涨秋池。

何当共剪西窗烛,

却话巴山夜雨时。

(1) 选择一个角度(如意象、意境、结构、语言等)对新诗加以简评。

(2) 请你以李明的名义,给××诗刊编辑部写封信,推荐这首诗。

专题 6

修辞立其诚
——积极修辞与消极修辞

  有语言就有修辞活动。所谓"修辞活动"就是运用语言文字的活动,即努力提高语言文字表达效果的活动。语言文字上的修辞不仅指比喻、拟人、对偶、排比等修辞格的运用(设格),还包括语音的调配(调音)、词语的锤炼(选词)、句式的选用(择句)等。所以说,语言活动中处处有修辞。学好修辞,既可以提高我们的阅读鉴赏能力,又能提升我们的语言表达效果。

※ 学者谈片

一样话百样说[①]

王希杰

  俗话说:"一样话,百样说。"同样的信息、感情,完全可以运用不同的语言形式表现出来。例如说,想要表示对他人意见的赞同,说:"好,我同意。"或者:"中,俺没有别的话说。""成,咱跟你一样的意思。""对,我也是这个意思。""行,就这样,我没有意见。"也可以说:"真是英雄所见,没有不一样的!""哇,正合吾意。""喂,你怎么成了我肚子里的蛔虫啦?""您是什么人,您的意见我还能不赞同吗?""不是明摆着的吗?您的意见就是我的意见!""我还会不同意您的意见吗?""我连想都没有想到过不同意!""同意,同意,同意,一百个同意!""除了同意,还是同意!""哪个不同意,就是小狗!""小狗才不同意呢!""人家还会不同意吗?这还用得着问?""我什么时候反对过你的意见?"

[①] 节选自《修辞学导论》(湖南师范大学出版社 2011 年版),有改动。

专题问道

专题6 修辞立其诚——积极修辞与消极修辞

"我不总是站在你的一边的嘛!""除了同意,还会有别的态度吗?"当然,这些话语的含义总是有些细微差异的。日常生活中,任何时间和场景,对于任何话题,我们都是有多种多样的选择可能的。

曹禺的《北京人》中有一个句子:

原句:外面长胡同里仿佛有一个人很吃力地缓缓推着北平独有的单轮车,在磷磷不平石铺的狭道上一直是单调地"孜妞妞,孜妞妞"地呻嘶着。

改句1:外面长胡同里传来那独有的单轮水车,在磷磷不平的路上单调地"孜妞妞,孜妞妞"的声音。

改句2:外面长胡同里传来那时北平独有的单轮水车,在磷磷不平的路上单调地"孜妞妞,孜妞妞"的声音。

这三个句子所表达的基本意思是相同的,当然多少有一些细微的差异,但是表层的具体结构却是大不相同的。

在吴祖光的《风雪夜归人》中:

① 原句:每当她们所喜欢的名角儿上台的时候,往往就一阵轻轻的脸红,一阵轻轻的心跳,不自觉地会微微俯一下头……

改句:每当她们所喜欢的名角儿上台的时候,立刻就一阵微微的脸红,一阵轻轻的心跳,不自觉地会稍稍俯首。

② 原句:好凶的样子!他骂我,打我。

改句:好凶啊!他骂我,打我。

③ 原句:成仙,成佛,成鬼,变妖怪;上天堂还是下地狱,就在你这"一念之转"。

改句:成人,成鬼,变佛,变妖怪;上天堂还是下地狱,就在你这"一念之转"。

④ 原句:那就是打过我的人!

改句:就是他!他就是打过我的人!

⑤ 原句:好容易儿子走了运,又等不及,死了。

改句:好容易盼得儿子走了运,又等不及!死了。

以上每个例子中,同一个意思都有两种不同的表达方式。

杜牧有一首诗,题目叫作《清明》:

语言家园
汉语运用

① 清明时节雨纷纷,路上行人欲断魂。

借问酒家何处有,牧童遥指杏花村。

有人重新断句,就成了一首词:

② 清明时节雨,纷纷路上行人,欲断魂。

借问酒家何处?有牧童,遥指杏花村。

有人改为六言绝句:

③ 清明时节雨纷,路上行人断魂。

问酒家何处有,童遥指杏花村。

有人则把它加以压缩,于是就成了一首五言诗:

④ 清明雨纷纷,行人欲断魂。

酒家何处有,遥指杏花村。

有人却改写作长短相杂的杂言诗:

⑤ 清明时,雨纷纷。路上人,欲断魂。

借问酒家何处?有牧童,遥指杏花村。

更有人把这首诗歌改变而成了一个微型独幕戏剧小品:

⑥ 人物 行人、牧童。

时间 清明。

地点 路上。

(幕启:行人上。作欲断魂状。一牧童骑牛上。)

行人 (走向牧童)借问酒家何处有?

牧童 (遥指)杏花村!

——幕落。

以上六种形式所表达的意思大体是相同的。

正因为任何一个意思,都绝不是只能有一种说法的,而是都可以有多种多样的表达方式,就是说都存在着"多选择性",于是修辞活动就出现了。从这个意思上来说,所谓修辞活动就是在可以百样说的话语之间作出某种选择的过程。选择的可能虽然说是多种多样的,然而不同的形式所取得的交际效果却是很不相同的,有好坏之别、高低之差。任

专题问道

专题 6　修辞立其诚——积极修辞与消极修辞

何一个交际者则总是希望获得好的、更好的、最好的交际效果的。所谓修辞活动就是力图获得最佳交际效果的活动。

◎ 我思我在

1. 什么是"修辞活动"？上文中"修辞"的含义与你原本对"修辞"的理解一致吗？

2. "一样话百样说"，但不同的说法获得的交际效果会不一样。下面两种情境中加点语句的交际效果都不够好，请你在空格处写上效果更佳的说法。

（1）李凌习惯在晚上看书写作，但最近邻居老张家的女儿到晚上一两点钟还在弹钢琴，让人无法睡觉。今天李凌在楼道遇到老张，本想说："你家女儿怎么那么晚了还在弹钢琴，让人睡不着觉？"但意识到这话太冲，会让老张尴尬，于是委婉地说："＿＿＿＿＿＿＿＿＿＿"

（2）一天晚上，女儿国的皇帝做了一个梦，梦见牙齿全没有了。第二天早上，皇帝召集群臣询问吉凶。一个大臣回答："陛下全家将比陛下先死。"皇帝听后大怒，命人把该大臣拉出去杀了。皇帝接下来问聪明的沉香，沉香说："＿＿＿＿＿＿＿＿＿＿＿＿"听到这话，皇帝非常高兴，立即赐给沉香一件锦袍。

3. 选文中列举了《风雪夜归人》的五处原稿与修改稿，请你选择其中的两处，说说为什么这样修改表达效果更佳。

消极修辞与积极修辞[①]

吴礼权

"消极修辞"与"积极修辞"，是陈望道从现代日本修辞学所引进的两个重要概念。所谓"消极修辞"，就是"注意在消极方面，使当时想要表达的表达得极明白，没有丝毫

[①] 节选自《现代汉语修辞学》（复旦大学出版社 2016 年版），有改动。

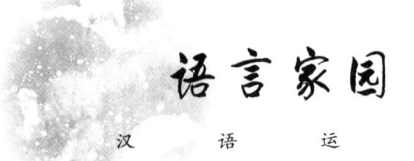

的模糊,也没有丝毫的歧解。这种修辞大体是抽象的、概念的。其适用的范围当然占了(甲)一境界(引者注:指'记述的境界')的概念的语辞的全部,但同时也做着其余两个境界(引者注:指'表现的境界''糅合的境界')的底子。其适用是广泛语境的全部,是一种普遍使用的修辞法。假如普遍使用的,便可以称为基本的,那它便是一种基本的修辞法"。由此可知,陈望道所说的"消极修辞"是一种专注于在语法、逻辑上努力的一种语言活动。即表达者的说写应该合乎语法规范、符合逻辑事理,也就是"使当时想要表达的表达得极明白,没有丝毫的模糊,也没有丝毫的歧解"的境界,也就是基本修辞。

所谓"积极修辞",就是"注意在积极的方面,要它有力,要它动人。同一切艺术的手法相仿,不止用心在概念明白地表出。大体是具体的、体验的。这类手法颇不宜用在(甲)一境界的语辞,因为容易妨害了概念的明白表出,故(甲)一境界用这种手法可说是变例。但在(乙)一境界中,却用得异常多"。"此外,(丙)一境界(引者注:指'糅合的境界')的语辞,如一切的杂文,寻常的闲谈等,却又用不用都无妨。"由此可见,陈望道所说的"积极修辞"的概念,实际上是一种调动一切积极手法力图提高表达效果为终极目标的语言活动。也就是说,为了达到"有力""动人"的目标,它可以突破语法规范和逻辑事理。因此,也可以说,"积极修辞"是一种超越常规的创造性语言活动。

由于"消极修辞"与"积极修辞"在所要企及的目标上大不相同,所以其所研究的内容方面也不相同。大致说来,"消极修辞"主要研究如何适应题旨情境,使表达企及"意义明确""伦次通顺""词句平匀""安排稳密"四项标准的种种规律。"积极修辞"主要研究如何适应题旨情境,建构恰切的修辞文本,使达意传情的效果尽可能圆满成功的诸种规律。汉语修辞学的传统,一般说来,多着重于对积极修辞的研究,也就是狭义修辞学的研究。对消极修辞的研究则较少,因为消极修辞研究的内容与语法、逻辑的研究多有重合之处。

◎ **我思我在**

1. 什么是"消极修辞"?什么是"积极修辞"?读了选文,说说你的理解。

2. 请你说说下列句子运用了什么修辞格。

① 慈父见背,舅夺母志。

专题6 修辞立其诚——积极修辞与消极修辞

② 主人下马客在船,举酒欲饮无管弦。

③ 塘中的月色并不均匀;但光与影有着和谐的旋律,如梵婀玲上奏着的名曲。

④ 在高原的土地上种下一株株的树秧,也就是种下了一个美好的希望。

⑤ 宅中有园,园中有屋,屋中有院,院中有树,树上见天,天中有月,不亦快哉!

3. 仿照画线句子的句式和修辞格,在空格处补写两个句子。

南方的雨,下得<u>缠绵、温柔、纤细、持久</u>;

北方的雨,下得_____。

南方的雨,像_____;

北方的雨,像<u>北方小伙的情,炽烈如焰、热情、奔放</u>。

我爱南方的纤纤细雨,也爱北方的滂沱大雨。

※ 实践笃行

修辞,让广告悦耳入心

情境创设

小蔡是某中学高一学生,他报名参加了学校"广告创意写作"的选修课程。该课程由理论知识讲座、上岗实践、广告创作三部分组成。在学习之后,小蔡懂得了优秀广告语往往离不开修辞的恰当运用。周末,小蔡到附近的广告公司实习,了解广告策划、制作、宣传等流程。小蔡将如何把这些知识运用于实践呢?

活动准备

当今社会,广告无处不在,已渗入社会的每个角落,影响着每个人的学习、工作和生活。一句美妙的广告语,入耳悦耳,入心舒心,让人遐想,铭记不忘。为何广告语有如此的魅力?修辞在其中又发挥了怎样的作用?让我们一起走进广告语的奇妙世界,与广告语来一次亲密接触。

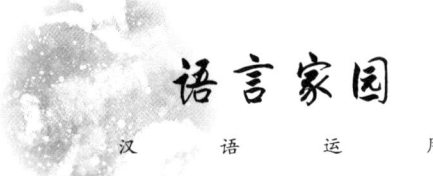

语言家园
汉语运用

(一) 你能根据下面的广告语猜出是什么商品的广告吗?

① 一机在手,天涯咫尺

② 专食人间烟火

③ 风雨同行

④ 按捺不住,就快滚

⑤ 时间因我而存在

⑥ 让时间停在最美的地方

⑦ 实不相瞒,"天仙"的名气是吹出来的

⑧ 原来生活可以更美的

答案:① 手机 ② 抽油烟机 ③ 雨衣 ④ 鼠标(微软) ⑤ 手表(罗西尼) ⑥ 化妆品(克丽缇娜) ⑦ 电风扇(天仙) ⑧ 电器(美的)

(二) 说说你是怎么猜出来的。这些广告语好不好?好在哪里?

参考示例:

② 专食人间烟火

仿拟俗语"不食人间烟火",道出了抽油烟机的特点,语言幽默有趣。一个"专"字,给人抽尽油烟的感觉,宣传了产品的质量。

③ 风雨同行

一句常用语,用在"雨衣"上,把雨衣拟人化,雨衣似乎对人充满深情厚谊,成了与人风雨相伴的朋友。

④ 按捺不住,就快滚

这是微软鼠标的广告语。一句看似不登大雅之堂的"骂人话",却被拿来使用,还用得那么贴切。"按捺不住"指网民上网时的心情,兴奋难抑,恨不得将网上信息一网打尽。紧接着一个"滚"字,十分生动地展现了鼠标的灵活性。这样的广告语,让人过目难忘。

⑦ 实不相瞒,"天仙"的名气是吹出来的

天仙牌电扇广告语。"吹"字一语双关,"吹"是电扇的主要功能,越能吹越好。同时"吹"又属于贬词褒用。加上前半句"实不相瞒",整个广告语俏皮诙谐、机智幽默,让人莞尔。

为提高广告语的表达效果,创作者都会在语言修辞上下功夫。广告离不开修辞。广

专题6　修辞立其诚——积极修辞与消极修辞

告语言和日常生活语言不同,它集美学、心理学、营销学以及修辞学为一体。可以说,没有修辞,就没有广告语。

活动过程

环节一　喜欢你,有道理

小蔡因广告公司要求,课后组织同伴搜集了一些广告语,并精选出喜欢的2—3句,开展广告语点评交流活动。

要求:为什么喜欢这句广告语?按"广告语—宣传对象—修辞手法—表达效果"的格式进行评说。

(一)交流、评点广告语

参考示例:

① 人类失去联想,世界将会怎样?

这是联想电脑广告语,用了双关修辞和疑问句式。"联想"一语双关,既指联想这种思维方式,又指联想电脑;疑问句暗示"联想"对人类的重要性,让消费者产生"联想电脑对世界很重要"的感觉。

② 药材好,药才好

这是仲景牌六味地黄丸广告语。巧用同音字,听起来像同句反复,吸引人,让人耳目一新,很难忘记。同时也强调了自家药品质量好,是因为选用的药材好。

③ 趁早下"斑",请勿"痘"留

这是祛斑美容产品的广告,语言幽默风趣,运用了谐音双关的手法,"下斑"与"下班"谐音,"痘留"和"逗留"谐音。广告语有两层意思:一是下班赶紧回家,不要逗留;二是趁早除去脸上的雀斑,不要让痘留在脸上。

④ 你不理财,财不理你

《理财》周刊广告,运用了回环、拟人修辞格。语句整齐匀称,循环往复,饶有趣味。全句意思:如果你不去打理、规划你的财务,钱财也就不会搭理你。

⑤ 上天猫,就购(够)了

这是天猫网广告。运用了谐音双关的手法:一是说上天猫网,就足够了,不需要再

语言家园
汉语运用

上其他的购物网站了;二是说你去天猫就能购物了,想买就买。

⑥ 康必得,得必康

这是康必得感冒药广告。用了回环的修辞手法,想健康必须得到它,得到它一定会健康。读起来循环往复整齐匀称,让人印象深刻。

⑦ 你知道我在等你吗?

校园垃圾桶公益广告。运用拟人、引用手法,引用流行歌曲歌词,垃圾桶在盼望着人们把垃圾放入桶内。看到这句话,大家肯定会不好意思乱丢垃圾了。

⑧ 花开堪赏直须赏,莫要折花空赏枝

这是公园爱护树木公益广告。仿拟唐诗《金缕衣》"花开堪折直须折,莫待无花空折枝",提醒大家当花儿盛开,只须欣赏,不要攀折花朵,留下那空无所有的枝条。仿拟诙谐幽默,给人印象深刻。

⑨ 我们不生产水,我们只是大自然的搬运工

农夫山泉广告。运用借代手法,用"大自然"代替湖泊、溪流中的水,赋予了产品绿色、健康的含义。

(二)闯闯"辞格"这一关

小蔡发现,同学们在交流点评自己喜欢的广告语时,有几个同学把修辞手法说错了,有的说不出或说漏了。他觉得,应该补上修辞格这一课,所以他用分组竞赛、抢答的形式,进行了一次"辞格"大闯关!

同学们,你能说出下面这些广告语使用了什么修辞手法吗?(有些可能不止一种)

① 我们是人类的翅膀(东方航空公司广告)

② 我家的盘子会唱歌(雕牌洗洁精广告)

③ 百饺百馅,百馅百味,百味百形,百形百趣(某饺子馆广告)

④ 喝酒不开车,开车不喝酒(交通安全广告)

⑤ 汾酒必喝,喝酒必汾(山西汾酒广告)

⑥ 风声,颂声,声声入耳;雅韵,酒韵,韵韵关情(水井坊酒广告)

⑦ 皮张之厚无以复加,利润之薄无以复减(某皮鞋厂广告)

⑧ 喝青岛,心情好(青岛啤酒广告)

专题问道

专题6 修辞立其诚——积极修辞与消极修辞

⑨ 阿尔卑斯,甜蜜如拥抱("阿尔卑斯"糖广告)

⑩ 爱立信,一切尽在掌握(爱立信手机广告)

⑪ 今年二十,明年十八(白丽美容香皂广告)

⑫ 一毛不拔(牙刷广告)

⑬ 平时注入一滴水,难时拥有太平洋(太平洋保险公司广告)

⑭ 何以解忧,唯有杜康(杜康酒广告)

⑮ 千里江铃一日还(江铃汽车广告)

⑯ 胃酸吗?胃胀吗?胃痛吗?请用斯达舒!(斯达舒胃药广告)

⑰ 把美穿在腿上(某品牌丝袜广告)

⑱ 涓滴之水成海洋,颗颗爱心变希望(希望工程广告)

⑲ 吸毒不仅可以吸掉你的家产,而且可以吸掉你的家庭,甚至生命(禁毒广告)

⑳ 本公司在世界各地的维修人员都闲得无聊(某电器公司广告)

参考示例: ① 比喻 ② 拟人 ③ 顶真 ④ 回环 ⑤ 回环,仿拟(仿用"分久必合,合久必分") ⑥ 对偶,仿拟 ⑦ 对比,对偶 ⑧ 借代(以"青岛"指代青岛啤酒) ⑨ 通感 ⑩ "掌握"一词双关 ⑪ 夸张 ⑫ 引用,易色(即变易词语的感情色彩,褒词贬用,贬词褒用) ⑬ 比喻("一滴水"比喻少量保费),双关("太平洋"双关),对比 ⑭ 引用 ⑮ 仿拟(仿"千里江陵一日还") ⑯ 设问,排比 ⑰ 借代(用"美"指代丝袜) ⑱ 对偶,上下句又构成比喻 ⑲ 拈连 ⑳ 婉曲

(三) 修辞,不只是辞格

优秀的广告语,除了恰当运用修辞格之外,似乎还有说不出的语言魔法,到底有哪些魔法呢?小蔡决定组织同学们分六个小组深入探究一下。

① 雀巢咖啡广告:味道好极了。

② 格力空调广告:好空调,格力造。

③ 农夫山泉广告:农夫山泉有点甜。

④ 雪碧饮料广告:晶晶亮,透心凉。

⑤ 孔府家酒广告:孔府家酒,让人想家。

⑥ 维维豆奶广告:维维豆奶,欢乐开怀。

探究结果:

① 味道好极了

十分口语化,朗朗上口,用感叹句抒发内心的感受,简单又意味深远。

② 好空调,格力造

言简意丰,六个字信息量却很大,有企业名称、产品类型,既是产品广告,又是企业形象广告。一个"好"字,质量、功能、用户满意度等都包括在内了。读起来整齐押韵,响亮有力,易诵好记。

③ 农夫山泉有点甜

形式上,七字短句,二二三的节奏,与七言古诗相同,顺口。"泉"与"甜"押韵,和谐悦耳,好读易记。内容上,突出品牌,"有点甜"容易使人联想到这矿泉水像清冽的山泉。

④ 晶晶亮,透心凉

"晶晶"叠音,将饮料透明清澈的纯净形象展现在受众面前,"透心凉"强调夏天喝了雪碧之后特别舒服的感受。押韵,平仄相间,读起来抑扬起伏,悦耳动听。

⑤ 孔府家酒,让人想家

这句广告语充满亲情,身在异乡时喝酒让人思念家乡,团圆时喝酒则享受家的温馨。虽不押韵,但"酒""家"双声,前后平仄相对,读起来依然有一种音乐美。

⑥ 维维豆奶,欢乐开怀

"奶""怀"押韵,"开怀"叠韵。顺口悦耳,婉转优美,朗朗上口,还给人喝维维豆奶很快乐、很开心的印象。

为什么这些没使用修辞格的广告语,也能收到很好的广告效果呢?因为这些广告语使用了其他的修辞手段来提升语言的表现力,包括语音的调谐、词语的选用、句子的锤炼等,语言简明、准确、得体,上口易记。

环节二 原来广告可以更美

小蔡的校友可欣姐姐想创业开一家美甲店,自己想了个店名叫"爱不饰手"。她听说小蔡正在选修"广告创意写作"课程,于是就去征询小蔡的意见。小蔡觉得这个名称不妥:"爱不饰手,那谁还来做美甲呀?"可欣想想也是,本想用谐音双关的手法套用一下成

专题问道

专题6 修辞立其诚——积极修辞与消极修辞

语,结果表意相反,弄巧成拙。

小蔡想借此机会请同学帮可欣重新拟个店名,再想一句广告语送给她。

甲:店名"指上风情美甲店"。广告语:"美丽,由你指定。"做了美甲,手指也可以变得风情万种。"美丽,由你指定",一语双关,既表明顾客在这里美甲可以有多种选择,也告诉顾客做了美甲之后你将显得更加美丽。

乙:店名"靓丽甲人美甲店"。广告语:"甲如你很美丽。""甲"字双关,既指"指甲",又有"第一"的意思。"甲如你很美丽"可读作"甲,如你,很美丽",意思是做了美甲之后,指甲和人都更加美丽了。

丙:店名"一指独秀美甲店"。广告语:"让青春在你的手指间跳舞。""一指独秀"谐音"一枝独秀",突出了你的美丽是独一无二的。广告语用了比拟手法,把"青春"这抽象的概念拟人化,美过甲的手指更青春。

丁:店名"美美美甲店"。广告语:"今天你美甲了吗?""美美"叠音,再加"美甲店",三个"美"字连排,能吸引眼球。广告语仿拟乐百氏奶的广告"今天你喝了吗?"。

戊:店名"纤玉美甲店"。广告语:"纤纤玉指,从美甲开始。""纤纤玉指,翩翩风韵。""纤玉"比喻美丽的手指,美甲让"纤玉"更美。

同学们想到的店名和广告语都很有创意,小蔡觉得语文与生活息息相关,选修课不仅能学到很多知识,而且可以将其应用到生活中去。

环节三 写广告,我能行

小蔡家住某乡镇的山区。周末小蔡回到老家,遇到了当农民的姨夫李某正在推销自产的土鸡蛋,但生意不太好。小蔡想,高山土鸡蛋是绿色无公害产品,应该销售火爆才对。姨夫说,因为缺少宣传,土鸡蛋的销路没有打开。小蔡决定利用自己所学的"广告创意写作"知识,组织同学写广告语,帮助姨夫推销土鸡蛋。

成果展示

① 绿色土鸡蛋,新鲜挡不住。

② 我很土,但是我很营养。

③ 老乡的希望,大家的健康!

④ 土鸡蛋,吃得放心,吃得健康。

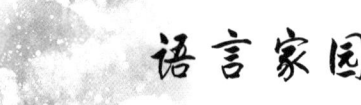

⑤ 你买到的不仅仅是鸡蛋。

⑥ 高山土鸡蛋,你还等什么?

⑦ 鸡蛋还是土的好。

⑧ 鸡蛋,我的最土!

⑨ 绿色鲜鸡蛋,健康多一点。

⑩ 正宗土鸡蛋,好吃又营养。

⑪ 天然珍品,绿色鲜蛋。

⑫ 自然喂养,自然食品,自然健康,自然营养。

⑬ 深山里的土鸡蛋,你不心动吗?

⑭ 不计价贵几元,"蛋"求吃得放心。

⑮ 颗颗温暖,蛋蛋飘香。

活动自检

项　　目		活　动　细　目	分值	自评
活动准备		根据广告语答出商品名,说明理由,答对5句此项满分	10	
活动过程	环节一 喜欢你,有道理	(一)每位同学提供2句以上广告语,说明喜欢的理由,进行交流评点	10	
		(二)说出这些广告语使用的修辞手法	20	
		(三)小组讨论,探究这些广告语的高明之处	10	
	环节二 原来广告可以更美	组织同学为美甲店取名,撰写广告语,小组讨论评选最美店名和广告语	20	
	环节三 写广告,我能行	为土鸡蛋撰写广告语,将同学的成果汇总起来,编撰一本《土鸡蛋广告语汇编》,评选出最美土鸡蛋广告语	30	

※ 闯关测试

修辞,能让你的语言锦上添花。修辞的运用,也折射出你的语文素养。能够闯过修辞关,你就具备妙笔生花的能力啦。

专题问道

专题6 修辞立其诚——积极修辞与消极修辞

第一关：初级题(24分)

1. 下列各句中比喻不恰当的一句是(　　) (2分)

A. 他提着两个包,气喘吁吁地走着,像踩着棉花似的深一脚,浅一脚。

B. 一群仙女,踩在棉花似的云朵上,随着隐隐的仙乐,冉冉地向远方飘去。

C. 她突然瞥见路中央盘着一条大蛇,蛇头昂起,张着大口,她顿时感到两脚像踩在棉花上似的。

D. 小战士斜着冲锋枪,在小路上向前猛冲,脚步像踩在棉花上般地轻快。

2. 下列各句中,使用了比喻修辞格的一项是(　　) (2分)

A. 徐公不若君之美也。(《邹忌讽齐王纳谏》)

B. 彼采葛兮,一日不见,如三月兮。彼采萧兮,一日不见,如三秋兮。彼采艾兮,一日不见,如三岁兮。(《诗经·王风·采葛》)

C. 手如柔荑,肤如凝脂,领如蝤蛴,齿如瓠犀。螓首蛾眉,巧笑倩兮,美目盼兮。(《诗经·卫风·硕人》)

D. 山有小口,仿佛若有光。(《桃花源记》)

3. 下列李白的诗句中没有运用"夸张"手法的一项是(　　) (2分)

A. 连峰去天不盈尺,枯松倒挂倚绝壁。

B. 两岸猿声啼不住,轻舟已过万重山。

C. 金樽清酒斗十千,玉盘珍羞值万钱。

D. 总为浮云能蔽日,长安不见使人愁。

4. 下列诗句中没有使用"双关"手法的一项是(　　) (2分)

A. 春蚕到死丝方尽,蜡炬成灰泪始干。

B. 梅须逊雪三分白,雪却输梅一段香。

C. 东边日出西边雨,道是无晴却有晴。

D. 低头弄莲子,莲子青如水。置莲怀袖中,莲心彻底红。

5. 下列流行歌曲的歌词,与例句使用的修辞手法相同的一项是(　　) (2分)

例句：长江长城,黄山黄河,在我心中重千斤。(《我的中国心》)

A. 金风送喜来,紫荆花已开,二月大地春雷,锣鼓响起来。(《欢乐中国年》)

B. 你的手一挥,说要往北飞,爱情被一刀剪碎,我的心一片黑。(《风往北吹》)

C. 苍天笑,纷纷世上潮,谁负谁胜天知晓。江山笑,烟雨遥,淘浪淘尽红尘俗世几多娇。清风笑,竟惹寂寥,豪情还剩了一襟晚照。(《沧海一声笑》)

D. 龙盘虎踞有钟有鼓,龙腾虎跃有文有武。一把剑划开万丈天幕,一腔血注解千秋史书。(《卧虎藏龙》)

6. 下列流行歌曲歌词所用的修辞手法不同于其他三项的一项是(　　)　　(2分)

A. 山不转哪水在转,水不转哪云在转,云不转哪风在转,风不转哪心也转。(《山不转水转》)

B. 等待是一片发霉的面包,等待是一杯冰冷的咖啡。(《等待》)

C. 遥远的夜空,有一个弯弯的月亮;弯弯的月亮下面,是那弯弯的小桥;小桥的旁边,有一条弯弯的小船;弯弯的小船悠悠,是那童年的你我。(《弯弯的月亮》)

D. 太阳出来我爬山坡,爬到了山顶我想唱歌,歌声飘给我妹妹听啊,听到我歌声她笑呵呵。(《大花轿》)

7. 下列成语中使用的修辞手法不同于其他三项的一项是(　　)　　(2分)

A. 为虺弗摧,为蛇若何　　　　B. 当局者迷,旁观者清

C. 金玉其外,败絮其中　　　　D. 顺之者昌,逆之者亡

8. 下列句子中没有运用通感修辞手法的一项是(　　)　　(2分)

A. 微风过处,送来缕缕清香,仿佛远处高楼上渺茫的歌声似的。(《荷塘月色》)

B. 海在我们脚下沉吟着,诗人一般。那声音仿佛是朦胧的月光和玫瑰的晨雾那样温柔,又像是情人的蜜语那样芳醇。(《听潮》)

C. 最令人难忘的还有所谓天籁。秋风起时,树叶飒飒的声音,一阵阵袭来,如潮涌,如急雨,如万马奔腾,如衔枚疾走。(《音乐》)

D. 那王小玉唱到极高的三四叠后,陡然一落,又极力骋其千回百折的精神,如一条飞蛇在黄山三十六峰半中腰里盘旋穿插,顷刻之间,周匝数遍。(《明湖居听书》)

9. 说话时遇到有犯忌的事物不直说,用别的话来回避掩盖或装饰美化,这种手法叫作"讳饰"。下列成语没有使用"讳饰"修辞手法的是(　　)　　(2分)

① 春风风人　② 采薪之忧　③ 三长两短　④ 琵琶别抱

专 题 问 道

专题6 修辞立其诚——积极修辞与消极修辞

⑤破镜重圆 ⑥狼烟四起 ⑦香消玉殒 ⑧阮囊羞涩

A. ①⑤　　　B. ②⑧　　　C. ①⑥　　　D. ④⑧

10. 对刘禹锡《陋室铭》一文所用的修辞手法解说有误的一项是(　　)　(2分)

山不在高,有仙则名。水不在深,有龙则灵。斯是陋室,惟吾德馨。苔痕上阶绿,草色入帘青。谈笑有鸿儒,往来无白丁。可以调素琴,阅金经。无丝竹之乱耳,无案牍之劳形。南阳诸葛庐,西蜀子云亭。孔子云:何陋之有?

A. 前三句以山水起兴,山可以不在高,水可以不在深,只要有仙有龙就可以出名。同时兴中有比,说明陋室也可借道德品质高尚之士播洒芬芳。

B. "谈笑有鸿儒,往来无白丁"两句互文,写室中人和博学的鸿儒来往,谈笑风生,没有浅俗之人出现,说明室陋人不陋,言语亦不陋。

C. "无丝竹之乱耳,无案牍之劳形"用了互文,同时又运用了借代手法,用"丝竹"指代嘈杂的音乐,"案牍"指代繁忙的公务。

D. "南阳诸葛庐,西蜀子云亭",作者借诸葛亮的草庐、西蜀扬子云的玄亭作类比,以古代贤人自况,希望自己也能同他们一样拥有高尚的情操。

11. 下列各句中修辞手法运用不恰当的一项是(　　)　(2分)

A. 这里叫教条主义休息,有些同志却叫它起床。

B. 贪婪就像是喝海水,越喝越渴,越渴越喝。

C. 四川有座峨眉山,离天只有三尺三。

D. 只要我们在学习上努力攀登,就一定能到达成功的彼岸。

12. 下列句子中加点的部分属于多余的语言信息的一项是(　　)　(2分)

A. 宾馆服务员接电话:"您好,我是如家宾馆。"

B. 我下午到机场送您上飞机。

C. 你总算来了! 我足足等了你一年三百六十五天!

D. 本月6日(星期五)上午八时在行政楼二楼会议室召开全校班长会议,请准时出席。

第二关:中级题(33分)

13. 指出下列这些流行歌曲歌词所使用的修辞格(有的不止一种)。　(6分)

语言家园

汉语运用

(1) 落款中署名悔,你伤过谁,不忍看宣纸内,晕开的泪。(《花恋蝶》)

(2) 爱得痛了,痛得哭了,哭得累了。(《记事本》)

(3) 夜里有风,风里有我,我拥有什么?云跟风说,风跟我说,我能向谁说?(《你是我胸口永远的痛》)

(4) 月圆月缺,一代梦想;潮起潮落,百年沧桑。(《春天的故事》)

(5) 一盏离愁,孤单伫立在窗口。一壶漂泊,浪迹天涯难入喉。(《东风破》)

(6) 我已剪短我的发,剪断了牵挂,剪一地伤透我的尴尬。(《短发》)

14. 将下列句子改写为一个句式整齐、语意连贯的排比句,可调整个别词语,不得改变句子原意。 (3分)

我喜欢自然风光,还喜欢生活中的故事,情节曲折的小说更让我喜爱,也喜欢大自然的音响,富于魅力的风光摄影更使我着迷,当然,那美妙动听的音乐尤其让我陶醉。

15. 下列谜语的谜面运用了比喻、拟人等修辞格,你能猜出谜底吗? (5分)

(1) 兄弟四五人,各进一道门,谁人进错了,出来笑死人。(打一物)

(2) 小小诸葛亮,稳坐中军帐,布下八卦阵,专捉飞来将。(打一动物)

(3) 麻屋子,红帐子,里面住着个白胖子。(打一果实)

(4) 在娘家青枝绿叶,到婆家面黄肌瘦,不提起倒也罢了,一提起泪如雨下。(打一生活用具)

(5) 石头层层不见山,道路弯弯走不完,雷声隆隆不下雨,大雪纷飞不觉寒。(打一生活用具)

16. 生活中我们经常会接触到"讳饰",如把怀孕说成"有喜",把死了说成"老了",厕所改称"洗手间""盥洗室"等,甚至炒股者不许孩子叫"爹"(跌)、弟弟叫"哥"(割),而要叫"家长"(加涨)、"兄长"(汹涨)。说说下列这些讳饰语的真正意思,并列举两个以上生活中你听到过的讳饰语。 (6分)

(1) 山高水低   (2) 长得困难点

(3) 富态发福   (4) 单身贵族

其他讳饰语:_____

17. 有些熟语用比喻来表达思想,前后句分别是喻体和本体,如"良药苦口利于病,

专 题 问 道

专题6 修辞立其诚——积极修辞与消极修辞

忠言逆耳利于行","红花汗水浇,幸福劳动造","浇树要浇根,育人要育心"。也有的只有喻体而没有本体,如下面这些熟语,它们比喻什么,你能解释吗? (5分)

(1) 一个巴掌拍不响。

(2) 拔出萝卜带出泥。

(3) 一朝被蛇咬,十年怕井绳。

(4) 羊毛出在羊身上。

(5) 车到山前必有路。

18. 下面是宋人对两首唐诗的评价,你赞同吗?请说说理由。 (4分)

(1) 杜甫《古柏行》:"孔明庙前有老柏,柯如青铜根如石。霜皮溜雨四十围,黛色参天二千尺。"沈括《梦溪笔谈》:"四十围乃是径七尺,无乃太细长乎?……此亦文章之病也。"

(2) 杜牧《赤壁》:"折戟沉沙铁未销,自将磨洗认前朝。东风不与周郎便,铜雀春深锁二乔。"许顗《彦周诗话》:"孙氏霸业,系此一战,社稷存亡、生灵涂炭都不问,只恐捉了二乔,可见措大不识好恶。"

19. 阅读下面两处人物描写,回答后面的问题。 (4分)

① 凤姐也不接茶,也不抬头,只管拨手炉内的灰,慢慢地问道:"怎么还不请进来?"(曹雪芹《红楼梦》)

② 新媳妇(三仙姑)哭了一天一夜,头也不梳,脸也不洗,饭也不吃,躺在炕上,谁也叫不起来,父子两个没了办法。(赵树理《小二黑结婚》)

(1) 第①句加点处能不能改为"茶也不接,头也不抬"?为什么?

(2) 第②句加点处能不能改为"也不梳头,也不洗脸,也不吃饭"?为什么?

第三关:高级题(43分)

20. 下面两则古代笔记记述了同一件事,"一样事,百样说",古人认为这些说法有工拙高下之别。其实,判断一种说法的优劣不能离开交际的目的。请你为下面四种不同的交际目的各选择最合适的一种说法,并说明理由。 (8分)

穆、张尝同造朝,待旦于东华门外,方论文次,适见有奔马践死一犬①,二人各记其事,以较工拙。修曰:"马逸,有黄犬遇蹄而毙②。"张景曰:"有犬死奔马之下③。"时文体

语言家园

汉语运用

新变,二人之语皆拙涩。而当时已谓之工,传之至今。(沈括《梦溪笔谈》)

欧阳公在翰林日,与同院出游。有奔马毙犬于道④,公曰:"试书其事。"同院曰:"有犬卧通衢,逸马蹄而死之⑤。"公曰:"使子修史,万卷未已也。"曰:"内翰以为何如?"曰:"逸马杀犬于道⑥。"(《唐宋八家丛话》)

这是发生于北宋时期的一起"交通事故",假如:

(1)你是一名交警,最适合作事故现场勘察记录的是第(　　)句。

理由:_____。

(2)你是狗的主人,你认为对你最有利的事件描述是第(　　)句。

理由:_____。

(3)你是一名新闻记者,将为这则新闻稿拟的标题是第(　　)句。

理由:_____。

(4)你是马的主人,刚刚与你的马夫合力降服了"逸马",突然接到交警的电话,要你到交警队来一趟,交警说的是第(　　)句。

理由:_____。

21.比喻是最常见的修辞格,它无处不在,而我们常常习焉不察。请按下列要求完成任务。

(1)仔细研究下面这三组常用的词语和熟语,找出其中暗藏的比喻,并说说这些比喻构造上的特点。你能再补充几组吗?　　　　　　　　　　　　　　(8分)

甲 ① 铁面　母校　盆地　蛙泳　蝶泳　刀鱼　带鱼

　　② 思潮　法网　石笋　麦浪　心弦　月牙　柳絮

乙　鸡冠花　鸭舌帽　鹅卵石　猫耳洞　蜂窝煤　蘑菇云　面包车

丙 ① 米珠薪桂　心猿意马　口蜜腹剑　唇枪舌剑　文山会海　车水马龙

　　② 萍踪浪迹　风烛残年　刀子嘴豆腐心　铁打的营盘流水的兵

(2)上面这些词语、熟语中的比喻又叫"缩喻",下面三组句子中加点部分也运用了缩喻手法。这样的表达有什么好处?请你从每组中各选取一个进行赏析。　　(9分)

甲

① 时间的流沙漫山遍野,覆盖了一切生命。

专题问道

专题6　修辞立其诚——积极修辞与消极修辞

② 时间的犁在勤奋者的额头上开出无数条智慧之渠。

③ 至死不变，愿意带着花岗岩头脑去西天的人，肯定有的，那也无关大局。

④ 老马好舞文弄墨，时常写些豆腐块文章。

乙

思念，是一条悠悠的小河，

时间的帆船在上面漂过；

当爱的春风往心坎儿上吹拂，就泛起阵阵清波……

在我的河里，河床却已显露，

灼热的爱情之火蒸发着它，

化作一片相思的云雾……

（林子《给他》）

丙

现在绝非奢谈冷静下来或服用渐进主义的镇静剂的时候。现在是实现民主的诺言的时候。现在是从种族隔离的荒凉阴暗的深谷攀登种族平等的光明大道的时候，现在是向上帝所有的儿女开放机会之门的时候，现在是把我们的国家从种族不平等的流沙中拯救出来，置于兄弟情谊的磐石上的时候。

如果美国忽视时间的迫切性和低估黑人的决心，那么，这对美国来说，将是致命伤。自由和平等的爽朗秋天如不到来，黑人义愤填膺的酷暑就不会过去。

（马丁·路德·金《我有一个梦想》）

22. 下面这篇学生撰写的学校简介，在语言使用上存在一些问题。请你从消极修辞角度（要求通顺、简洁、明确、贴切）对文稿进行修改，尤其注意加点处表达的准确、简明、得体。　　　　　　　　　　　　　　　　　　　　　　　　　　（8分）

N市滨海区高级中学简介

我两年前毕业于N市滨海区高中，那是我们区唯一的一所高中。

它位于市区内繁华地带，相邻的有市场、职业高中等，总建筑面积约两万多平方米，教职工200多人，学生1500多名。学校的教职员工都兢兢业业地工作，教学质量显著提高。我们当时的校长和班主任老师曾被评为市先进工作者。学校也多次荣获省绿化先进单位、

花园式学校等荣誉,这些都是在学校各级领导的带领下全体师生共同努力、共同奋斗的结果。

迎着改革开放和科技兴国的春风,学校的全体师生员工以雄厚的实力、非凡的自信和开拓创新的魄力向前迈进,以崭新的姿态迈向辉煌灿烂的未来。

23. "飞白"作为一种修辞格,是陈望道先生于1931年在《修辞与修辞学》中首次提出来的。他在《修辞学发凡》一书中给"飞白"下的定义为:明知其错故意仿效的,叫飞白。"飞白"辞格在网络流行语中被大量使用,请看下表:

网络用语	酱紫	美眉	大虾	斑竹	油饼	烘焙鸡	砖家
实际用语	这样子	妹妹	大侠	版主	有病	homepage（主页）	专家

又如下面这些句子:

——小公举,你造吗?(小公主,你知道吗?)

——这位童鞋,表酱紫。(这位同学,不要这样子。)

——看到霉女稀饭上了大虾,帅锅伤心地在围脖上感言,说好的1314呢?原来神马都是浮云。(看到美女喜欢上了大侠,帅哥伤心地在微博上感言,说好的一生一世呢?原来什么都是浮云。)

对此现象,有人认为"飞白"是一种"危险"的辞格,在网络语言中大量使用会影响汉语的纯洁性;也有人认为对这种故意为之的"飞白"不必忧心忡忡,只要限定在网络范围内,就不会破坏汉语的规范和纯洁。对此,你又是怎么看的? (10分)

专题 7

生活小逻辑

——逻辑与思辨

19世纪的英国绅士着装,黑礼帽,大烟斗,足不出户就能解开一个个让人摸不着头脑的悬案,英国小说家柯南道尔塑造的神探福尔摩斯的形象深入人心。在生活中遇到难题时,你是不是希望有一个福尔摩斯出现在身边呢?尽管这是不现实的,但我们可以学习福尔摩斯的逻辑推理、辩证思维,将他的思维方式带入我们的生活,最终我们也会像福尔摩斯那样拥有强大的思维武器,成为生活中的智者。

※ 学者谈片

审讯室里的"概念"战[①]

金鸿儒

美国康斯威星州某小镇的地方警署在一次缉毒行动中抓获了一名叫乔耶斯的青年。根据警方的线报显示,此人在当地臭名远扬,而且在贩毒集团中具有较高的地位。如果能让他供认罪行,就有希望将这个贩毒集团连根拔起。

然而,乔耶斯被抓时,没有进行毒品交易。警察只能指控他"非法携带枪支"与"私藏大麻"。而这两种罪比较轻,不足以对其施加严厉的处罚。

乔耶斯非常善于以偷换概念的方式狡辩。所以,负责审讯的戴维斯警官运用了一些针锋相对的技巧。

戴维斯警官问:"嫌疑人乔耶斯,今年7月5日,你所在的贩毒集团与墨西哥毒贩进

[①] 节选自《北大逻辑课》(北京时代华文书局2015年版),有改动。

语言家园
汉语运用

行了海洛因交易。当时你也在场,还打伤了一名前来抓捕你们的警察。有这回事吗?"

枪支与大麻在美国十分泛滥。警察抓到的携带大麻的非法持枪者不一定是毒贩,更多时候只是"瘾君子"。戴维斯一上来就把嫌疑人乔耶斯定义为"毒贩",其实证据不足,有偷换概念的嫌疑。但他要的就是这种效果。通过偷换概念来误导对方的逻辑,使其不慎说出与罪行有关的话。

但乔耶斯也是个偷换概念的老手,马上识破了戴维斯警官的意图。

他辩解道:"警官先生,您总不能看到我身上带了一丁点大麻,就一口咬定我是个杀人不眨眼的毒贩吧?"

戴维斯又问:"你这次携带了多少大麻?是从什么渠道获得的?准备用来做什么?"

乔耶斯装出一副无辜的表情,说:"我是音乐制作人,需要大量的艺术灵感。每当灵感枯竭时,我不得不用一丁点大麻来让自己的状态变得更加兴奋。也许您不相信,但这是事实。"

眼见乔耶斯避重就轻,戴维斯又问:"这些大麻是从哪里来的?"显然,问题直指贩毒集团的交易渠道。

乔耶斯当然不会透露。他狡辩道:"我实在记不清了。以上帝的名义发誓,这是我第一次购买大麻,第一次到那个地方。那里道路分布复杂,我都想不起自己是怎样走出来的了。看在我初犯的分上,请您从宽处理吧。"

有破绽!"初犯"意味着之前没有做过,而乔耶斯在说大麻用途时却说自己"每当"灵感枯竭时就会用大麻来刺激状态。两种概念在逻辑上自相矛盾。

戴维斯厉声问道:"你刚才说自己常常用大麻来刺激灵感,现在又说自己是初次购买大麻,这是在糊弄警察吗?乔耶斯,不要再狡辩了。你在7月5日与墨西哥毒贩进行海洛因交易,并且打伤了一名警察。回答我,是否有这事?"

乔耶斯顽抗道:"抱歉,警官先生。刚才是我记错了。我真是第一次买大麻,没有参与过什么毒贩活动,也没有袭击过警察。"

戴维斯反复问同一个问题。乔耶斯终于情绪失控,不小心暴露自己知道毒品交易地点暗号的事实。于是戴维斯顺势给他上了一堂法律课——"主动认罪"与"被动认罪"在法律上完全是两个概念。由于乔耶斯还没满18岁,在法律上属于未成年人。戴维斯表

专题问道

专题7 生活小逻辑——逻辑与思辨

示,根据这个法律概念,只要乔耶斯能主动坦白罪行并供出贩毒集团的内部情况,法庭就可以对他酌情轻判。最终,乔耶斯按照戴维斯警官的逻辑,选择了处罚较轻的主动认罪。

知识支架

概念是思维的一个形态,概念与其他的思维形态——判断、推理与论证——是有密切联系的。人们必须先具有关于某事物的概念,然后才能作出关于某事物的判断、推理与论证。判断是由概念组成的,推理与论证又是由判断组成的。在这个意义上,概念是判断、推理与论证的基础,概念是思维的起点。

◎ 我思我在

1.《审讯室里的"概念"战》这一故事中有哪些概念在"交战"?交战过程中双方如何进行概念偷换,又是如何识破的?

2.鲸鱼虽然和鱼类一样生活在水里,但把鲸鱼和鲤鱼、草鱼都当成鱼是错误的。运用"概念"的知识,说说错在哪里?

菊花落瓣之争①

吴正荣

北宋的王安石和苏东坡都是有名的才子,在他们身上也曾发生过很多有趣的故事,其中最著名的就是"菊花落瓣之争"。

苏东坡某日到王安石府上拜访,王安石当时已是宰相,公务繁忙,无暇顾及他,就让下人带苏东坡到自己的书房中等候。

苏东坡在王安石的书桌前,看到砚台下压着一张字迹未干的诗作,上面正是王安石

---
① 节选自《关于逻辑学的100个故事》(南京大学出版社2015年版),有改动。

语言家园
汉语运用

的笔迹,诗作名为《咏菊》,只写了上两句:"西风昨夜过园林,吹落黄花满地金。"

苏东坡看后很不以为然,堂堂宰相作诗也不过如此,完全不懂得遵循自然规律。连三岁儿童都知道,菊花是在秋天盛开的,即便秋天过去,菊花也是枯萎掉,哪里会落花瓣。于是他挥笔在王安石的诗作下续写了两句:"秋花不比春花落,说与诗人仔细听。"

写完又等了一会儿,王安石还是没有忙完,苏东坡就自顾先离开了。

王安石回到书房中,不见苏东坡的人影,却看到续写的两句诗,王安石笑了笑,提笔写了一封奏折,求皇帝将苏东坡派到黄州当团练副使,一向支持王安石的皇帝批准了这个请求。

苏东坡对这次实际上是贬职的调任很不满意,他觉得王安石特别小气,就因为他不支持王安石变法,王安石就对自己刻意"寻仇",利用职权之便把自己压到深谷。为此,苏东坡的心思完全不在自己的职务上,整天就忙着呼朋唤友、饮酒作诗、游山玩水。

这天和往常一样,有朋友来找苏东坡喝酒,酒过三巡以后,苏东坡突然想起自己的后院里种了几株菊花,就邀朋友去后院观赏。

说来也巧,前一天刚刚好刮过西风,当苏东坡和朋友走到后院时,菊花落了满地金黄,菊花的枝干上一片花瓣也没有。此情此景让苏东坡一下子想起王安石所作的诗来,顿时立在原地怔住了。原来,王安石让自己到黄州当团练副使,不过是让自己看这菊花,让自己意识到《咏菊》的真正意境。

苏东坡何等聪明,后来找机会回到京城,当面向王安石承认了错误,并且拜伏于地表达悔过之情。

王安石微笑着说:"你没见过菊花瓣落地,我不怪你。"

知识支架

有时候,想要准确表达一个完整的意义,仅仅有一个概念是不够的,需要有两个或两个以上概念的有机组合,这种组合就叫作判断。概念与判断是有密切联系的,概念是判断的因素,而判断是概念的发展。判断是对事物情况的断定。这个断定有可能是真的,是符合事实的;也有可能是假的,是不符合事实的。或真或假的特征,成为判断的重要特征。

专题问道

专题7 生活小逻辑——逻辑与思辨

◎ **我思我在**

1. 让我们判断一下故事中王安石非要和苏东坡争论"菊花落瓣"的真实原因,俗话说,宰相肚里能撑船,王安石难道真的是因为一句诗就对苏东坡"寻仇"吗?

2.（1）在生活和学习中,"判断"无处不在。逻辑学上"判断"的两个特征是什么?

（2）依据原命题"只要努力学习,你就会成功",可以作出"如果学习不努力,你就不会成功"的判断吗?

狮子的微笑[①]

吴正荣

狮子摩尼和女驯兽师是合作多年的表演伙伴,对于彼此的习惯都很了解,合作表演四五年间从来没有出现过意外,直到圣诞节前的这一天——晚上九点,警官乔瑟夫接到报案,说动物园里发生了命案,死者是不到三十岁的女驯兽师,凶手是她驯养的狮子。

狮子杀人?

乔瑟夫多多少少有点意外,他跟这家动物园的经营者关系很好,经常聚在一起喝下午茶。因此,他知道动物园对于驯兽表演是有严格规定的。首先,发情期的动物不能登台表演,因为发情期的动物大多数情绪不稳定,怕出意外;其次,饥饿的肉食动物也不能登台,因为饥饿可能会导致动物不听话,做出伤害驯兽师的举动。但动物园报案人员描述,这只叫作摩尼的狮子没有在发情期,上台之前也已经吃饱肚子,最容易出现意外的两种情况都不存在。

乔瑟夫带着疑问来到动物园,仔细检查命案现场。在晚上八点,这里举行了一场常规的动物表演,摩尼和女驯兽师表演的是吞头,就是女驯兽师把自己的头缓缓伸进摩尼的嘴巴里,摩尼保持一段时间的张口运动后,女驯兽师再把头缩回来。这个表演每周都

[①] 节选自《关于逻辑学的100个故事》(南京大学出版社2015年版),有改动。

语言家园
汉语运用

要合作一两次,从来没出过错。今晚,女驯兽师和往常一样把头伸进摩尼的嘴巴里,摩尼却显露出一个奇怪的微笑,然后就闭上了嘴巴。现场血流如注,在工作人员的鞭打下摩尼吐出女驯兽师的头时,她早已经断了气。

狮子的微笑?狮子怎么可能会在表演中无缘无故地表现出微笑的表情?一只动物知道什么是微笑?

乔瑟夫抓住了这个信息,立即打电话给自己的生物学老师,向他请教狮子可能会微笑的原因,并很快得出了结论。

乔瑟夫调出动物园当天及前一天的所有监视记录,发现在表演前一天,同为驯兽师的祖尔曾经进过女驯兽师的房间,把一种不知名的东西悄悄加进了女驯兽师的洗发乳里。

祖尔被带到审讯室,他一开始矢口否认,当乔瑟夫将生物老师的话转述出来,祖尔才像泄了气的皮球一般说出自己因为求爱不成而萌发杀人念头的全部过程。

乔瑟夫警官的那位生物学老师告诉他,狮子是不会微笑的,当人们觉得狮子将要微笑时,其实它是想打喷嚏,而诱发狮子打喷嚏的药品很常见,生物学老师建议他从女驯兽师的头发入手,果然就找到了真凶。

知识支架

推理就是根据一个或一些判断得出另一个判断的思维过程。推理所根据的判断,叫作前提。由前提得出的那个判断,叫作结论。三段论是这样一种推理,它由也只由三个性质判断组成,其中两个性质判断是前提,另一性质判断是结论;就主项和谓项说,它包含而且只包含三个不同的概念,每个概念在两个判断中各出现一次。

◎ **我思我在**

1. 故事《狮子的微笑》中乔瑟夫是如何锁定真凶的?请描述一下乔瑟夫的推理过程。

2. 普通人有时会开玩笑说"因为所以,科学道理",这句话并不是完全戏谑。"因为……所以……"是逻辑学中常见的哪种逻辑思维?

专题问道

专题7 生活小逻辑——逻辑与思辨

罗 拉 快 跑[①]

吴正荣

在美国佛罗里达州的一家乡下农场里,住着很多只羊、很多头猪、几只鹦鹉,还有一只名叫卡罗尔的小火鸡。

卡罗尔晚上睡不着在农场主人屋子旁散步时,无意间听到主人和他的妻子的闲聊:"这次的小猪都差不多长大了,可以在将要到来的万圣节做烤乳猪了。"

"是啊!"农场主的妻子回答道,"尤其是那只叫罗拉的,长得又白又嫩,明天十点你就准备一下,把它给杀了吧!"

农场主答应着,从椅子上起身磨刀去了。

听着农场主的磨刀声,卡罗尔吓得魂飞魄散,它小心翼翼地踮着脚尖走回到住所,动物们都已经酣然入睡了。尤其是那只叫作罗拉的小猪,完全不知道自己将会面临什么样的命运,呼呼大睡还磨着牙。

"醒醒,罗拉。"卡罗尔用翅膀用力推着罗拉的身体,这家伙怎么把自己吃得这么胖,根本就是找死啊!

卡罗尔的力气太小,根本吵不醒肥胖的罗拉,它只是翻了个身,继续呼呼大睡。

善良的卡罗尔一直在罗拉身边守着,想要等它醒过来,让它想办法逃跑。一直等到天蒙蒙亮,卡罗尔自己都快要睡着了,罗拉才有点醒来的意思。

"罗拉,你听我说。"卡罗尔摇晃着罗拉的身体,"主人今天上午十点要来杀死你,你赶快逃跑吧!"

"不可能啦!"罗拉眨着困顿的小眼睛,"我每天都有作归纳总结,主人不会杀死我的。"

归纳总结?什么意思?卡罗尔不解地看着罗拉。

罗拉坐起来,摇晃着笨重的脑袋,得意洋洋地说:"我听主人说过,人要学会根据自己

[①] 节选自《关于逻辑学的100个故事》(南京大学出版社2015年版),有改动。

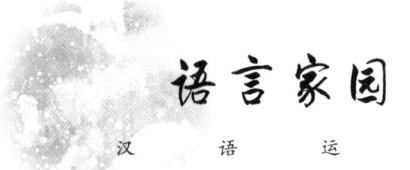

语言家园
汉语运用

手中掌握的资料进行归纳总结,所以我也学习了一下。比如说,前天是晴天、昨天是阴天、今天又是阴天,那么明天就很可能会是晴天。"

它继续说:"而主人每天九点会来喂我,十点会让我出去走走晒晒太阳,每一天都是这样的,今天也不会例外啊!"

"可是我真的听到了主人和他老婆这么说的,他们说要把你杀了准备做万圣节的菜品。"卡罗尔着急地说。

"你放心啦!肯定是听错了!"罗拉看看天边刚露出一丝光亮,"你赶紧睡一会吧!马上就要天亮了。"说完,又躺回草堆上。

卡罗尔还是不敢睡,它一直守在罗拉身边,等到九点时,它开始发慌了,摇着罗拉的手:"主人还没有来给你喂食,你赶紧走吧!"

"不急。"罗拉掏出自己的记事本,"每到阴天的时候,主人都会晚几分钟,这是我归纳的经验。"

距离主人说的十点越来越近了,连罗拉也坐不住了,它来回踱步说:"主人从来没有延迟那么久,卡罗尔说的会不会是真的?"

就在这时,农场中的鹦鹉飞过来:"罗拉快跑,主人提着刀过来了!"

罗拉拼命往农场外跑,看着它远去的身影,卡罗尔想到,圣诞节也快到了,自己作为一只火鸡,也有生命之虞,于是它也拔腿就跑,和罗拉一起奔向可能自由的未来。

知识支架

归纳,人类最早运用的思维形式,是由一系列具体的事实概括出一般原理的推理方法。说到归纳,就离不开演绎。归纳和演绎反映了人们认识事物两条方向相反的思维途径,前者是从个别到一般的思维运动,后者是从一般到个别的思维运动。两者相互联系,互为条件。一方面,没有归纳就没有演绎,归纳是演绎的基础,为演绎提供前提。演绎要从一般推导出个别,作为演绎出发点的一般原则,往往是由归纳得出来的。另一方面,没有演绎也就没有归纳,演绎为归纳提供指导。归纳要从个别概括出一般,作为对实际数据进行归纳的指导思想,往往又是某种演绎的结果。

专题问道

专题7 生活小逻辑——逻辑与思辨

◎ **我思我在**

1. 罗拉何以笃定地觉得主人不会杀它？为什么它归纳的结果却是错误的？

2. 你有过买葡萄的经历吗？在决定买哪串之前，店主会邀请我们品尝，当品尝的葡萄是甜的，我们就会购买；反之，则作罢。你知道这是运用了哪种逻辑方法吗？这样的判断靠谱吗？

皇 冠 谜 案[①]

金鸿儒

叙古拉国王交给铸造师一块黄金，让对方帮忙打造一顶王冠。但王冠铸造出来后，国王用手掂量了一下，觉得比原来的金块轻了很多。因此，国王认为铸造师贪墨了黄金，但铸造师以性命担保说自己没拿，并当着国王和众大臣的面对王冠进行了称量，结果显示王冠与金块质量相等。但国王还是不相信，只是他没有任何证据，无奈之下他找到了阿基米德，让他来帮忙查明此事。

之后，阿基米德便足不出户，整日在家冥思苦想，但一直没有任何头绪。

一天，他夫人给他放水洗澡，因为阿基米德很长时间没有洗澡了，所以他夫人放的水就多了些，让他可以多洗一会儿。因此，当他进入浴池中时，里面的水就溢了出来。这一下子激发了阿基米德的灵感，他立刻就从浴池中跳了出来，都没顾上穿衣服，就直接跑到了大街上，并激动地喊着："发现了！发现了！"

原来，阿基米德通过浴池溢水想明白了王冠的问题，并找出了解决方法：物质和质量相同的物品放在水中，溢出水的体积必然是一样的。同理，将王冠放入水中，溢出水的体积必然跟同等质量金块体积是一样的，否则王冠必定是被做了手脚。

阿基米德见到国王后，让对方找来一盆水，并找来相同质量的黄金和白银，分别放入盆中，发现放入白银时溢出的水比放入黄金时多出很多，然后他又将王冠和原先同等质

[①] 选自《北大逻辑课》（北京时代华文书局2015年版），有改动。标题为编者所加。

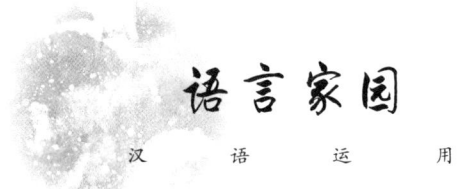

量的金块放入盆中,发现放入王冠时溢出的水要比放入金块时多出很多,显然王冠与金块质量是不一样的,因此,阿基米德断定,王冠被铸造师掺了假。最后,铸造师不得不低头认错,供出实情,他在铸造王冠时,往里面掺了一些廉价的白银。

知识支架

由断定一个或一些判断的真实性,进而断定另一个判断的真实性,这就是论证。论证是由论题、论据通过论证方式组成的。在有些论证中,论据和论题之间有必然关系。在另一些论证中,论据和论题之间却只有或然关系。根据论据与论题之间的关系,可以把论证分为演绎论证和归纳论证两种。正确的论证方式,必须是一个或一些正确的推理形式,必须遵守正确推理的规则。

◎ **我思我在**

1. 假设你是阿基米德,运用学到的逻辑知识,当众拆穿那个不老实的工匠吧。

2. 其实这个故事还有下文,那个工匠被国王斩首了,阿基米德得到了国王的嘉奖。若干年后,有一个老妇人来找阿基米德,她取出一个黄金的圆球,请阿基米德测试她请人制作的金球是否被人偷取了黄金?阿基米德使用了以前的排水测体积法,结果发现金球被掺进了其他成分。老妇人气得将金球一切为二,出人意料,金球是空心的。老妇人是工匠的母亲,为了替自己的儿子昭雪,用了数年时间证明阿基米德是错误的。

这个故事可能还有更多的版本,结合本专题学习,写下属于你的版本。

※ **实践笃行**

福尔摩斯思维开发术
——发现身边的推理"陷阱"

情境创设

社会上流传着各种名人名言和故事,有时候你会觉得哪里不对劲,却又说不出原因。

专题问道

专题7 生活小逻辑——逻辑与思辨

其实,直觉经常没有错,请你推敲生活中那些"头头是道"的推论,发现它们不合逻辑之处并尝试为之"打补丁"。

活动准备

1. 印发相关逻辑知识的材料,了解概念、判断、推理等逻辑知识。
2. 阅读金岳霖《形式逻辑》、霍华德·卡亨《生活中的逻辑学》和雷蒙德·斯穆里安《趣味小逻辑》。

活动过程

故 事 激 趣

有一个酒鬼,十分贪杯,常常边吃酱牛肉边喝酒,最后喝得酩酊大醉。酒醒之后,这个酒鬼总结出这样一个结论:"吃酱牛肉会醉!"

有一名骑士,胆子非常小,做什么事都瞻前顾后。一次,他想要进行一次远途旅行,但又怕在旅途中遇到各种各样的问题,于是他想尽一切办法准备了各种物品,用以应付可能出现的问题。剑、盔甲、斧头、锅、盘子、帐篷……"叮叮,当当,咚咚",骑士和马匹身上挂满了大小物件,好似一个会移动的货架。走了一段路程后,遇到了一座破桥,但他没有仔细检查就驱马前行,到了破桥中间,桥板突然断裂,他和马匹全部掉进河中,淹死了。临死前,骑士十分懊恼,他竟然忘记带救生筏了。

生活中的我们常常会像这个酒鬼和这名骑士一样不经意就走入"推理陷阱"而不自知。

环节一 你掉进陷阱了吗?

"该来的"和"不该走的"

张飞是个不会说话的人。很多时候他明明是好意,但说的话让其他人听着不舒服。有一回,他在酒店设宴,邀请了四位客人,结果说错话,闹得大家不欢而散。

那天,大家约定下午6点在酒店门口见面。5:30时,有三位客人到场,剩下没来的那位恰好对张飞来说是最主要的客人。所以,大家觉得再等一会,如果他实在不来,哥几个就开吃。

语言家园

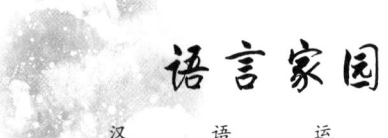

汉　语　运　用

一直等到了 6:30,还没看到这位客人来,于是张飞急了,喃喃地说道:"该来的怎么还没来?"

有位客人听到这话,顿时就发火了。他嚷嚷道:"____①____"说罢,他便下楼回家了。

张飞没等到主客,还走了一位,一时心急又口不择言。他说:"哎,该来的没来,怎么不该走的走了!"

话音刚落,另一位客人在心里嘀咕了:"____②____"

剩下这位客人与张飞是老交情。他对老张说:"老友,你以后说话要注意一点方式方法。____③____"

张飞连忙解释道:"我没说他们俩呀!"这位老友一下子火了:"____④____"于是还没等到主客来,其他客人就全被张飞给气走了!

任务 1:"顺理成章""对号入座",请根据上文,将对话内容补充完整。

参考示例:

① 该来的没来? 那是不是说我不该来啊? 不劳您送,我这就走!

② 这是什么话? 不该走的走了,那我是该走的没走吗?

③ 说什么'该来的没来',人家心里肯定不舒服。你气走了他,又说'不该走的走了',这不就是要赶其他人走吗? 以后不要说这种话了!

④ 哦! 不是说他们,那就是说我啊! 好吧,我也走了!

任务 2:"身临其境""听声会意",请解释对话中误会产生的原因。

说者无心,听者有意。第一位客人误以为张飞的意思是"所有该来的客人都还没有来",便顺势推出自己属于不该来的人。

第一位客人被气走后,张飞又犯了同样的错误,说"不该走的人走了"。这句话导致第二位客人误以为所有不该走的人是已经走了的客人,所以所有不该走的客人不是那些没走的人。由此进一步得出,所有没走的客人不是那些不该走的人,而他们是真正该走的人。

张飞还没有醒悟自己说错话的症结所在,为自己辩解时说"我没说他们啊"。"张飞不是在说他们俩,唯一的解释就是在说我",所以第三位客人也被气走了。

专题问道

专题 7　生活小逻辑——逻辑与思辨

环节二　瞧瞧"陷阱"是怎么制造的!

任务 1：替张飞"喊冤"。

实际上,张飞自己的推理与三位客人都不同。

他追出去,对第三位客人说:"哎,哎,等等我,慢点走呀,我没说他们俩,也没在说你呀,我明明在说那位没来的主客。你咋不明白呢!"

任务 2：发现制造误会的"陷阱"。

张飞是真心想请朋友吃饭的,但他每说一句话就气走一个人。好心办坏事的根本原因是他无意间省略了说话的"前提",导致其他三人误以为张飞的"结论"是针对自己的。这是不当省略造成的弊端。

环节三　找到攀爬"陷阱"的绳索

我们从张飞请客的事例中已经初步感受到了不当推理的强大"杀伤力"了吧。事实上,夏洛克常用的思维武器、人们常说的逻辑推理通常指的就是"演绎推理"。演绎推理最常见的方式就是"三段论"。

任务 1：观看影片《福尔摩斯基本演绎法》。

2012 年"霸屏"的《福尔摩斯基本演绎法》,淋漓尽致地展现了福尔摩斯在探案中如何应用演绎法破案的。通过观看影片,同学们对演绎法会有最直观的感受。

任务 2：内化知识。

逻辑增知：三段论

在生活中,我们经常要用到推理。一类是演绎推理,另一类是归纳推理。演绎推理中,最重要的就是"三段论"。它对于推理的重要性就像勾股定理之于几何数学。看起来"三段论"不过就是一种判断方式,它却是所有推理都必不可少的基础。

环节四　发现身边的"三段论"漏洞

任务 1：找找文学作品(名言警句)中"三段论"的推理漏洞。

《儒林外史》中写范进为了赴乡试,向他岳父胡屠夫借盘缠,被胡屠夫骂个狗血喷头："这些中老爷的都是天上的文曲星。你不看见城里张府上那些老爷,都有万贯家私,一个个方面大耳？像你这尖嘴猴腮,也该撒泡尿自己照照!"

胡屠夫断定范进考不中举人的理由站得住脚吗？

语言家园

汉 语 运 用

只有像张府上的老爷那样有万贯家私,方面大耳的天上的"文曲星"才能中举。

(大前提)

范进尖嘴猴腮,不是这样的人。　　　　　　　　　　　　　　　(小前提)

所以,范进不能中举。　　　　　　　　　　　　　　　　　　　(结论)

"三段论"最重要的构成部分就是"前提"与"结论"。假如前提不真实,演绎推理的结果就会失真。这个推理中的"大前提"是虚假的,所以结论是错误的。

任务2:找找自己、同伴习作甚至"范文"中的"三段论"推理漏洞。

任务3:找找日常交际中"头头是道"的"三段论"推理漏洞。

活动自检

项　目		活　动　细　目	分值	自评
活动准备		对概念、判断、推理等有大致了解,阅读推荐书目	15	
活动过程	环节一 你掉进"陷阱"了吗?	推断出3位客人的"话"并能"听声会意",对"客人对张飞产生误会"的过程进行推理	15	
	环节二 瞧瞧"陷阱"是怎么制造的!	替张飞"喊冤",模拟情景会话,发现制造误会的"陷阱"	15	
	环节三 找到攀爬"陷阱"的绳索	观看影片《福尔摩斯基本演绎法》,内化"三段论"知识	20	
	环节四 发现身边的"三段论"漏洞	找找文学作品、写作案例、生活实践中的那些看似无懈可击的"三段论"推理漏洞	35	

※ 闯关测试

同学们,生活小逻辑,闯关大智慧。如果你闯过以下关卡,你就"逻辑入门"啦。

第一关:初级题(30分)

1. 判断题(15分,每小题3分)

(1)"中国文学家"是"文学家"概念的外延。(　　)

专题问道

专题 7 生活小逻辑——逻辑与思辨

(2) 如果今天往前的第三天是星期五的前一天,那么,明天后面的一天是星期二。(　　)

(3) 一只脚大一只脚小的老王是买不到合适的鞋子的。(　　)

(4) 美国有个州,过去只出产过最重 134 磅的西瓜。一位农民收获了一只重 140 磅的西瓜。他说这不是西瓜,给它取了个名字"笨瓜"。这个农民犯了概念不清的错误。(　　)

(5) "肥料是能供给养分使植物发育生长的物质。"这句话用了下定义的手法。(　　)

2. 选择题(15 分,每小题 3 分)

(1) 亚里士多德学院门口竖着一块牌子。上面写着"不懂逻辑者不得入内"。这天,来了一群人,他们都是懂逻辑的人。如果牌子上的话得到准确的理解和严格的执行,那么下列判断中,只有一项是真的。这项真的判断是(　　)

A. 他们可能不会被允许进入。

B. 他们一定不会被允许进入。

C. 他们一定会被允许进入。

D. 他们不可能被允许进入。

(2) 从四个选项中,找出一个与题干关系最为类似的一组(　　)

家父:父亲

A. 老婆:老伴　　　　　　　　B. 鄙人:自己

C. 鼻祖:祖宗　　　　　　　　D. 作家:作者

(3) "只有老姜才辣。"下列选项中作为推理结论较合适的是(　　)

A. 老姜要比嫩姜辣。　　　　　B. 不辣的姜都是嫩姜。

C. 所有老姜都辣。　　　　　　D. 所有嫩姜都不辣。

(4) 有些导演留大胡子,因此,有些留大胡子的人是大嗓门。为使上述推理成立,必须补充以下哪项作为前提?(　　)

A. 有些导演是大嗓门。

B. 有些大嗓门的人是导演。

C. 所有导演都是大嗓门。

D. 有些大嗓门的不是导演。

E. 有些导演不是大嗓门。

(5) 减肥的时候,有人请你吃蛋糕。如果你吃了蛋糕,你会后悔;如果你没有吃蛋糕,那你会馋嘴。但是你要么吃蛋糕,要么不吃蛋糕。由此可以知道(　　)

A. 有人请你吃蛋糕的时候,要么让你后悔,要么让你馋嘴。

B. 吃蛋糕对你没有好处。

C. 以上皆是。

D. 以上皆非。

第二关:中级题(30分)

3. 你的朋友拿出一枚硬币,把印有年份那面朝上放在桌子上,然后马上用一张白纸盖住它。在不拿走白纸的情况下,如何才能读出硬币上的年份呢？　　(6分)

4. 仔细观察下面的四个图形,真正与众不同的一项是(　　)　　(6分)

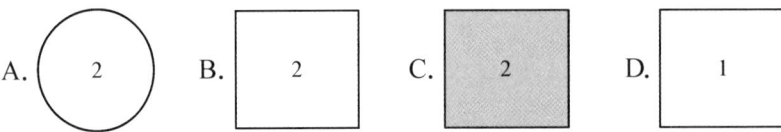

5. 你知道哲学家说了哪句话吗？　　(6分)

从前,一个孤岛上有一个奇怪的风俗:凡是漂流到这个岛上的外乡人都要作为祭品被杀掉,但允许被杀的人在临死前说一句话,然后由这个岛上的长老判定这句话是真的还是假的。如果说的是真话,则将这个外乡人在真理之神面前杀掉;如果说的是假话,则将他在错误之神面前杀掉。有一天,一位哲学家漂流到了这个岛上,他说了一句话,使得岛上的人没有办法杀掉他。

6. 你知道三位老师各担任哪两门课程的教学工作吗？　　(6分)

三位老师,赵老师、钱老师、孙老师,他们每人分别担任生物、物理、英语、体育、历史和数学六科中的两门课程的教学工作。我们已经知道:

(1) 物理老师和体育老师是邻居。

(2) 赵老师在三人中年龄最小。

专题问道

专题 7　生活小逻辑——逻辑与思辨

(3) 孙老师、生物老师和体育老师三个人经常一起从学校回家。

(4) 生物老师比数学老师年龄要大一些。

(5) 假日里,英语老师、数学老师与赵老师喜欢一起打篮球。

7. 你知道德军是怎么判断的吗?　　　　　　　　　　　　　　　　　　　(6分)

第一次世界大战期间,法国和德国交战时,法军的一个旅司令部在前线构筑了一座极其隐蔽的地下指挥部。指挥部的人员深居简出,十分诡秘。不幸的是,他们只注意了人员的隐蔽,而忽略了长官养的一只小猫。德军的侦查人员在观察战场时发现:每天早上八九点钟左右,都有一只小猫在法军阵地后方的一座土包上晒太阳。据此,他们判定那个遮蔽点一定是法军的高级指挥所。随后,德军集中六个炮兵营的火力,对那里实施了猛烈的袭击。事后查明,他们的判断是完全正确的,这个法军地下指挥所的人员全部阵亡。

第三关:高级题(40分)

8. 小高和小兴是怎么死的呢?究竟谁杀了她们?　　　　　　　　　　　　(10分)

小高和小兴幸福地生活在一所豪宅里。她们既不参加社交活动,也没有与人结怨。有一天,女仆安卡跑来告诉李管家,说小高和小兴躺在卧室的地板上死了。李管家迅速与安卡来到卧室,发现正如安卡所描述的那样,两具尸体一动不动地躺在地板上。李管家发现房间里没有任何暴力迹象,尸体上也没有留下任何印记。凶手似乎也不是破门而入的,因为除了地板上有一些破碎的玻璃外,没有其他迹象可以证明这一点。李管家排除了自杀的可能;中毒也是不可能的,因为晚餐是他亲自准备的、亲自伺候的。李管家再次仔细地弯身检查了一下尸体,仍没有发现死因,但他注意到地毯湿了。

9. 你能说说下文中逻辑推理的奥妙吗?　　　　　　　　　　　　　　　　(10分)

清朝乾隆年间,宰相刘墉有一次触怒天颜,乾隆盛怒之下,罢免了刘墉的官职,并将他关进死牢,准备来日推出午门斩首。后来满朝文武为他求情,乾隆爷也恢复了理智,觉得自己有些冒失,因此决定让上天来判定刘墉的生死。乾隆命令一名大臣在两张纸上分别写上"生"和"死",然后揉搓成阄,放在一个坛子中,让刘墉从中抓阄决断生死,如果抓到"生",则官复原职;如果抓到"死",则立刻执行。

语言家园
汉语运用

跟刘墉势不两立的大贪官和珅听闻这一消息后,便私下买通负责纸阄的官员,让对方在两个纸阄上全都写上了"死"字,想将刘墉置于死地。但一位素来敬佩刘墉为人的太监将这一消息悄悄传给了刘墉。刘墉得知这一情况,长舒一口气,说:"看来上天也不愿意让我这样窝囊地死去啊!"

第二天,刘墉在朝堂之上,当着众人的面十分坦然地从坛中随意抓取了一个纸阄,还未打开就直接吞进了肚里。这下便没人知道被刘墉吃掉的纸阄标注的是"生"还是"死",因此只好拿出另一个纸阄来断定刘墉的生死。结果自然是刘墉被无罪释放,并当场官复原职。

10. 诡辩者最让人迷惑的地方就是,他们看上去思维很有"逻辑"。假如大家按照他们提出的"逻辑"一步一步进行推导,最终也会得出同样的结论。事实上无论诡辩者如何巧舌如簧,都会违背某条逻辑思维定律,留下逻辑漏洞。你能运用掌握的逻辑知识找出其中的破绽吗?

有一天,一位穷人哭丧着脸对聪明的沉香说:"咱们生活真是太不容易了!昨天我仅仅在周老爷(即地主)的饭馆门口站了一会,老爷便让我付给他饭钱,理由是我闻了饭馆中的菜香味,这算什么理由,我当然不干了。于是他就找到了县令,告我偷窃他的劳动果实。县令将在今天判决。你看我该怎么办啊?"

(1) 如果你是这位聪明的沉香,能找出周老爷诡辩术的破绽吗?　　　　(10分)

(2) 由于持诡辩论的周老爷很狡诈,人品也不好,一本正经地指出其逻辑上的漏洞,未必能让他无从反驳。你能化身聪明的沉香以其人之道还治其人之身吗?　　(10分)

下编：汉语专题研讨

专题 8

语言的魔方
—— 对联与文化

"世事洞明皆学问，人情练达即文章""宝剑锋从磨砺出，梅花香自苦寒来""风声雨声读书声声声入耳，家事国事天下事事事关心"……对联，是中国传统文化的瑰宝，在生活中随处可见，也许是过年家里张贴的春联，也许是旅游胜地的楹联，也许是你自勉的座右铭。对联，也是语言的魔方。你知道对联最早是什么时候出现的吗？你了解对联创作有哪些讲究吗？你明白对联所蕴含的传统美学吗？现在让我们一同走进对联的世界。

※ 学者谈片

对联的产生与发展[①]

徐本湖　徐晶凝

对联的产生时间，虽没有绝对的年代记载（事实上，一种文学样式的诞生是一个过程，也不可能有绝对年代），但是据现有的比较可靠的文献，一般认为产生于晚唐五代。论者一般都援引宋人张唐英《蜀梼杌》的记载（这则材料又见于《宋史·西蜀孟氏世家》）来说明对联之始：

　　蜀未归宋之前一年岁除日，令学士辛寅逊题桃符板于寝门。以其词非工，自命笔云："新年纳余庆，佳节号长春。"

[①] 节选自《汉语对联研究》（东北师范大学出版社 2015 年版），有改动。

语言家园
汉语运用

蜀指五代十国的后蜀,归宋前一年为964年。今之门对来源于古时的桃符。后蜀主孟昶的这副门对大概是见于记载的最早的对联了。所以梁章钜《楹联丛话·故事》第一则里称引这段记载后说:"此在当时为语谶,实后来楹贴之权舆;但未知其前尚有可考否耳。"

这则材料又见于《说苑》(转引自《五代诗话》):

> 辛寅逊仕伪蜀孟昶为学士。王师将致讨之前岁除,昶令学士作诗两句,写桃符上。寅逊题曰:"新年纳余庆,嘉节号长春。"明年蜀亡,吕余庆以参知政事知益州;长春,乃太祖诞圣节名也。

这几则材料说法有所不同,涉及的是"著作权"问题,无关紧要。最应引起我们关注的是"作诗两句,写桃符上",不说"作对联一副",而说"作诗两句",很能说明对联与诗的关系,这说明对联产生之初,很可能还没有专门的名称。

关于对联的产生,清代诗人兼学者的赵翼曾做过一番较为详细的考据:

> 门帖本古之桃符。《后汉书》"新春用桃符"注引《山海经》:"度索山大桃树,树上有二神人,一曰神荼,一曰郁垒,能辟百鬼;故黄帝象之。冬月驱傩毕,即立桃梗于户上。"

赵翼所考,是门对春联的产生。在对联的诸多品类中,春联应该是产生较早的,因为有题写桃符的风俗为之催生。所以春联的诞生,应该也就是对联的诞生,赵氏略考历代春联,结论也是产生于五代。

从理论上讲,如果承认对联衍生于近体诗的对仗,那么对联的产生不仅不可能早于律诗定型化的时间;而且从常理上推,也不大可能是律诗刚刚定型,对联也马上就随着产生了。根据现有的资料,可以肯定的是,北宋时对联已经推广应用了。那么,对联产生的时间不会晚于晚唐五代,这一点应该是可以肯定的。至于早到什么时候,我们认为还需要作进一步的探讨,仅仅根据目前新发现的这些材料,还是远远不够的。

在宋朝,春联已得到推广应用,尤其在文人中比较普遍。宋元时期,镌刻于宫廷、宦门、寺庙、佛门的木柱上的楹联已出现了;同时挽联、题赠联也开始产生。连一本正经的理学家朱熹也注意这种"雕虫小技",编有《联语》(见清代李光地等编纂的《朱子大全》卷后)。可见对联已开始推广。

到了明朝,对联进一步推广和发展。朱元璋本人酷好对联,上有所好,下必甚焉,对

专题问道

专题 8　语言的魔方——对联与文化

联已走入寻常百姓家了；尤其是春联，普及更广。明代已有《玉堂巧对》《姝联》《古今巧对》等专著问世。

清代可以说是对联极盛的巅峰，出现了专门写春联的艺人和"对联摊儿"；《楹联丛话》《对联汇海》《分类字锦》《楹联录存》等 30 多种对联专著相继问世。这时，对联还传到国外，日本下永宽次编写了《中国春联集锦》一书。对联的应用范围也进一步拓展，用于政治斗争的讽喻联也产生了。

其实，探讨对联的发展，不仅要探讨对联产生以后在各个时代推广应用的情况，更重要的是，应该探讨对联在形式、规则等方面的发展。例如复联何时产生，如何发展，规则如何；平仄律产生了哪些变化或发展等。也许这些方面的探讨更有意义一些。我们猜想，如果承认对联衍生于近体诗的对仗，那么对联诞生之初，应该是五、七言单联，平仄律二细则跟近体诗的完全一样。复联的产生，似乎也不会太晚；最初产生的应该是二简复联，因为有隔句对的影响。让讲究对仗的一联独立，就是单联；那么让近体诗的隔句对独立，就是二简复联了。白居易有一首《画竹歌》，其中有一个隔句对：

西丛七茎劲而健，省向天竺寺前石上见；

东丛八茎疏且寒，忆曾湘妃庙里雨中看。

如果从原诗摘出来，让其独立，俨然就是一副二简复联了。很明显，复联在格律方面受到词、曲，乃至于骈文、八股的影响，最突出的就是衬字联和短简拼合联。

总之，正如徐珂所言："楹联之兴，肇于五代之桃符，孟蜀'余庆''长春'十字，其最古也。至推而用之楹柱，盖自宋人始，而见于载籍者寥寥；然如苏文忠公轼、真文忠公德秀、朱文公熹之撰语，尚有存者。元、明以后，作者渐夥。至于本朝，则凡殿廷、庙宇之间，各有御联悬挂。翠华临莅，辄荷宸题，天章稠叠，海内承学之士翕然向风，楹联之制遂日臻美富矣。"对联产生发展的大势为：诞生于晚唐五代，定型于宋元，有明一代长足发展，有清达于极盛。

改革开放以来，对联大有重新振兴的势头。不过，旧日科举取士，童蒙教育的重要内容之一就是"天对地，雨对风，大陆对长空"的对课训练；而现在的中小学语文教育基本取消了对课训练，连不少高层次的文化人也不知道多少对联的基本知识了。在这种情况下，如何继承发扬对联创作的文化传统，让这一特殊诗体得以健康发展，还有待我们继续探索与研究。

语言家园
汉语运用

◎ **我思我在**

1. 选文认为对联大约是什么时候产生的？请你从文中找出理由。

2. 清代赵翼认为"门帖本古之桃符"，结合文章内容说说桃符与对联的渊源。

3. 天一阁是中国现存最早的私家藏书楼，它因藏书丰富、园林景色优美成为著名景点。历代文人墨客也在此处留下墨宝，"好事流芳千古，良书播惠九州"是郭沫若先生在天一阁正门口留下的一副对联，试着从美学的角度来分析这一对联的妙处。

知识支架

昆明大观楼长联①

[清]孙髯翁

五百里滇池，奔来眼底。披襟岸帻，喜茫茫空阔无边。看东骧神骏，西翥灵仪，北走蜿蜒，南翔缟素。高人韵士，何妨选胜登临，趁蟹屿螺洲，梳裹就风鬟雾鬓；更蘋天苇地，点缀些翠羽丹霞。莫孤负四围香稻，万顷晴沙，九夏芙蓉，三春杨柳。

数千年往事，注到心头。把酒凌虚，叹滚滚英雄谁在。想汉习楼船，唐标铁柱，宋挥玉斧，元跨革囊。伟烈丰功，费尽移山心力。尽珠帘画栋，卷不及暮雨朝云；便断碣残碑，都付与苍烟落照。只赢得几杵疏钟，半江渔火，两行秋雁，一枕清霜。

乾隆年间，孙髯翁路经昆明大观楼，见多数文人墨客前往吟诗作赋，傲然写下这一副一百八十字的长联。上联写滇池风物，视野极其开阔；下联写云南历史，追溯直达汉唐。艺术上首创一边写景，一边叙事，一边抒情，情景事互相交融的格调。此联排句用典极具规模，气势磅礴，构思巧妙，文辞优美，一气呵成，通达流畅，被称为"天下第一长联""海内长联第一佳作"。著名学者郭沫若也曾赞道："长联犹在壁，巨笔信如椽。"

---

① 选自《楹联丛话(附新语)》(中华书局1987年版)。孙髯(1685—1774)，字髯翁，号颐庵，因作此联被后人尊为"联圣"。

专题 8　语言的魔方——对联与文化

※ 实践笃行

裁笺半尺，写字一副
——对联文化趣味探究

情境创设

在中国，不同地域、不同民族、不同村落，都有自己与众不同的民俗，唯有贴对子，是最广泛、最普遍的一种民俗。它深深地根植在中国深厚的文化土壤中，与民族文化息息相关，是民族文化心理的一种独特而生动的体现。对联不仅充分展示了汉语的对称美和韵律美，而且具有装饰功能、实用价值和趣味，深受人们喜爱。让我们共同走进对联文化长廊，走进它背后的文化世界。

活动准备

1. 登录中国楹联网，浏览"对联漫谈"板块，初步了解对联相关知识。
2. 阅读推荐书目或者上网查找，掌握有关对联种类的基本知识。
3. 寻找志同道合的小搭档，共同合作开展并完成专题探究活动。

活动过程

环节一　对联图书馆——小对联，细分类

管理员发现学校图书馆中楹联类目下有几副对联分类混乱。请你按照他提供的分类卡，将下面对联归类至相应的类目下。

(1) 年年顺景财源广，岁岁平安福寿多。

(2) 萱草荣敷，正百岁平分，春浓璇阁；

　　桃花开满，又千年结实，瑞献瑶池。

(3) 海枯石烂同心永结，地阔天高比翼齐飞。

(4) 品泉茶三口白水，竺仙庵二个山人。

语言家园
汉语运用

(5) 美味招来云外客,清香引出洞中仙。

(6) 香莲碧水动风凉,水动风凉夏日长。

(7) 迎喜迎春迎富贵,接财接福接平安。

(8) 晚年逢盛世,朱颜伴白发,莫道桑榆晚;

　　夕照沐苍松,碧海映青天,笑迎桃李人。

(9) 大地香飘蜂忙蝶戏相为伴,人间春到莺歌燕舞总成双。

(10) 明月夜晴春弄柳,晴春弄柳岸啼莺。

(11) 不教白发催人老,更喜春风满面生。

(12) 举世如野草彷徨,南腔北调,三闲二心,尽是可怜阿Q相;

　　独自向热风呐喊,故事新编,朝花夕拾,总求不变死魂灵。

(13) 日出东,月出西,天上生成明字;

　　女居左,子居右,世间定配好人。

对联分类卡(填序号)
春联:
婚联:
寿联:
行业联:
回文联:
嵌字联:
拆字联:

参考示例:

春联:(1)(7)　　婚联:(3)(9)　　寿联:(2)(8)

行业联:(5)(11)　　回文联:(6)(10)　　嵌字联:(12)

拆字联:(4)(13)

专题问道

专题 8　语言的魔方——对联与文化

环节二　对联博物馆——小对联，大世界

对联的发展源远流长，不同场合的对联其功能是不同的，因此派生出许多种类的对联。请你根据上面的思路，和小伙伴一起搜集尽可能多的对联，进行梳理和分类，完成下面的表格。

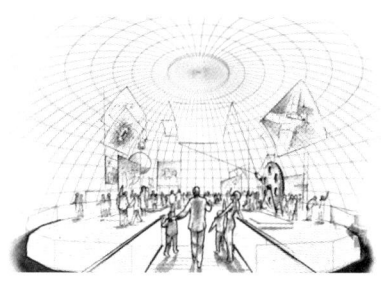

分类标准	具　体　类　别
功能用途	
修辞技巧	
联语来源	

参考示例：

分类标准	具　体　类　别
功能用途	春联：春节时张贴在门上用以辞旧迎新，增加喜庆气氛的对联 婚联：结婚时张贴在门口用以表达祝贺的对联 寿联：用以祝寿的对联 挽联：吊唁亡人的对联 名胜联：张贴、悬挂、雕刻于风景名胜处的对联 行业联：内容为针对某一行业、部门或领域的对联 座右铭联、赠联、题答联……
修辞技巧	对偶联：言对、事对、正对、反对、工对、宽对、流水对、回文对、顶针对…… 修辞联：比喻、夸张、反诘、双关、设问、谐音…… 技巧联：嵌字、隐字、复字、叠字、偏旁、析字、拆字、数字……
联语来源	集句联：全用古人诗中的现成句子组成的对联 集字联：集古人文章、书法字帖中的字组成的对联 摘句联：直接摘他人诗文中的对偶句而成的对联 创作联：作者自己独立创作出来的对联

环节三　对联工作室——小对联，大学问

请你选择感兴趣的一类对联，试着从纵深方向去寻找、罗列和解读这类对联。

1. 主题(线索)

2. 分类(举例)

语言家园
汉语运用

3. 联系(解读)

参考示例：

1. 主题(线索)

对联和文字(字音、字形)的关系——以技巧联为例。

2. 分类(举例)

(1) 拆字联：按偏旁部首将字拆开。

冻雨洒人东两点西三点，切瓜分客横七刀竖八刀。

冯二马驯三马冯驯五马诸侯，伊有人尹无人伊尹一人元宰。

(2) 合字联：按偏旁部首组合成字。

天下口，天上口，志在吞吴；人中王，人边王，意图全任。

十口心思，思国思家思社稷；八目尚赏，赏风赏月赏秋香。

(3) 叠字联：同一字重复出现。

风竹绿竹，风翻绿竹竹翻风；雪里白梅，雪映白梅梅映雪。

天近山头行到山腰天更远；月浮水面捞到水底月还沉。

(4) 镶字联：对联里镶嵌着要表达的人名、地名或事物。

塔楼亮灯，层层孔明；荷塘抠藕，节节太白。

民犹是也，国犹是也，何分南北；总而言之，统而言之，不是东西。

(5) 谐音双关联：利用谐音字，一语双关。

檐下蜘蛛一腔丝意，庭前蚯蚓满腹泥心。("丝"谐音"私"，"泥"谐音"疑")

清风满地难容我，明月何时再照人。(暗喻清朝和明朝的统治)

(6) 同字异音联：用多音字组成对联。

调琴调新调调调调来调调妙。(调：一、三、八读"tiáo"，其他读"diào")

种花种好种种种种成种种香。(种：一、三、八读"zhòng"，其他读"zhǒng")

(7) 同韵联：利用一词多词性或同音字出联。

贾岛醉来非假倒，刘伶饮酒不留零。

画上荷花和尚画，书临汉书翰林书。

(8) 同偏旁部首联：对联每句内用字偏旁部首相同。

专题问道

专题8 语言的魔方——对联与文化

荷花茎藕蓬莲苔,芙蓉芍药蕊芬芳。

寄寓客家,牢守寒窗空寂寞;迷途逝远,返迴达道游逍遥。

3. 联系(解读)

例如,以"对联和文字(字音、字形)的关系"为主要线索的。它们有的从字形出发,通过拆字和合字的方法将它们巧妙地镶嵌在对联中,同时又使其内容充实有意义;有的是从字音出发,例如谐音双关联、同韵联和同字异音等,通过字音的变化,让对联充满美感和韵味。

环节四 对联展示台——小对联,大舞台

活动进行到这里,你是否也跃跃欲试了呢?请你为学校的校门、教学楼、图书馆、食堂等地方各撰写一副对联吧!(见"展览平台")

活动自检

项 目		活 动 细 目	分值	自评
活动准备		查找资料,阅读推荐书目,寻找活动搭档	10	
活动过程	环节一 对联图书馆	正确归类	20	
	环节二 对联博物馆	寻找对联,填写基本准确,分类科学全面	20	
	环节三 对联工作室	有明晰的线索,举例恰当,解读合理	20	
	环节四 对联展示台	符合对联的创作要求,有文采,有创意	30	

※ 闯关测试

对联,是语言的魔方。请你运用对联相关知识,探究对联的语用规律,欣赏对联的文化魅力,尝试对联的文学创作。

语言家园

汉 语 运 用

第一关：初级题(30分)

1. 某班要举办一次"文学沙龙"活动,其中有个项目是"感世事对对子",现在邀请你参加这个项目的活动,请你根据上联"寸步优游知远近"选择最合适的下联(　　)(3分)

　　A. 一生坎坷知冷暖　　　　　　B. 世事艰辛识人心

　　C. 一生坎坷晓高低　　　　　　D. 人事沧桑见冷暖

2. 晚上,上弦月忽明忽暗地挂在天空,一位诗人走在乡间的田埂上,诗兴大发,随口说出一联,上联是"三分月色不嫌瘦",最合适的下联是(　　)　　(3分)

　　A. 一片蛙声更觉闹　　　　　　B. 十里清风倍感静

　　C. 一片清幽更觉闹　　　　　　D. 十里清风犹觉幽

3. 请为一位曾饱经磨难的成功老者补写下联,上联是"经多风雨已无痛",下联最合适的一项是(　　)　　(3分)

　　A. 历尽苦难犹有甜　　　　　　B. 历尽沧桑却还伤

　　C. 历尽霜雪犹有香　　　　　　D. 尝遍苦难心已伤

4. 下面四副对联出自四大古典名著,属于《西游记》的一副应是(　　)　　(3分)

　　A. 世事洞明皆学问,人情练达即文章。

　　B. 填平水泊擒晁盖,踏破梁山捉宋江。

　　C. 百川会处擎天柱,万劫无移大地根。

　　D. 伏路把关饶子敬,临江水战有周郎。

5. 名胜古迹对联往往蕴涵着中国传统文化的精髓。联系所学的古诗文,下列对联属于泰山的是(　　)　　(3分)

　　A. 黄鹤偶乘沧海月,白云常带楚江秋。

　　B. 我其仙乎吞云梦者八九,登斯楼也览气象兮万千。

　　C. 四顾八荒茫天何其高也,一览众山小人奚足算哉。

　　D. 龙涧风迴,万壑松涛连海气;鹫峰云敛,千年桂月印湖光。

6. 下面四副对联分别对应四位文学家,全部正确的一组是(　　)　　(3分)

　　① 金石文章空八代,江山姓氏著千秋。

专题问道

专题8 语言的魔方——对联与文化

② 刚正不阿留得正气凌霄汉,幽而发愤著成信史照尘寰。

③ 何处招魂,香草还生三户地;当年呵壁,湘流应识九歌心。

④ 大河百代众浪齐奔淘尽万古英雄汉,词苑千载群芳竞秀盛开一枝女儿花。

A. ① 韩愈　② 班固　③ 屈原　④ 苏轼

B. ① 韩愈　② 司马迁　③ 屈原　④ 李清照

C. ① 欧阳修　② 司马迁　③ 贾谊　④ 苏轼

D. ① 欧阳修　② 班固　③ 贾谊　④ 李清照

7. 下列诗句与"墙头雨细垂纤草"对仗工整的一项是(　　)　　(3分)

A. 数峰无语立斜阳　　　　　　B. 水面风回聚落花

C. 蝉曳残声过别枝　　　　　　D. 楼上春容带雨来

8. 下列诗句与"近月江楼听水韵"对仗工整的一项是(　　)　　(3分)

A. 临水楼台听涛声　　　　　　B. 逢春枯木又发芽

C. 临风野陌醉花香　　　　　　D. 临日山崖观海潮

9. 上联:"心平浪静,秋月芙蕖湘水碧。"在下列选项中选出最合适的下联(　　)　　(3分)

A. 志远天高,春风杨柳麓山青　　B. 情深海阔,夏日荷花潇江红

C. 气壮山威,鲲鹏展翼楚云飞　　D. 身正才卓,冬雪松竹衡岳高

10. 下列对联,用于高中毕业典礼上教师勉励莘莘学子,恰当的一项是(　　)　　(3分)

A. 慕师恩众星北拱,瞻学谊群贤南飞。

B. 融贯中西学已成,博通古今业无疆。

C. 格物致知循大道,求真本信立高标。

D. 学富雕龙文修天下,才雄走马星陨人间。

第二关:中级题(50分)

11. 请你为学校图书馆的对联补拟下联。　　(3分)

上联:学问藏今古

语言家园

汉语运用

下联：_____

12. 学校成立若干学生社团,请你从下列选项中选出三副内容适合的对联,分别送给戏剧社、文学社和摄影小组,以示祝贺。（3分）

① 现出庐山真面目,留住秋水旧丰神。② 藏古今学术,聚天地精华。③ 常向秋山寻妙句,又驱春色入毫端。④ 天涯雁寄回文锦,水国鱼传尺素书。⑤ 看我非我,我看我,我也非我;装谁像谁,谁装谁,谁就像谁。

戏剧社：_____ 文学社：_____ 摄影小组：_____

13. 请你根据模拟的场景对出下联。

(1) 高考现场,寒窗十二载的学子正奋笔疾书,巡考员面对此情此景,想到一副对联,请你对出合适的下联。（3分）

上联：十载寒窗天道酬勤

下联：_____

(2) 你去参加爷爷的70大寿。在寿宴上,大家纷纷祝老爷子"福如东海,寿比南山",爸爸决定送给爷爷一副对联,但只想到上联,请你帮助对出下联。（3分）

上联：体健身强宏开寿域

下联：_____

(3) 今年是明明的班主任李老师执掌教鞭的第三十个年头,从青葱岁月到鬓染风霜,这位老者用他的兢兢业业诠释了"教师"二字。明明想要送给敬爱的李老师一副对联,请你帮忙对出下联。（3分）

上联：执掌教坛垂三十载

下联：_____

14.（1）梁章钜是我国清代有名的楹联大师,他在一次游历沧浪亭中写下名对,请你试着对出下联。（3分）

上联：清风明月本无价

下联：_____

(2) 康有为是我国近代有名的思想家、政治家,下面是他的自题联,请你试着对出上联。（3分）

专题问道

专题8　语言的魔方——对联与文化

上联：_____

下联：全乐寄山林

15. 请根据下文，将对联补充完整。　　　　　　　　　　　　　　　　　　　（6分）

有一副名对——"墙上芦苇，头重脚轻根底浅；山间竹笋，嘴尖皮厚腹中空"，你知道他的作者是谁吗？他就是明代的翰林学士解缙。说起他，可是对对子的好手，关于他有许多的故事。相传解缙出身贫寒，却自幼聪明好学，被誉为"神童"。他家对面是曹尚书的府邸，其中有一大片竹园，于是他借此景在家门口书写了一副春联：

门对千竿竹
家藏万卷书

曹尚书看到了很不高兴，心想一个穷小子，写春联竟然要沾我的光，于是命家人把竹子砍去一截。解缙见状不慌不忙，在春联末尾各加了一个字，变成了：

门对千竿竹____
家藏万卷书____

曹尚书更加生气，命人将竹子连根拔掉，心想这下解缙没辙了吧。没想到小解缙又再各加了一个字：

门对千竿竹_____
家藏万卷书_____

这下，这个曹尚书气得没有话了，解缙对对子的故事也成为一个趣话流传至今。

16. 下面是江西滕王阁的一副对联，下联的句序、结构已被打乱，根据所给的上联进行适当的调整。　　　　　　　　　　　　　　　　　　　　　　　　　　　　（4分）

下联内容（已被打乱）：

看树外烟波绕栏寻胜迹都凭杰阁收来洲边芳草

上联：隔岸眺仙踪，问楼头黄鹤，天际白云，可被大江留住；

下联：_____，_____，_____，_____。

17. "八百里洞庭凭岳阳壮阔，两千年赤壁览黄鹤风流"是某年中央电视台春节联欢晚会上曾出的一副对联。请写出含有"岳阳"或"黄鹤"字面的诗句。　　（6分）

（1）岳阳：_____

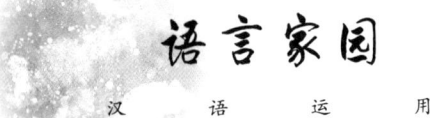

(2) 黄鹤：_____

18. 以下三副对联分别描述的是杭州市的三处著名景点：净慈寺、西湖楼外楼和三潭印月。请你根据对联的内容，在空格处填上相应的景点名称。　　　　　（9分）

(1) 明月自来去，绕廊荷花三十里；空潭无古今，拂城杨柳一千株。

景点名称：_____

(2) 云间树色千花满，竹里泉声百道飞。

景点名称：_____

(3) 客中客入画中画，楼外楼看山外山。

景点名称：_____

19. 创作对联时的平仄规律基本要求是：平仄相谐，又称平仄协调。狭义地说，即上联是平声，下联就要是仄声，反之亦然。请你用○表平声，△表仄声，标注出下面对联的平仄。〔古代汉语的声调分平、上(shǎng)、去、入四声。"平"指四声中的平声；"仄"指四声中的仄声，包括上、去、入三声。对应现代汉语音调，一声二声对应"平"，三声四声对应"仄"。〕　（4分）

上联：心驰有外实迷有　　下联：身处空中不见空

上联：_____　　下联：_____

第三关：高级题(20分)

20. 有一副对联，上联是"若不撇开终是苦"，下联是"各能捺住就成名"，横批"撇捺人生"。请你结合对联的相关知识，从文化意味和创作方法两个角度赏析此对联。

（20分）

专题 9

时代晴雨表
——民谣与风俗

民谣是民情、民意的重要载体,是国计民生的晴雨表。"苍天当死,黄天当立",是古代改朝换代的百姓预言;"语文数学写作业,孩子的事大人干;情海泛舟觅知音,大人的事孩子干",是对"大人""孩子"角色错位的嘲讽。民谣是社会这片大海里的一滴水,我们可以从中品尝出辛酸或甘甜。读懂民谣,就是读懂这个时代的风俗,也是读懂自己的生存处境,更是读懂百姓的心愿呼声。让我们从朗朗上口的民谣里,去聆听时代之音吧!

※ 学者谈片

从民谣看儒家文化对传统社会的影响[①]

牛敬忠

"歌谣为真正民众文学,最足以表现民族思想及地方特色。"民谣的内容是十分丰富的,几乎涵盖社会生活的每个方面。但归纳起来看,其内容主要是用来指导个人社会生活的行为准则及其背后的思维观念。我们从下列几方面加以分析:

1. 孝。"百行孝为先",孝是儒家思想的重要组成部分。历代统治者都标榜以孝治天下,这样一种思想在民谣中主要从以下几个方面来表达:

其一,从父母养育之恩的角度来表述。一个人从呱呱坠地到长大成人,需要父母付出相当的精力、财力。在自给自足的自然经济条件下,这一过程主要由家庭——即父母来承担。民谣正是从这一过程入手,强调子女对于父母的养育之恩应当予以回报。"小

[①] 选自《内蒙古师大学报》1999年第6期,有改动。

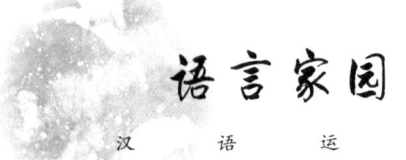

语言家园
汉语运用

燕小燕出了窝,听我给你唱一个歌。我的歌儿从那边起,自小爹娘养着你,把你养的翅膀长,你打食,吃着香,也该想想你爹娘。"父母含辛茹苦,将子女抚养成人,主要精神支柱即是要求子女将来孝顺。为强调这一点,有的民谣更直接地讲"养儿方知父母恩"。

需要注意的是,大量民谣是从警示、讥讽不孝入手的。"叫娘的多,疼娘的少,有点好的替吃了。""野麻雀,尾巴长,娶了媳妇忘了娘。把娘背在山沟里,把媳妇让到炕头上。大米饭,肉烧汤,不吃不吃又盛上。""野麻雀"是在华北地区广为流传的一首民谣,各地所不同的只是个别词句的改变。当然,正面的榜样也有,如"王祥卧冰要孝娘""丁郎刻木孝双亲"等。今天看来,这种从正反两方面对孝的阐述也还是有相当的警世作用的。

其二,从"悌"的角度。"孝悌忠信礼义廉耻"是儒家思想的重要内容。从孝的角度来看,与其联系最密切的"悌"。兄弟和睦、兄友弟恭不仅是儒家伦理的基本要求,同时也是孝的内容之一。只有做到"兄弟和气家不散,妯娌和气家不分",才能博得父母的欢心,达到孝的较高层次。在民谣中,孝、悌的内容往往是融合在一起的,理想的境界是"一锅饭,满屋香,哥哥弟弟都来尝。哥哥吃饱弟吃饱,不打架,不争吵,一块玩,一块跑,爹娘看看好不好"。

其三,与日常信仰相联系。神、佛信仰是与中国老百姓的日常生活紧密相关的,烧香拜佛是一般民众日常的重要生活内容之一。一旦得罪神佛,轻则罹灾,重则致命。"在家敬父母,强似远烧香",从信仰的角度强调对父母的孝顺,更加强了孝在民众观念中的位置。

正是在上述对孝强调的基础上,民谣中有所谓的"有子不算贫,无儿贫杀人""无子无孙,活到八十不死心"的结论,这实质上是对封建伦理"不孝有三,无后为大"的诠释。

2. 择业。"家有万万不算富,人有正业不为贫。"

在传统中国社会中,自给自足的农业经济决定着人们的择业观念,即"以农为本"。这一点在民谣中表现得相当突出,"要想富,男子力田女织布""跟官钱,顺水传;买卖钱,六十年;庄稼钱,万万年。"男耕女织,勤于田稼,是传统社会中一般民众的首选职业。在这一前提下,我们从民谣中可以看到另外几种择业观。

其一,对读书做官的看法。"学而优则仕"是儒家文化氛围中读书士子的最高理想,同时也是儒家伦理中"孝"的最高层次。这一观念在民众的层次上有了变异。已如

专题问道

专题9 时代晴雨表——民谣与风俗

前述,在和"庄稼钱"的对比中,做官是等而其次的,所谓的"一辈子做官,十辈子打砖"的观念在民众中有深厚的基础。但这并不是说农民对读书做官没有期望,与上述观念似乎矛盾的说法是:"家有黄金使斗量,不如养儿送学堂。黄金有价书无价,书比黄金价更强。若然不信朝中看,是个书生伴君王。""耕读"是传统社会中相当一部分士大夫的理想境界之一,一般民众无力达到这一境地,遂产生了关于读书、做官的颇似矛盾的观念。这从农民对于教师这一职业的看法中也可以看出,"家有二斗粮,不当孩子王",既渴望识字、"伴君王",又看不起当时作为知识主要传播者之一的教师,这种亦矛亦盾的看法与前述的关于读书做官的矛盾观念一样,是传统社会中对"学而优则仕"农民式的思维。

其二,对职业的其他选择。"以农为本"并不表明职业选择的单一性。现实社会生活是十分复杂的,适应这种复杂性,民众的择业观也呈现出十分强烈的适应性,"积财千万不如薄技在身"即是明确的表达。"技"作为谋生的手段,在此得到了特别的强调。与此相印证的是民间对于"当兵"这一职业的看法,"铁到钉,人到兵""好铁不打钉,好男不当兵"。我们认为,这种观念和长期以来历代统治者实行的兵籍制度有关。一般百姓一旦落入兵籍,轻易不能脱离,从而形成谋生手段单一的局面,再加上兵籍制度自身的弊病,导致兵士各方面状况恶化,从而形成了这种观念。

3. 时政。民谣的主要内容之一是反映当时的社会状况,尤其是社会弊病。我们从下面几方面探讨这一问题。

其一,鸦片。翻开中国近代史,鸦片是严重危害清朝的社会问题之一。一方面,由于闭关锁国的局面逐步被打破,自雍乾时期就养成的社会上骄奢淫逸的生活风气更为加剧,"民习游惰,其经营居积之计,常若有畏劳喜逸之心"。整个社会从上到下,精神上空虚无聊,毫无振作之气,生活上及时行乐,追求感官刺激。民国后这种状况并没有改变,鸦片反而成为一种时髦的消费品,成为社会地位、财富的象征,即所谓的"骑大马,坐大车,不抽大烟不算阔"。另一方面,鸦片又是一种毒品,长期吸食对人的身体危害极大,而且容易引发一系列社会问题,故而民谣对其谴责也十分严厉。"鸦片烟,真可恨,上了瘾,倒了运,家中银钱全花尽。破席摆过照尸灯,半截砖头当作枕,发辫绣成一根棍,老婆暗与旁人混。……只落个河中跳,井里奔,亲戚朋友全不问,狗腹以内出

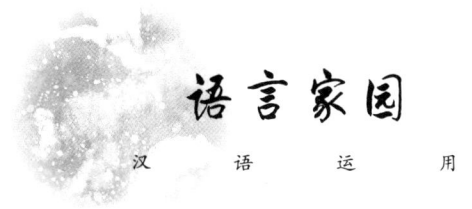

了殡。"

其二,缠足。缠足是中国传统的恶习之一,它是以摧残女性的身心来满足封建卫道士畸形审美的一种恶俗,是传统社会妇女地位低下的标志之一。

首先,民谣对缠足的谴责。生活在社会下层的民众,一方面出于日常劳作的需要,另一方面,封建的礼教对他们的约束力相对要小一些,故而在民谣中有许多对缠足的谴责之词和对天足的赞美。"花椒树,格针多,俺娘打我不裹脚;好姐姐不拉我,好老娘不劝我,格顿格顿气死我。""大脚好,大脚乐,去操作,多快活,又不裹来又不缠,又不疼痛又省钱。大脚大,大脚大,阴天下雨我不怕。大脚好,大脚好,阴天下雨滑不倒。"清末民初以来,此类民谣更为常见。

其次,对缠足的维护。在传统社会中,民众的思维观念受以理学为主的儒家思想的制约和引导,因此,在民谣中也有大量维护缠足的内容。"拨灯棒儿打灯台,大爷娶了个大奶奶。脚又大,嘴又歪,气得大爷不起来。大奶奶,大奶奶,你快走,大爷好了你再来。""盘脚盘,缠三年。三年整,烙花饼。花饼花,一担茄子两担瓜,金针莲花小脚一拃拃。"前一首民谣表达了对大脚的嘲讽,后一首属于童谣,在讲述缠足三年艰辛的同时,语气中流露出了对"三寸金莲"的钦羡。

民谣中出现的对缠足的看似矛盾的两种观念,是儒家伦理在民众层次上的变异。历代有识之士都有对缠足谴责的言论,但相对于这种民众的思考来讲,离现实的距离要远一些。

◎ **我思我在**

1. 民谣丰富多彩又多而杂乱,在选文中,作者是从哪几个方面阐述民谣与传统社会的关系的?

2. "盘脚盘,缠三年。三年整,烙花饼。花饼花,一担茄子两担瓜,金针莲花小脚一拃拃。"你能从这首民谣中找出哪些修辞手法?有什么表达效果呢?

3. 选文列举了不少在儒家文化影响下的歌谣,你能再举几个例子并加以说明吗?例子可以是对作者某个论点的补充,也可以是新的角度。

专 题 问 道

专题9 时代晴雨表——民谣与风俗

※ 实践笃行

时代晴雨表：民谣探究

情境创设

"锦溪溪水清又清,四方来客亲又亲,两岸景色兜兜看,千年一直兜到今。"这首是江苏昆山锦溪的船娘所传唱的民谣。水色山光,配上极富地方色彩的民谣,让我们的旅途更加有滋有味。其实,大到社会时政,小到个人调侃,丰富的民谣像一片片镜面,折射出社会最微小的表情。现在,让我们一起观察民谣这支"时代晴雨表",共同觉察社会的"阴晴圆缺"。

活动准备

1. 分组。按照对民谣内容的兴趣,分成不同的调查小组。
2. 阅读。阅读民谣的相关书籍,了解民谣的基本知识。

活动过程

环节一　民谣"档案馆"

宋朝时曾流传"凡有井水处,皆能歌柳词"这句话,说明柳永词传唱之广。其实把这句话用来形容民谣,或许更恰当。民谣广泛地存在于时代与社会生活的方方面面,而时代与社会的阴晴圆缺也有赖于民谣的记录和反映。随着时代的发展,民谣的样式、内容、传播途径等都日新月异,但其作为"社会体温计"的功能仍旧发挥着作用。

示例：

(一)

吃饭凭粮票,穿衣凭布票,

买辆自行车,还要计划票。

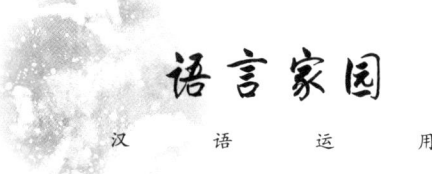

语言家园
汉语运用

（二）

流行歌曲"红楼梦"，喇叭裤儿抖威风，

农村有了万元户，城里有了商大亨。

环节二　民谣"研究院"

通过搜集不同种类的民谣，我们能感受到民谣的丰富和复杂。民谣就像一座巨大的宝矿，需要我们走进其中，不断挖掘，才能发现它令人惊喜的深刻和广大。

下面这首民谣描述了现代社会中人生的存在、价值、奋斗等问题，读起来可能令人觉得很过瘾。但民谣不是凭空产生的，它可以说是社会这个大机体中的"空气"，传递着某种情绪或消息。请你查找相关资料，说说这首民谣产生的社会背景和环境。

一张纸，一辈子

出生一张纸，开始一辈子；

毕业一张纸，奋斗一辈子；

婚姻一张纸，折磨一辈子；

金钱一张纸，辛苦一辈子；

荣誉一张纸，虚名一辈子；

看病一张纸，痛苦一辈子；

悼词一张纸，了结一辈子；

淡化这些纸，明白一辈子。

当我们阅读了一定数量的民谣后，会发现民谣简直是语言的万花筒。正是借助着语言的魔力，民谣才广为流传。请你搜集5首民谣，根据你的认识，尽可能多地找出这些民谣所使用的修辞手法，并谈谈这些修辞可能产生的效果，对民谣的传播有何影响。

环节三　民谣"实验室"

让我们小试牛刀，做一回民谣"实验室"的实验员。以自己的校园生活或平时所见所闻为背景，运用之前学习过的修辞，创作两首能反映自己生活的民谣。

专题闯道

专题 9 时代晴雨表——民谣与风俗

活动自检

项　目		活动细目	分值	自评
活动准备		分好组别，阅读一定量的书籍，掌握民谣的基本知识	20	
活动过程	环节一 民谣"档案馆"	每一组搜集至少10条民谣	20	
	环节二 民谣"研究院"	根据社会现实对这首民谣进行分析，说出它产生的背景和环境	20	
		对民谣的语言特色进行分析，说出修辞的手法和效果	20	
	环节三 民谣"实验室"	民谣创作应既能反映现实，又能运用一些修辞手法，还要避免太俚俗的内容	20	

※ 闯关测试

民谣，是时代的晴雨表，也是语言的试金石。你能顺利闯关吗？来试试吧！

第一关：初级题(33分)

1. "正月冬冬兵，二月满陇青，三月细细过，四月有麦熟……九月收荞麦，十月有豆吃，十一月做整钱，十二月好过年。"从内容看，边唱这首民谣边劳作的从业者是（　　）

(3分)

A. 樵夫　　　　B. 商人　　　　C. 农民　　　　D. 船夫

2. 小明在阅读某部古典名著时，看到了一首民谣反映当时社会动乱、战争残酷的情形："帝非帝，王非王，千乘万骑走北邙。"你觉得最有可能出现这首民谣的名著是（　　）

(3分)

A.《水浒传》　　B.《三国演义》　　C.《西游记》　　D.《封神榜》

3. 不同时代的民谣有不同的语言或内容特色，按照时间顺序，下列四首民谣排列次序正确的一项是（　　）

(3分)

① 断竹，续竹，飞土，逐肉。（《弹歌》）

② 月子弯弯照九州，几家欢乐几家愁；几家夫妇同罗帐，几家飘零在他州。（《冯玉梅团圆》）

③ 三节还乡兮挂锦衣,父老远来相追随。牛斗无孛人无欺,吴越一王驷马归。(《还乡歌》)

④ 杨柳青青江水平,闻郎江上唱歌声。东边日出西边雨,道是无晴却有晴。(《竹枝词》)

A. ③④②①　　　B. ③①④②　　　C. ①④③②　　　D. ①④②③

4. 李成在云南旅游的时候,听到了一个小女孩在唱"爹爹呀,拿着小鱼锅中煎,拿着大鱼街前卖,卖了买两条好篾带点好草烟",这首民谣属于的行业是(　　)　　(3分)

A. 渔业　　　B. 商业　　　C. 牧业　　　D. 茶业

5.《尔雅·释乐·旧注》:"谣,谓无丝竹之类,独歌之。"桂馥《说文义证》:"独歌谓一人歌也,犹徒歌也。"对这两句话的理解,下列选项正确的一项是(　　)　　(3分)

A. 谣是要搭配音乐来演唱的。

B. 谣是脱离丝竹伴奏,仅靠人声演唱的。

C. 谣是很多人一起演唱的。

D. 谣只能一个人唱。

6. 河南有一个关于民谣起源的传说:老天爷恨世人太坏,便叫秦始皇下凡来杀人。他杀人的方法,除打仗外,便是修建长城。老天爷又助纣为虐地在天上排出12个太阳,这12个太阳轮流上场,使白天永远延续,可以使人疲乏致死。这时有一个善心的小姐,动了恻隐之心,创作出许多歌谣来。人们学了一唱,便忘了疲乏,又做起工来,于是得以不死。对这个传说的解读不正确的一项是(　　)　　(3分)

A. 劳作时哼唱歌谣有助于解乏。

B. 歌谣可能是劳动人民在劳作的过程中创造出来的。

C. 这个善良的小姐可能是古时候有文化的人的代表或象征。

D. 歌谣起源于秦朝。

7. "阳山头上竹叶青,新做媳妇像观音""阳山头上花小篮,新做媳妇有多难",朱自清先生论述这两首民谣时说:"新媳妇做得好,并不在于阳山顶上竹叶的发青,只因'青''音'同韵,于是后一句得了陪衬,有了起势了。"下列选项中的民谣符合朱先生看法的一项是(　　)　　(3分)

A. 遇到你,好比罗浮遇到仙。罗浮遇仙无见面,看见情郎在眼前。

专题问道

专题9 时代晴雨表——民谣与风俗

B. 栀子花开心里黄,三县一府捉流氓。

C. 忽听门外人咬狗,拿起门来开开手。拾起狗来打砖头,又被砖头咬了手。

D. 一支清香七寸长,呜呜沉沉哭爹娘。哭得长江水干河底进,铁树开花难见娘。

8. "二十四节气"入选世界非物质文化遗产名录,彰显了它的非凡价值。请你阅读这首关于二十四节气的民谣《节气百子歌》,选出理解不正确的选项是(　　)　　(3分)

> 说个子来道个子,正月过年耍狮子。
> 二月惊蛰抱蚕子,三月清明坟飘子。
> 四月立夏插秧子,五月端阳吃粽子。
> 六月天热买扇子,七月立秋烧袱子。
> 八月过节麻饼子,九月重阳醪糟子。
> 十月天寒穿袄子,冬月数九烘笼子。
> 腊月年关四处去躲账主子。

A. 这首民谣的结构是递进式的。

B. 这首民谣反映了某些地方在特定节气的民风民俗。

C. 这首民谣语言俏皮,有明显的生活气息。

D. 这首民谣句式整齐,都以子结尾,看得出是文人的作品。

9. "反唱歌,倒起头。我家园里菜吃牛,芦花公鸡咬毛狗。姐姐在房中头梳手,老鼠叼着狸猫走。李家厨子杀螃蟹,鲜血淹死王三姐。"这是一首江苏地区的《反唱歌》,下面关于这首民谣的说法,不正确的一项是(　　)　　(3分)

A. 这首民谣讲究押韵,读起来朗朗上口。

B. 这首民谣可能是供儿童读诵的童谣。

C. 这首民谣事理颠倒,反映了老百姓对生活艰苦的抱怨。

D. 这首民谣意思滑稽,可能是游戏之作。

10. "新房依靠父母买,婚庆操办讲气派,啃老就像是讨债,儿女回家当客待,面对长辈谈不来,撒向猫狗都是爱。"这一首民谣读起来句句都让人汗颜,下列选项中不属于这首民谣所讽刺的现象(　　)　　(3分)

A. 讽刺年轻一代的啃老现象。

语言家园

汉语运用

B. 讽刺年轻人经济条件虽然有限但爱讲究排场的现象。

C. 讽刺年轻一代没有理想、甘于平庸的现象。

D. 讽刺年轻一代对父母关心不够的现象。

11. "钱财多的回家少,想法多的□□少,劳累多的收入少,权力多的□□少,朋友多的□□少,锻炼多的□□少。"这首民谣一定程度上反映了当代社会的现实情况,下列选项的词语排序最适合□□中内容的一项是(   )　　　　　　　　　　　(3分)

　　A. 时间、成事、疾病、困难　　　　B. 成事、困难、疾病、时间

　　C. 时间、困难、疾病、成事　　　　D. 成事、时间、困难、疾病

第二关:中级题(40分)

12. 你在搜集民谣的时候,一定曾将它们按照某种方法分类,请列举至少四种民谣分类的方法。　　　　　　　　　　　　　　　　　　　　　　　　(12分)

13. 我们小时候都唱过童谣,但我们可能没有写过。请你根据这首童谣的语体风格、押韵和选材特点,试试往下接续至少两句。　　　　　　　　　　　　(6分)

　　大二大,说实话;不扯谎,不乱骂。

　　二儿二,会扯锯;锯得光,做只箱。

　　三儿三,不好玩;冒得事,好扯谈。

　　四儿四,_____;_____,_____。

　　五儿五,_____;_____,_____。

14. 民谣有时因为讽刺的不便,需要采用一些隐晦手法,拆字法即是其中之一。请你指出下列拆字法歌谣中所蕴含的历史人物。　　　　　　　　　　　　(4分)

　　① 千里草,何青青。十日卜,不得生。(《古谣谚》六)

　　② 一片火,两片火,绯衣小儿当殿坐。(《古谣谚》九十三)

15. 双关(谐音)能使表达更委婉,也使作品更耐咀嚼。请你指出下列南北朝民谣中的双关字(谐音字)及其本字。　　　　　　　　　　　　　　　　　　(8分)

　　① 高山种芙蓉,复经黄檗坞。果得一莲时,流离婴辛苦。(《子夜歌》)

　　② 婉娈不终夕,一别周年期。桑蚕不作茧,昼夜长悬丝。(《七月夜女歌》)

16. 有些民谣蕴含了民众有趣的生活经验和生活智慧,是百姓茶余饭后消闲解闷的

专题问道

专题9 时代晴雨表——民谣与风俗

好方式。下面这首民谣就是一首谜语类型的民谣。请你猜猜,这首民谣中的"官"都指生活中哪些事物? (4分)

大官有嘴勿肯响。

二官无嘴关关响。

三官有脚勿肯走。

四官无脚到杭州。

17. 请你根据自己的理解,将下面左右两列的民谣内容用线连起来。 (6分)

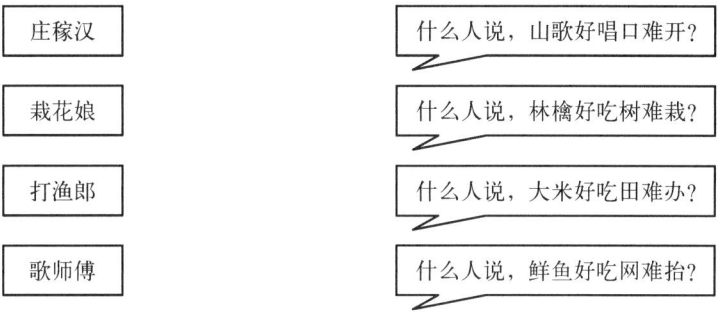

第三关:高级题(27分)

月光光

月光光,秀才郎,骑竹马,到院场;

院场空,好栽葱,葱发芽,摘细茶;

茶花开,桃花红,十只鸡子做两笼;

揩到姐姐门口过,姐姐留涯住,

涯唔住,涯要归去栽漆树。

漆树深深青,遮过观音岭。

观音庙的一伙鹅,呢呢哦哦飞过河;

观音庙的一伙鸡,叽叽嘎嘎飞过溪;

观音庙的一伙鸭,呢呢哎哎飞过塔。

18. 民谣一般都押韵,请问上面这首民谣的韵脚有什么特点?有何作用? (6分)

19. 民谣的选材就像酿酒的材料,决定了它最后的"风味"。在你看来,上面这首民谣的选材有什么特点呢? (6分)

20.《月光光》这首民谣运用了什么艺术手法,有何作用? (5分)

21. 请你创作一首民谣,题材不限,要求押韵、使用两三种民谣常见的修辞手法(如比喻、排比、借代、反复、拟人、对偶等)。 (10分)

专题 10

歧路中抉择

—— 文言与白话

> 子曰："古者言之不出，耻躬之不逮也。"

> 孔子说："那些年立过的flag(旗帜)，都狠狠打了脸。"

> 季文子三思而后行。子闻之，曰："再，斯可矣。"

> 季文子这个人可能有晚期纠结症，凡事都要思考三次才能下决心去做。孔子说："差不多得了啊。"

左边的《论语》原文典雅庄正，韵味深长；右边的《论语》译文活泼灵动，使人莞尔。现在的人们似乎可以坦然地看待文言与白话的优点和不足，但你可知道，一百年前，为了文言和白话的谁存谁废，新文化运动的健将们和执意保护传统文化的耆宿们打了多少年的嘴仗，其间又有多少使人兴趣盎然的文坛插曲。"文白之争"落下了帷幕，但是不是真的宣告"文白之争"的终结？文言和白话究竟各有什么过人之处？现在就让我们一起来探究这些有趣、鲜活的问题吧！

※ 含英咀华

文白的界限[①]

张中行

文白界限问题

文言和白话有分别，概括地说，文言是以秦汉书面语为标本，脱离口语而写成的文

[①] 节选自《文言和白话》(中国社会科学出版社1995年版)，有改动。张中行(1909—2006)，天津人，著名学者、哲学家、散文家。主要作品有《文言和白话》《顺生论》《说八股》等。

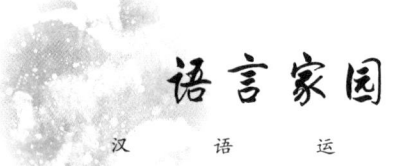

语言家园
汉语运用

字,白话是参照当时口语而写成的文字。可是两者又有千丝万缕的关系。即以词汇和句法而论,它们有异点,可是同点也不少。还有,在历史上,它们虽然是分了家的,可是分得不彻底,不只你来我往不少,有时甚至还合伙过日子。如果把一块场地分为两半,规定一半放文言作品,一半放白话作品,这个任务交给我们,我们能够顺利地完成吗?

这个问题自然是古已有之,可是直到"五四"时期才表面化,因为在此以前,文言和白话和平共处,就用不着也想不到分家问题。最早谈到这个问题的是胡适。他宣扬文言是死文字,创造的文学是死文学;白话是活文字,创造的文学是活文学。怎见得?于是他作《白话文学史》,证明在历史上,凡是有价值的作品都是白话的。这部文学史只写了上卷,止于唐朝元稹和白居易。看目录,元白以前有王、孟、高、岑和李、杜等,专说杜,不只收了《丽人行》《哀王孙》等,还收了《自京赴奉先县咏怀五百字》,这都算白话,恐怕除他本人以外,没有人会同意。他自己大概也感到这将是孤军作战,于是在《自序》里说:

> 我把"白话文学"的范围放的很大,故包括旧文学中那些明白清楚近于说话的作品。我从前曾说过,"白话"有三个意思:一是戏台上说白的"白",就是说得出,听得懂的话;二是清白的"白",就是不加粉饰的话;三是明白的"白",就是明白晓畅的话。依这三个标准,我认定《史记》《汉书》里有许多白话,古乐府歌辞大部分是白话的,佛书译本的文字也是当时的白话或很近于白话,唐人的诗歌——尤其是乐府绝句——也有很多的白话作品。

看来这三个意思可以单用,就是只具备一个条件也算,如果是这样,那就远到《孟子》和《战国策》,近到《阅微草堂笔记》和《春在堂随笔》,都成为白话作品了,因为不只明白晓畅,而且是不加粉饰的。这样放大范围,结果当然是文言和白话的界限更加模糊,如周作人在《文学革命运动》一文中所说:"即在胡适之先生,他从唐代的诗中提出一部分认为是白话文学,而其取舍却没有很分明的一条线。即此可知古文白话很难分,其死活更难定。"(《中国新文学大系·史料·索引》)

文言惯于越界

文言和白话界限不清,主要是文言越界,混入白话,而不是白话越界,混入文言。所以会这样,原因很简单,是"五四"以前,一直是文言势力大。这表现在几个方面。其一是

专题问道

专题10 歧路中抉择——文言与白话

文言有以秦汉作品为标本的相当严格的词汇句法系统,这"严格"有闭关自守性,系统之外的表现方式很难闯进来。例如叙事追述以前的情况,文言通常用"初"引起,就决不能改用"以前"。其二是文言有"雅"的声誉,执笔为文的人,包括阶层不高的,总是愿意照用旧调。这风气一直到现在也没有灭绝,如请人来还是要写"光临"。其三是用某种格调惯了,换个格调反而觉得费力。正面的,隋朝李谔是个好例,他大声疾呼反对骈体,可是那篇奏章用的是清一色的骈体。反面的,"五四"时期高呼文学革命的那些人是个好例,他们决心改用白话,可是起初总是力不从心,反而不如用文言得心应手。元明以来许多白话作品杂有文言格调,除了有意求雅以外,文人熟悉文言,因而不知不觉就之乎者也,想来是个最重要的原因。其四是文言的许多修辞手法有较强的表现力,这有如好的工具,人都愿意用,甚至不能不用。举两种为例。一种是情景交融的写法,诗词里最常见,有不少并且很出色,戏曲的唱词正好也想这样,所以就吸收进来,成为"碧云天,黄花地,西风紧,北雁南飞。晓来谁染霜林醉?总是离人泪"(《西厢记》第四本第三折旦唱)。另一种是对偶,白话作品里几乎到处都用,如"妾身姓李,表字贞丽,烟花妙部,风月名班;生长旧院之中,迎送长桥之上;铅华未谢,丰韵犹存。养成一个假女,温柔纤小,才陪玳瑁之筵;宛转娇羞,未入芙蓉之帐"(《桃花扇》第二出小旦白)。这两处都要出诸口,诉诸耳,尚且这样,写出供眼看的就更不用说了。

文白界限不清,除了文言势力大之外,旧时代的人没有"五四"时期那样划清界限的思想也是个原因。早期的白话是记说话人的口所说,所以不能不随着口语走。但这随着只是情势使然,不是思想上要求这样。后来情势不同了,记口说变为文人写,既然思想上不要求划清界限,那就总是随文人自己的习惯,怎样方便就怎样写。这有成为纯粹白话的可能,但更大的可能是容纳或多或少的文言成分。因为照那时候的看法,即使有意要求通俗易懂,也不会想到必须同于口语的白话才通俗易懂。换句话说,在他们眼里,兼用些浅近的文言是同样通俗易懂的。总之,文白界限不清,十之九是由于文言越界,可是这越界不是侵入,而是受到欢迎才混进去的。

文白有不同面目

以上说文白界限不清,意思是在一部分作品里有混杂现象,这同说文白没有区别是

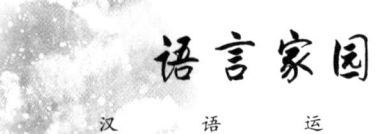

语言家园
汉语运用

两回事。其实,我们说文白有混杂现象,就是已经承认文白有区别,因为如果没有区别,那就是一而不是二,就无所谓混杂了。文言和白话,性质不同,各有特点,这在前面已经多次谈过。这里再总的说一下,如果取大舍小,我们应该说,文言和白话是有明显的区别的。理由可以举出很多。最重要的当然是词汇句法系统,文言有自己的一套,白话另有自己的一套,其中相当多的部分,两者不能通用。分辨这不能通用的异点很重要,就像分辨两个人一样,他们同属于人类,自然同点很多,但我们能够认识,一个是张三,一个是李四,因为他们总是同中有异。文言和白话也是这样,如"吾谁欺"是文言,"你生气啦"是白话,"谁""欺""生""气"几个字,文言和白话通用,可是还有不通用的,吾,白话要说"我",谁欺,白话要说"骗谁",你,文言要说"君""汝"等,生气,文言要说"怒",啦,文言没有这样的语气词。就这样根据异点,我们很容易断定,一部书,一篇文章,是文言还是白话。甚至少到一两句话也是这样,如"须臾,蛇不见了"(《三国演义》第一回),"似这般都付与断井颓垣"(《牡丹亭·惊梦》),我们能够分辨,"须臾"和"断井颓垣"是文言,"蛇不见了"和"似这般都付与"是白话。也就因为有明显的区别,所以在我们的文献库存里,文言作品和白话作品照例分作两堆,这表示,依照常识,文言和白话是有明确的界限的。此外,"五四"以来一些老作家的笔下也可以为证,他们常常是,写供多数人看的用白话,写供少数人看的(如书信)或仅仅备忘的(如日记和札记)用文言,这表示,在他们的心目中,以及实际上,文言和白话确是不同的两套语言。

◎ **我思我在**

1. 作者说:"看目录,元白以前有王、孟、高、岑和李、杜等,专说杜,不只收了《丽人行》《哀王孙》等,还收了《自京赴奉先县咏怀五百字》,这都算白话,恐怕除他本人以外,没有人会同意。"请你课外阅读杜甫的这三首诗,谈谈你是支持胡适还是作者?

2. 作者说"文言惯于越入白话",你觉得作者举的例子有道理吗?你还能举出其他生活中的例子吗?

3. 民国的很多白话作家其实都惯于使用文言,如胡适、鲁迅等。请你找一找他们的文言作品,从作家个体的角度谈谈文白界限的问题。

专题 10　歧路中抉择——文言与白话

※ 实践笃行

文白千古事,得失寸心知
——文言与白话写作

情境创设

　　2001 年,江苏省语文高考出现了一篇神作文——通篇用文言文写成的《赤兔之死》。这篇作文受到了阅卷老师的一致好评,南京大学当即拍板以特殊政策破格录取该生。自此,历年的高考作文都会涌现出一定数量的文言高分作文,如 2007 年浙江考生的《吊李白歌并序》、2015 年江苏考生的《绿色生活》等。这些优秀的文言作文都取得了比较理想的分数,同时也促使我们思考,为什么看起来已经"过时"的文言还会被一些考生青睐?为什么这些文言作文能得高分?在白话已经当之无愧稳坐现代语言头把交椅的时候,文言与白话的关系到底是怎样的?我们不妨深入文言与白话那"剪不断,理还乱"的历史中去,慢慢梳理那凌乱的历史脉络。

活动准备

　　1. 阅读张中行《文言和白话》、陈平原《当代中国的文言与白话》、赵炎秋《近现代文白之争及其反思》等有关著述。
　　2. 观看北京理工大学精品课程《语文高级素养》第四讲《文言与白话》。
　　3. 聆听蒋勋的《白话文学与五四运动》音频。

活动过程

环节一　跨世纪的辩论——"文白之争"

　　假设我们穿越回清朝乾隆年间,到北京菜市场去买菜,估计不会有什么问题,因为卖菜人说的话和我们今天说的话差别并不大——都是白话。可我们要是参加科举考试,就必须用文言写考卷;政府发布的公告,也是用文言写的;你如果做了一个小官,向上级写

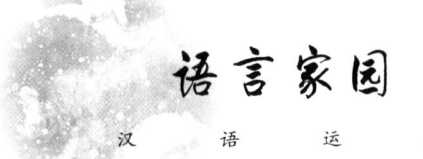

信,也必须用文言;文言文强势地存在于生活的重要领域。直到清末民初,经由胡适、陈独秀等人的大力提倡和实践,白话文才真正向文言文发起了挑战,并最终取代了文言的正统地位。叙述这个历史片段,只需要三言两语,但当时为了文言和白话而出现的争端却异常激烈。从某种程度上说,文言与白话的斗争,不单是语言学上的问题,更决定了政治的选择,左右了历史的进程。

现在,让我们查阅相关资料,了解清末民初的"文白之争",完成下面这张表格。

文言派				白话派			
代表人物	代表文章	主要观点	论战阵地	代表人物	代表文章	主要观点	论战阵地

当你梳理了相关的历史事实,请你用简要的一段话概括"文白之争",并谈谈你支持哪一方,为什么?400字左右。

环节二 执拗的低音——不死的文言

有一个音乐组合叫"凤凰传奇",他们的歌脍炙人口,但也被有些人认为是"口水歌"而不入流。有一天,网上突然爆料,凤凰传奇的《月亮之上》竟然来自《诗经》!这个消息让凤凰传奇的粉丝非常兴奋,为自己的偶像有深厚的文化底蕴而激动;也有些人对这件事情半信半疑。最后这个新闻被证明是假新闻,但有一个问题值得我们思考:为什么会有改编成文言版的歌词出现?

现在我们先一起来看看《月亮之上》这两个不同版本的歌词。

《月亮之上》文言版	《月亮之上》白话版
予遥望兮,蟾宫之上; 有绮梦兮,烁烁飞扬。 昨已往兮,忧怀之曝尽; 与子见兮,在野之陌青。 牵绕兮我怀,河升波涨; 美人兮相伴,斯是阙堂。	我在仰望!月亮之上! 有一个梦想在自由地飞翔! 昨天以往!风干了忧伤! 我和你重逢在那苍苍的路上! 生命已被牵引,潮落潮涨; 有你的地方,就是天堂!

专题问道

专题 10　歧路中抉择——文言与白话

请你找找文言版的词语对应白话版的哪些词语,前后能否对应得上。完成下面的表格。

文　言	白　话	能 否 对 应
蟾宫		
绮梦		
烁烁		
往		
曝		
陌		
斯是		

当你完成这张表格后,你喜欢文言的词语多一些,还是白话的词语多一些? 能否结合几个具体的词语谈谈你喜欢的理由。

可能在你看来,文言和白话的词语不一定一一对应,但或许能隐约察觉到其中的关系。我们不妨再来做一个有趣的小游戏,请你将下面一段话翻译成文言文。

柳永明天要去北京,他想把刚买的手机送给自己的父母。他今天非常忙碌,于是请他的好朋友张先生帮他在网上买了一张动车票。柳永的老板欧阳修昨天夸奖柳永是个勤劳上进的年轻人,柳永非常开心。像欧阳老板这样夸奖自己的人,他从前从来没有遇到过。

参考译文:旦日,柳永将适京,奉双亲以新购之手机。今日甚忙,乃请其友张生购动车票一于网上。昨,永之老板欧阳修赞永乃后生之勤砺者,永甚喜。褒己之若欧阳老板者,向之未遇也。

当你翻译完成后,请你按照下表中对词语的分类,将自己翻译的文言和白话中的词语填入表格。

	文　言	白　话
名　词		
动　词		

(续表)

	文 言	白 话
代 词		
形容词		
介 词		
虚 词		

当你完成上面这张表格后，能否根据自己的经验谈谈文言词语和白话词语之间的关系。可以从白话词语对文言词语的继承和发展、同一个意义的文言词语与白话词语的区别等角度来谈。

环节三　各有千秋——文白优劣

(1) 一封电报

20世纪30年代初，胡适曾就拒绝朋友推荐的工作一事请学生们拟一份电文，意在比较文言与白话的优劣。学生所拟文言电文中用字最少的是"才疏学浅，恐难胜任，不堪从命"。胡适所拟白话电文是"干不了，谢谢"。

是不是胡适作为教授，所拟的电报就比学生的要好呢？你能否谈谈这两封电报的优缺点？

参考示例：胡适所拟白话电文确实比学生所拟文言电文要简约精到，但这样说只适合胡适或与他身份相似的社会名流，因为白话"干不了"出自博古通今、学贯中西的胡适之口，大家会认为是一种调侃或谦辞。"才疏学浅，恐难胜任，不堪从命"出自学生之口，则比"干不了"更能表达初出茅庐的莘莘学子诚惶诚恐的心态，体现出自尊而又谦和的学识修养，如果学生也用"干不了"来拒绝朋友的推荐似乎就太直白了。

(2) 古诗今译

古诗今译是现代人读古诗的一种方式。这种今译的方式极大地方便了现代人读古诗。一些难懂的意思、隐晦的含义通过白话翻译，就比较显豁地呈现在读者眼前。那么，这种方式是否有利无弊，可以替代读原诗？我们一起来读《枫桥夜泊》和它的白话版，试着探究文言与白话还有哪些优缺点。

专题问道

专题10 歧路中抉择——文言与白话

枫 桥 夜 泊

[唐] 张继

月落乌啼霜满天,江枫渔火对愁眠。

姑苏城外寒山寺,夜半钟声到客船。

枫 桥 夜 泊

(白话版)

午夜,猝来的钟声将我击中,

钟声穿透了岸边结霜的老枫。

乌鸦的哀鸣里月亮早早落下,

它照不见客船中幽暗的愁容。

寺庙的名字铁一般凛冽彻骨,

后山的衰草掩去寒山的行踪。

黄昏时我曾走进临水的酒肆,

那碗酒怎能抵挡半世的西风!

姑苏,你可会记得今夜的我?

张继,曾枕着你的寒冷入梦。

我们可以尝试从几个角度探究上述两个版本的优缺点:第一,雅俗;第二,概括写意和铺陈描绘。这些问题可能稍有难度,建议采取小组合作探究的方式,共同讨论。讨论以后,我们请一位代表将小组意见呈现给全班同学,大家共同点评。

活动自检

项 目		活 动 细 目	分值	自评
	活动准备	阅读一定量的书籍和文章	10	
活动过程	环节一 "文白之争"	找到至少三位"文白之争"双方阵营的代表人,阐述其代表观点,并用自己的话概述"文白之争"	20	
	环节二 不死的文言	找出至少5处《月亮之上》文白版对应的词语,并谈谈自己的看法	20	

语言家园

汉　语　运　用

(续表)

项　　目		活　动　细　目	分值	自评
活动过程	环节二 不死的文言	将关于柳永的一段白话文翻译成文言,找出其词语的对应关系,谈谈文白词语的联系与区别	25	
	环节三 文白优劣	对胡适的电报发表自己的看法,通过阅读文白版《枫桥夜泊》谈谈文白在雅俗、写意与铺陈方面的优劣	25	

※ 闯关测试

文言与白话,花开两朵,各表一枝。在历史的不同阶段,它们有着不同的贡献。在语言的道路上,文言白话该何去何从,让我们通过闯关来检测吧!

第一关: 初级题(32分)

1. "文白之争"是五四新文化运动中的一个重要争论,但其实关于文白的争论早在清代就已经开始了,在清代就提出文言与白话应该统一的人物是(　　)　　(4分)

A. 胡适　　　　B. 陈独秀　　　　C. 鲁迅　　　　D. 黄遵宪

2. 小辉是民国初年的大学生,下列报纸、杂志中他最有可能看到刊登有反对白话文的文章的是(　　)　　(4分)

A.《新青年》　　B.《莽原》　　C.《学衡》　　D.《申报》

3. 根据你的了解,如果鲁迅先生今天给我们作一个关于文言与白话的演讲,下列选项中最有可能是鲁迅先生所说的话的是(　　)　　(4分)

A. 愚天下之具,莫文言若;智天下之具,莫白话若。

B. 古文已经死掉了;白话文还是改革道路上的桥梁,因为人类还在进化。

C. 一国中若农、若工、若商、若妇、若孺,徒任其废聪塞明,哑口瞪目,遂养成不痛不痒之世界,彼为文言者曾亦静思之否耶?

D. 以口语为基本,再加上欧化语、古文、方言等分子,杂糅调和,适宜地或各啬地安排起来,有知识与趣味的两重的统制,才可以造出有雅致的俗语文来。

4. 白话新产生的词中双音词占大多数,其中有一种是以原单音节词为词根构成(如以"人"为词根,构成"老人""大人""外人"等双音词),下列选项中不属于这种构词方法的

专题问道

专题 10 歧路中抉择——文言与白话

是( ) (4分)

  A. 利益   B. 瓦匠   C. 都市   D. 旱田

5. 成语中包含着许多词类活用的例子,下面四个成语中,加点字的词类活用与其他三个不同的一项是( ) (4分)

  A. 沐猴而冠   B. 月晕而风   C. 道路以目   D. 颐指气使

6. 我们在图书馆书架寻找古代小说时,下列你看到的书籍中应该是白话小说的选项是( ) (4分)

  A.《枕中记》   B.《虬髯客》   C.《警世通言》   D.《聊斋志异》

7. 鲁迅先生是新文化运动的主将,也是极力主张使用白话文的作家。文学史上第一篇现代白话小说也是鲁迅先生创作的,你知道这部作品是( ) (4分)

  A.《药》   B.《狂人日记》   C.《阿Q正传》   D.《伤逝》

8. 翻译是沟通的艺术。中国的俗语被翻译成英文,有时会让我们有会心的领悟。"Love me, love my dog."这句英文转译为中文,下列选项最合适的是( ) (4分)

  A. 爱屋及乌   B. 一人得道鸡犬升天

  C. 爱之深责之切   D. 狗仗人势

第二关:中级题(48分)

9. 当我们向别人介绍自己的年龄时,经常说"我今年XX岁了",其实古人有很多关于年龄的雅称,请你试试在下面的空格里填上对应的雅称。 (5分)

  十岁以下:_____

  女子十三岁:_____

  十五岁:_____

  女子十五岁:_____

  女子十六岁:_____

10. 俗谚是生活智慧的结晶,很多俗谚也可以翻译成英文。下面这些英文其实都是我们耳熟能详的谚语、熟语,但它们换了个"脸面"你还能认出来吗?请你试试将俗谚的中文版写下来。 (10分)

  ① One look is worth a thousand words.

语言家园

汉语运用

② A slow sparrow should make an early start.

③ Bad news travels fast.

④ One can't make bricks without straw.

⑤ Speak of the devil.

11. 在口语中,我们会借助许多语气词来增加表情达意的效果;在文言中,就是运用不同的虚词。你觉得下列文言句中的加点字该怎样翻译才好? (8分)

① 刘豫州何不遂事(事奉)之乎? ② 壮士,能复饮乎?

③ 何为不去也? ④ 愿早定大计,莫用众人之议也。

⑤ 赐也,始可与言诗已矣。 ⑥ 饱食终日,无所用心,难矣哉!

⑦ 亦各言其志也已矣。 ⑧ 吾罪也乎哉?

12. 我们从小就知道要"自尊""自爱"。其实"自尊"是"尊重自己","自爱"是"爱惜自己",这是继承古汉语的宾语前置。你能把下面这些句子翻译成文言文中的宾语前置句吗? (5分)

① 我欺骗谁呢? ② 牛要去哪里呢?

③ 你是从什么地方了解他的呢? ④ 不担心别人不了解自己。

⑤ 我有年老的父亲,如果我死了,没有谁可以养活他了。

13. 生活中的不少成语还保留着文言文中词类活用的痕迹,也许我们习以为常而忽视了这个事实。你能指出下列成语中哪些字是哪类词类活用吗? (7分)

① 狼吞虎咽 ② 门可罗雀 ③ 口诛笔伐 ④ 不胫而走

⑤ 抱残守缺 ⑥ 草菅人命 ⑦ 丰衣足食

14. 古诗词是汉语语言艺术的高峰,但同时也增加了现代人理解它的难度,更不用说很多爱好中华文化的外国友人了。如果将它翻译成白话文,不失为一种传播古典的可行方式。柳宗元的《江雪》"千山鸟飞绝,万径人踪灭。孤舟蓑笠翁,独钓寒江雪"是我们耳熟能详的千古名篇,你能不能试试将它翻译成白话文? (6分)

15. 我们阅读白话文固然不成问题,可是当外国友人碰见白话文时,仍会"两眼一抹黑",要是能将凝练的古诗翻译成英文,他们就能与我们同享这份美好了。你能不能尽己所能,将《江雪》翻译成英文? (7分)

专题问道

专题10 歧路中抉择——文言与白话

第三关：高级题(20分)

近代革命烈士林觉民的《与妻书》感情真挚，催人泪下。请你阅读下面《与妻书》的节选部分，试着回答下列问题。

意映卿卿如晤：

吾今以此书与汝永别矣！吾作此书时，尚为世中一人；汝看此书时，吾已成为阴间一鬼。吾作此书，泪珠和笔墨齐下，不能竟书而欲搁笔；又恐汝不察吾衷，谓吾忍舍汝而死，谓吾不知汝之不欲吾死也，故遂忍悲为汝言之。

吾至爱汝！即此爱汝一念，使吾勇于就死也！吾自遇汝以来，常愿天下有情人都成眷属。然遍地腥云，满街狼犬，称心快意，几家能够？司马青衫，吾不能学太上之忘情也。语云：仁者"老吾老以及人之老，幼吾幼以及人之幼"。吾充吾爱汝之心，助天下人爱其所爱，所以敢先汝而死，不顾汝也。汝体吾此心，于悲啼之余，亦以天下人为念，当亦乐牺牲吾身与汝身之福利，为天下人谋永福也。汝其勿悲！

16.《与妻书》的原文是浅近的文言，你能根据下列白话词语找到其在原文中的文言词吗？试试看吧！ (5分)

写完_____ 体谅_____ 忍心_____ 忍耐_____（第一段）

靠近_____ 在……之前_____ 顾念_____ 哭泣_____（第二段）

17. 这封信不难理解，翻译的过程即是再理解的过程，请你将"吾自遇汝以来，常愿天下有情人都成眷属。然遍地腥云，满街狼犬，称心快意，几家能够？司马青衫，吾不能学太上之忘情也"这段话翻译成白话文。 (5分)

18. 同样的内容，用不同的语体表述就会有不一样的表达效果。就上一题你翻译的内容，你更喜欢文言版的还是白话版的？分享一下你的理由。 (5分)

19. 如果你留心网上的一些消息，你会发现，有不少人喜欢将白话文改编成文言文。为什么在当今社会全面应用白话文的情况下，文言文还能绵延不息？能否运用你的知识储备，谈谈你的看法。（参考角度：历史、文白的特点、个人的爱好等） (5分)

专题 11

语言的狂欢

——网络语言与汉语规范

"给力""PK""hold 住""丑帅""7456""绝代佳人""修仙""宋仲基这新剧造型简直苏"等,这些就是现在风靡网络世界并潜移默化渗透到现实生活中的网络用语。自诞生之日起,网络语言就饱受争议和质疑,受青年人热捧,令老一辈人皱眉。是"给力"地新意迭出,还是"伤不起"地泛滥成灾?仁者见仁,智者见智。在本专题中,我们将一起探讨网络语言与汉字汉语的规范问题。

※ 含英咀华

网 言 网 语

一

2016 年十大流行语:一、洪荒之力;二、吃瓜群众;三、工匠精神;四、小目标;五、一言不合就 XX;六、友谊的小船,说翻就翻;七、供给侧;八、葛优躺;九、套路;十、蓝瘦,香菇。

(《咬文嚼字》2017 年 1 期)

2015 年十大流行语:一、获得感;二、互联网+;三、颜值;四、宝宝;五、创客;六、脑洞大开;七、任性;八、剁手党;九、网红;十、主要看气质。

(《咬文嚼字》2016 年 1 期)

2014 年十大流行语:一、且行且珍惜;二、你家里人知道吗;三、画面太美我不敢看(画面太美,不忍直视);四、萌萌哒;五、现在整个人都不好了;六、也是醉了;七、

专 题 问 道

专题11 语言的狂欢——网络语言与汉语规范

我只想安静地做个美男子;八、买买买;九、现在问题来了;十、有钱,就是任性。

(《咬文嚼字》2015年第1期)

二

　　无处不在的"小确幸";新颖奇特的"脑洞大开";今天你被"安利"了吗;古朴又时尚的"素人";挂和开挂;形形色色的"备胎";"走心"让生活更舒心;"种草""长草"和"拔草";猴年,你"猴赛雷"了;X货之谜;开启"撕"模式;欢迎"治愈系"和需要"治愈系";哪来的"梗";你咋不上天呢;"槑"字不"呆";"爆款"来袭需理智;声势浩大的"国民"浪潮;闲话"男友力";"老套路"和"新套路";多变的"画风";正确打开方式的来历;前方高能预警;厉害了我的"X";"良心"为什么会"痛";"吃瓜"和"围观";"水逆"来袭,更需逆水而行;跨界的"重口味";被"玩坏"的语言;我可能写了篇"假"文章。

[选自《咬文嚼字》(2015—2017年)栏目标题]

三

1. 情绪类

":—0"表示吃惊或恍然大悟。

"(—_—)"表示神秘的笑容。

"=^—^="表示脸红的人儿。

"$_$"表示贪心。

"100"或"10"表示很完美。

"0001000"表示很孤独。

"〈@_@〉"表示醉了。

2. 动作类

":D—"表示"开怀大笑"。

"(ˆ人ˆ)"表示拜托。

"\ˆoˆ/"表示欢呼。

"~~>_<~~"表示痛哭。

语言家园
汉语运用

"?!?!?!?!"表示急切的询问和质疑。

"?_?"表示瞪着充满疑惑的眼睛。

3. 人、物类

"(—(oo)—)"表示猪。

"(=^=)"表示猫。

"nnn"表示毛毛虫。

"):∶0_"表示母牛。

"＊＜1∶—)"表示圣诞老人。

◎ **我思我在**

1. 扑面而来的网络语言让你感到亲切吗？选几个和你生活联系最紧密的网络语言，"扒一扒"它的"前世今生"。

2. 选文二中的栏目标题妙在何处？

3. 如果你是学校网络语言规范小组组长，请依据3篇选文给网络语言下个定义。

网 络 语 言

语言学家的新话题[①]

吕明臣

一、网络语言的两种定义

关于"网络语言"有各种界定。最早人们把那些与电子计算机网络联网相关的技术用语称为网络语言。后来扩大到在网络中使用的特殊说法，再后来扩展到网络交际中使用的语言。比较普遍看法认为，网络语言可以分为广义和狭义的两种。广义的"网络语言"是指网络时代、E时代出现的，与"网络"和"电子"技术相关的"另类语言"；狭义的"网

[①] 节选自《网络语言研究》（吉林大学出版社2008年版），有改动。

专题问道

专题11 语言的狂欢——网络语言与汉语规范

络语言"是指自称"网民"、他称"网虫"的"语言"。

"网络语言"是一个有着多种理解的概念,既可指称网络特有的言语表达方式,也可以指代网络中使用的自然语言,还可以把网络中使用的所有符号都包括在内。完全可以这样界定:"网络符号是指在网络中使用的非自然语言的符号。网络语言指称在网络中使用的自然语言,或者说是出现在网络交际中人的自然语言。"在网络交际中使用的自然语言包括网络技术用语、日常语言和变异形式以及特殊的表达方式。

二、网络语言的构成和分类

网络语言的构成和分类决定于网络语言的界定。狭义的网络语言主要指的是网络技术层面的术语,将网络语言和日常语言区别开来。其分类也仅仅涉及网络技术层面的用语。

综合目前各研究者的看法,网络语言的构成分类大体如下:

第一类是"网络行业语"。如上网、下载、聊天室、网虫、网吧、网恋、伊妹儿(E-mail、电子邮件)之类。

第二类是"网民常用词语"。是网络交际中网民的习惯用语,是网络语言最富有活力的东西。如下面一些常见的形式:

MM(妹妹或美眉)、GF(girl friend 女朋友)、斑竹(版主)、东东(东西)、漂漂(漂亮)、恐龙(指姿色欠佳的女网民)、我Ⅰ你(我爱你)等。

第三类是网络语言表达方式。网络言语交际中常常用一些流行的、另类的话语表达方式,虽然很多是模仿的,但却成了网络言语交际中的惯用手法。如下面的例子:

偶像(呕吐的对象)、天才(天生蠢材)等。

第四类是网络符号。这是网民创造的非语言符号,在网络交际中经常使用,广义上也算是网络语言的一种形式。如:":P"(表示吐舌头)、"^_^"(表示笑脸)等。

网络语言构成是比较复杂的,分类的角度各有不同,但目标是一致的,就是将网络语言放在一个有序的框架之内,以便发现其中的规律。

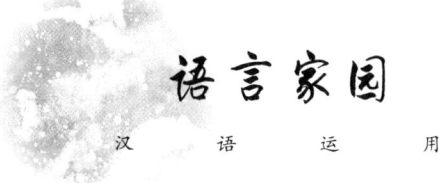

网络语言句法结构的特点[①]

纪凌云 崔娜

一、网络语言的含义

我们看到早期的网络语言定义多是从网络语言的范围和形式的角度对网络词语进行归纳总结。随着互联网的普及和网上交流的扩展,网络语言渐趋稳定,同时,网络语言的外延也在扩大,人们对网络语言的认识在不断加深。有人从语体的角度入手来观察网络语言,如吕明臣等;有人从网络语言的使用场域入手来界定网络语言,如刘世生、朱瑞育、王炎龙等;有人从社会语言学角度入手定义网络语言,如王艳芳、史灿方、孙曼均等。这些定义都从某一角度揭示出网络语言的内涵和本质。再后来的学者,则是从其所选择的研究角度来界定网络语言,如张玉玲、曹进等。

综上所述,本书将网络语言定义为:人们进行网络交流时所使用的一套符号系统,它包括汉字词、字母词、数字、混合词、键盘符号以及专门的表情符号等。网络语言并没有脱离现代汉语这一大的系统,只是现代汉语在网上交流时的一种变体,并且其中一些词和表达方式随着影响的扩大逐步渗透到现实语言中。网络语言单位不限于网络词语,还包括短语、句子,甚至是语篇。

二、网络语言的分类

借鉴之前研究者的观点,从意义上将网络语言分成三类:

一是和网络有关的专业术语,如界面、鼠标、浏览器、电子商务(e-commerce)、IT(信息技术)、POP 协议、Flash 动画等;二是与网络有关的特别用语,如网吧、网民、黑客、虚拟空间、社交网站等;三是网民在网上发帖或者聊天交流时的常用词语,如稀饭、屌丝、out、in、886、520 等。其中,前两类网络词语不仅用于网络传播,也用于与网络的应用、教研等有关的领域,数量有限,规模也比较稳定;最后一种才是主要应用于网络沟通,具有强烈网络传播色彩的语言,也是最具争议的狭义网络语言。这一类网络词语数量较大,且稳定性较差,新陈代谢速度很快,头一年还在流行的词到了第二年便可能不见了。我

[①] 节选自《网络语言面面观》(中国电影出版社 2015 年版),有改动。

们所讨论的网络词语也主要集中在这部分。

三、网络语言的词汇特点

（一）创新性

网络语言词汇最大的特点就是自由多变的创新性，新词不断出现。如":—x"由标点符号、数学符号、键盘符号构成，其中数学符号 x 表示口部贴了封条，引申为表示"抱歉，这是秘密"的意思。

（二）简洁性

网民在网上沟通交流时，为了提高网络交际的效率，同时也为满足即时交互的需求，在词汇使用上尽可能追求简洁。如："555"表示"呜呜地哭"，"躺枪"是"躺着也中枪"的缩写。

（三）随意性

主要体现在网民创造词语时，不遵守语言规范，随意地组合、嫁接和生造。如："木有""吃饭 ING""吐槽"等。

（四）趣味性

妙用多种手段，变音、镶嵌的表情符号等，消除了沉闷枯燥，增强了趣味性。如"么么哒"，是大人亲小孩时候夸张的声音，是一种卖萌，表达对一个人的喜爱。

（五）时代性

网络词语与社会热点事件相生相伴，具有明显的时代特征。如富二代、蜗居、拼爹等。

不应该让汉语"哭泣"[①]

"偶8素米女，木油虾米太远大的理想，只稀饭睡觉、粗饭，像偶酱紫的菜鸟……"

这是一位中学生在一次期末语文考试作文中使用的语言。面对这种句子，你能看懂吗？

这几年，随着网络和现实生活的深度融合，网络语言大行其道。"十动然拒"（十分感

[①] 节选自《人民日报》2014 年 5 月 22 日，有改动。标题为编者所加。

语言家园

汉　语　运　用

动然后拒绝)、"喜大普奔"(喜闻乐见、大快人心、普天同庆、奔走相告)、"人艰不拆"(人生已如此艰难,有些事儿就不要拆穿了)等词语走红,甚至一些"非主流人群"还自创了一种由符号、繁体字、日文、韩文、字符组合而成的"火星文"。

当然,语言是活的,也具有一定自净能力;对网络语言也不能一棍子打死,而是要有选择地吸收。汉语兼容并包,但并不代表可以胡编乱造,尤其是媒体和一些公开出版物,不能把语言的规范性扔到太平洋里。

不少人认为,语言不就是一个说话写字的工具吗?

对,也不全对! 语言是一种民族文化、民族智慧的积淀,也是一种民族思维方式的体现,是民族的重要标志。法国作家加缪言"我的祖国是法语",德国哲学家海德格尔也曾说语言是存在的家。现在我们说汉语是华夏子民的精神家园,一点都不为过。精通中西文的著名诗人余光中先生曾感慨:"中文在握,就是故乡在握。中文是真正的中国文化之长城。"

现实是,汉语正变得粗鄙、庸俗。2006年5月,余光中、莫言等在上海的"文学与人文关怀"高校论坛上,发出警示:"优雅的汉语正濒临失落与亟待拯救的边缘。"

王蒙也曾在《为了汉字文化的伟大复兴》演讲中提出:我们应该在语言文字上对各种媒体与出版物提出更加严格的要求:少一点错别字,少一点洋泾浜,少一点文理不通。尤其是在正式场合,尤其是汉语出版物更应当使用规范汉字,不应该让汉语"哭泣"。

◎ 我思我在

1. 吕明臣等人对网络语言的界定和纪凌云、崔娜对网络语言的界定有何异同?
2. "高光"好像已经照进我们的生活。选取下面几则说说"高光"的含义。

(1)胡安弗兰罚丢点球,成就了C罗最后一射奠定胜局的高光时刻。(《南方日报》2016年5月30日)

(2)首先是心态,以前你作为体育明星,可能因为成绩突出,一直高高在上,这样的明星运动员一开始进娱乐圈,可能会很高光,但是你要立足,首先你要交出作品,不然名气就会消沉,会被遗忘。(《广州日报》2016年9月23日)

(3)博阿斯能够入主上港队当然与他的履历和冲劲有关,他与球队头号球星胡尔克

专题 11　语言的狂欢——网络语言与汉语规范

的渊源也成了另一个重要原因。令人称奇的是：每每当博阿斯担任主帅时，胡尔克都能踢出高光表现。(《文汇报》2016 年 11 月 5 日)

(4) 部分"神作"甚至能够辐射影视、游戏、动漫等多个行业，实现全版权开发。如此高光表现，自然引得互联网巨头纷纷投身其中，跑马圈地。(《人民日报》2017 年 5 月 3 日)

(5)"红军都是钢铁汉，千锤百炼不怕难"，长征是共产党员和红军将士意志、勇气、力量集中迸发的高光时刻。(《人民日报》2016 年 9 月 26 日)

3. 网络语言的蓬勃发展不仅印证了"存在即合理"，更彰显了它独特的价值和魅力。你可能也是其拥趸者，说说你体会到的网络语言雅俗共赏的魅力吧。

4. 你让汉语"哭泣"过吗？请结合日常生活和学习，说说为什么规范汉字汉语势在必行。

※ 实践笃行

语 言 的 狂 欢
——网络语言与规范探讨

情境创设

随着时代的发展，"汹涌澎湃"的网络语言正逐渐改变中国人的语言习惯，很多网络流行语进入人们的现实生活，但是有些网络语言晦涩难懂，这给汉语规范带来极大的挑战，比如"人艰不拆""十动然拒""男默女泪"，你知道是什么意思吗？恰逢学校启动"网言网语"规范行动计划，请你加入此项活动吧！

活动准备

做好资料搜集工作，以"电子记录单"的形式记录在日常生活和网络、影视作品中的一些网络语言使用情况，然后通过班级 QQ 群或者微信朋友圈展示并初步交流。

语言家园
汉语运用

活动过程

环节一 "晒"网言网语

"忽如一夜春风来,网言网语遍地开""花枝招展处,蜂蝶云集,煞是好看",请你以小组为单位,搜集自己喜欢的网言网语,也可以自己创制最得意的网言网语。

参考示例:

1. "亲爱的观众朋友们,地球不爆炸,我们不放假;宇宙不重启,我们不休息;风里雨里节日里,我们都在这里等你。没有四季,只有两季。你看就是旺季,你换台就是淡季。"

2. "爱感动,不爱冷漠;爱真诚,讨厌虚伪;爱父母,爱朋友,也爱大自然;爱5毛钱的方便面,也爱50元一勺的哈根达斯;我不是谁的背景,也不是谁的前景;我就是我,我只代表我自己。"

环节二 "识"网言网语

采用小组合作的形式,对"网络语言"流行的原因、特点等进行探究。(任选一话题)

参考示例:

网络语言之所以能够广泛流行,甚至影响到主流媒体的主要原因是:

1. 使用网络语言的人数逐年增多。每年都有一些老年粉丝成为"网民",也有不少低龄儿童加入网络。

2. 网络语言表达的内容容易引起内心的共鸣。"好声音"舞台上,帕尔哈提被封为"灵魂歌者":那些用心唱歌,嗓音深深触动听众灵魂的歌手。

3. 网络语言表达的形式新奇独特。"坚持不住"偏要说成"hold不住","难受想哭"变为"蓝瘦香菇",既新奇又印象深刻。

4. 自媒体时代使得传播快速便捷。通过微信、QQ等方式,很快能够"刷屏""刷爆朋友圈"。

环节三 "辨"网言网语

多方互动,自由重组(教师也可参与其中),形成观点,收集材料,展开辩论。

参考示例:

专　题　问　道

专题11　语言的狂欢——网络语言与汉语规范

> 欢迎"网语"看过来

甲：我们知道自己需要什么样的语言，那些啰唆乏味的文字很讨厌，明明一个词或者一个符号就能说明白的事情，干吗非要绕来绕去呢？网络语言活泼幽默，用起来方便又时尚，语言就应该不拘一格，展现自我。我就是喜欢"网言网语"，好玩又充满个性。

乙：对我们年轻人来说，网络语言独具魅力。比如"菜鸟"就比直接说"你真是一个差劲的新手"有味道。虽然网络语言存在一些问题，但毕竟不能因为要倒脏水，便不假思索地连水盆也一起扔了吧。

> 拒绝"网语"看过去

丙：网言网语要"革"了现代汉语的"命"呀。如"我走先""郁闷ing"（郁闷着）不合语法规范；有些网络词语语义晦涩，如"B4"（以前）、"可爱"（可怜没人爱）等。这些错误的用法严重影响纯洁的汉字汉语。

> 专家观点交锋

彭嘉强（中国文学语言研究会副会长）：语言文字的魅力和风采应符合规范并带给人美的享受。从某种意义上来说，网络语言甚至是一种病态、狭隘心理的反映，它也违背了语言本身的发展规律。

屠聪艳（清华大学文学院）：汹涌澎湃的网络语言正逐渐改变中国人的语言习惯，很多网络流行语已经进入人们的现实生活，甚至改变了人们的一些生活习惯。我们的口头禅都是一些网络流行语。新网语将逐渐成为语言的一种趋势。

环节四　"用"网言网语

1. 拒绝无厘头的、不符合现代汉语规范的"网言网语"。

（1）让"火星文"迅速离开地球。

（2）弃用艰涩难懂的词语、成语和不符合汉语规范的句式。

如："人艰不拆""十动然拒""男默女泪"等。

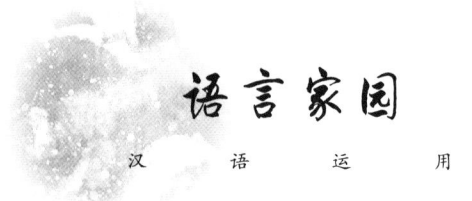

(3) 杜绝书写生造字,规范汉字书写。

2. 规范使用"网言网语",在现实中守住汉语汉字的澄明,并为其注入新的活力。

(1) 小组合作,共同推敲、规范使用网络用语。

参考示例:另类"大写的"

"猫咪居然会说话,大写的萌啊。"

"男神大写的帅把我迷得神魂颠倒。"

"室友跳舞滑倒真是大写的活该。"

"大写的"开始是一个强调理想化人物的褒义词,慢慢地用来修饰理想而美好的事物。在这些句子中,"大写的"甚至与低俗讳词连用,形成极致的消极表达。这些反面用法与"大写的"原本形容的美好的事物大相径庭。"大写的"网络意是将"大写"理解为把字写得更大,把要说的话突出得更明显而已,直接运用字面意义作为表意强调,应该规范更正。

(2) 学习主流媒体如何使用"网言网语",拟写"校园动态"并和小伙伴们交流。

活动自检

项 目		活 动 细 目	分值	自评
	活动准备	以"电子记录单"的形式记录在日常生活和网络、影视作品中网络语言使用情况	10	
活动过程	环节一"晒"网言网语	以小组为单位,搜集自己喜欢的网言网语,也可以自己创制最得意的网言网语	15	
	环节二"识"网言网语	采用小组合作的形式,对"网络语言"流行的原因、特点等进行探究(任选一话题)	15	
	环节三"辨"网言网语	多方互动,自由重组,形成观点,收集材料,展开辩论	30	
	环节四"用"网言网语	小组合作,推敲、规范使用网络用语,学习主流媒体如何使用"网言网语",拟写"校园动态"	30	

※ 闯关测试

有些网络语言有其存在的价值和意义,离经叛道却也不乏趣味;但一些却以叛逆

专题问道

专题11 语言的狂欢——网络语言与汉语规范

的姿态挑战传统语言,破坏了汉语的纯洁。你是"网言网语正名委员会"主席,请你把好每一关,不要让"不纯"之语蒙混过关。

第一关:初级题(35分)

1. "+U"现代汉语的规范写法为(　　) (3分)
   A. +油　　　B. 加U　　　C. 努力　　　D. 加油

2. 你才"槑"呢!"槑"其实是下列哪个字的异体字(　　) (3分)
   A. 傻　　　B. 梅　　　C. 蠢　　　D. 呆

3. "筒子"在现代汉语中相当于(　　) (3分)
   A. 出纰漏　　　B. 同志　　　C. 竹筒　　　D. 筒子楼

4. 今天理发师给我剪了个"吃藕"的发型(　　) (3分)
   A. 形似藕　　　B. 吃了藕　　　C. 靓　　　D. 丑

5. 我不会向你们"焁"(开火),"焁"的本义是(　　) (3分)
   A. 猛火　　　B. 取暖　　　C. 光明　　　D. 烧饭

6. 小美和小丽考上了不同的高中,临行道别,好不伤感。小美紧紧抱着小丽说:"要保重呀!"小丽也道:"你也要保重呀!"旁人看她俩小小年纪互道"保重"很惊讶。其实她们说的是:"_____"(4分)

7. "十一黄金周",小张一边游玩一边在朋友圈吐槽:"免费通行的高速公路堵得一望无垠。想着'身体和灵魂总有一个在路上',可是现实却让人崩溃。"朋友圈精辟评论:_____(4分)

8. 在纷繁的网络世界中,语言真可说是被"玩坏"了!"玩坏"这个网络词语,本身也是被"玩坏"了。说说下列句子中"玩坏"的含义。 (12分,每小题4分)

   (1) 使用了这个软件,感觉我把自拍玩坏了。"我"成了陌生的"我"。

   (2) 加了不明飞行物和科幻片中怪兽的雾霾天被网友们玩坏了,让人脑洞大开。

   (3) 一只会做出人类一样"沮丧"表情的鹦鹉,感觉被玩坏了!

第二关:中级题(45分)

9.《网络汉语词典》评选出了年度十大"网红"热词,"假"同学因未能进入排行榜非常生气。"我这个高频词都没有收入在内,这是一次假评选。"你赞同它入选吗?回顾自

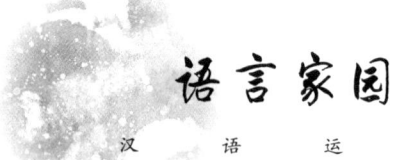

己的生活,写两个关于"假"同学的句子。 (7分)

示例:(考试不好就骂我)我可能遇到了个"假"妈妈。

解读:妈妈是"真"的,"妈妈都关爱自己的子女",这些心理预期都没实现,就用"假"来形容。

10. 网言网语的"前世今生" (20分,每小题5分)

(1) 古汉字"囧"本义为"光明",由于历史原因,逐渐淡出人们的视野。现在网络世界里,它成了表达沮丧、悲伤和无奈心情的代名词。如今它被网民称为"21世纪最牛的字",百度贴吧里专门为该字建立了囧贴吧。关于"囧"字的跟帖有10 600个,网上可点击的"囧论坛"已达500多个。请你说说"囧"字为何那么"囧"。

(2) 在20世纪,唯恐被冠以"土豪"帽子,避之不及。如今,我们却盼着有个"土豪"和我们做朋友。请结合网络用语和现实生活,细说"土豪"的华丽转身。

(3) "正能量",原先来自物理学名词,因为在网络上的广泛使用而被赋予了新的义项,举例说说"正能量"的新含义。

(4) 据媒体报道,某部队有一次进行队列训练。中队长刚下达命令,有一个新兵突然冒出一句:"我晕!"中队长听后赶忙走上前,关切地询问:"哪里不舒服,我送你上医院。"一句话引得大家哄堂大笑。请对中队长解释一下,别让他真的"晕"了。

11. 下面这两首诗的作者是赵丽华,作家,诗人。因风格独特,形式另类,赵丽华的诗作引发了网友的热议,被称为"口水诗",也被戏称为"梨花诗"。对此,你能接受吗?

(6分)

一个人来到田纳西

毫无疑问

我做的馅饼

是全天下

最好吃的

我坚决不能容忍

我坚决不能容忍

专题问道

专题11 语言的狂欢——网络语言与汉语规范

> 那些
>
> 在公共场所
>
> 的卫生间
>
> 大便后
>
> 不冲刷
>
> 便池
>
> 的人

12. 网络语言给中学生的写作提供了广阔自由的空间，你们可以选择自己喜欢的语言风格来表达喜怒哀乐。请先读读一则同龄朋友对"考试"的心声，选取生活中的素材仿写一则。（12分）

考 试

（仿李煜《相见欢》）

无言步入考场，心发慌，正襟危坐闭眼祷吉祥。

东瞧瞧，西望望，是惆怅，别是一番滋味在心上。

第三关：高级题(20分)

13. 根据下面这段文字内容，将对话补充完整。 （20分，每空5分）

王老师坐在桌前正在批改作文。突然，一段不知所云的话让她一头雾水："介锅太阳光走召弓虽，只能呆在家里。74偶了，偶只能对太阳大呼：表酱紫！人家热死了捏！就让偶开空调8！"她从教数十年，从来没见过这样的句子，愣是一个字也没看懂，简直无法相信。第二天，王老师便叫来了语文课代表小范同学，小范同学很快帮助王老师翻译了这段话："这个太阳光超强，只能待在家里。气死我了，我只能对太阳大呼，不要这样！我热死了！就让我开空调吧！"王老师听后，惊讶得下巴都要掉了。天哪！这还是汉语吗？

语文课时，王老师对同学们说："作文禁止使用奇形怪状的网络语言"。

小网同学抗议道：

王老师生气极了，但一时也找不出理由反驳，便说："明天，我们开展一场辩论赛，如果支持网络语言的同学输了，今后大家就不能使用网络语言！"

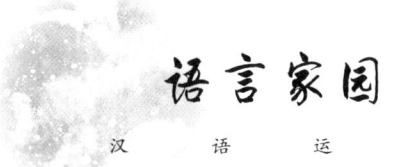

汉 语 运 用

第二天,倡议使用规范的现代汉语文字的小范同学和积极主张使用网络语言的小网同学进行了激烈的舌战。教室里充斥着火药味儿。

小网同学先发制人:

话音刚落,同学们便欢呼鼓掌。

小范同学从容登台:

言毕,台下一时寂静。突然,掌声雷动。

王老师起身说:

专题 12

文化全息码
——汉字与文化

几千年前,汉民族在冲积平原上发展起了农耕文化,从此酝酿了中正温厚的土地性格。这样的民族基因遗传给了汉文化的许多"子嗣",汉字就是其中之一。为什么西方理性,东方感性?为什么四大文明古国的古文字只留存了汉字?通过一个汉字,我们就能窥探汉民族的劳动场景、生活画面和情感世界。现在,让我们从汉字的衍射现象来反观汉字,获取关于汉字的 3D 感受,探究汉民族的文化精髓。

※ 含英咀华

仓颉作书①

昔在黄帝,创制造物。有沮诵、仓颉者,始作书契以代结绳,盖睹鸟迹以兴思也。因而遂滋,则谓之字,有六义焉。一曰指事,"上""下"是也;二曰象形,"日""月"是也;三曰形声,"江""河"是也;四曰会意,"武""信"是也;五曰转注,"老""考"是也;六曰假借,"令""长"是也。夫指事者,在 ▬ 为上,在 ▬ 为下;象形者,日满月亏,象其形也;形声者,以类为形,配以声也;会意者,止戈为"武",人言为"信"也;转注者,以"老"为寿考也;假借者,数言同字,其声虽异,文意一也。

◎ 我思我在

1. 文中说"日""月"是象形字,你能描摹出它们的古字吗?"日""月"合成"明"又是

---

① 节选自《历代书法论文选》(上海书画出版社 1979 年版)。

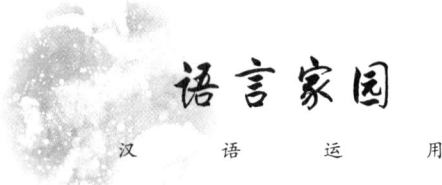

"六义"中哪种造字法呢？

2. 文中提到的"六义"，其实有两种是用字法，其余 4 种是造字法。你能推断出哪些是用字法，哪些是造字法吗？

3. 如果当时不用结绳，你能想出另一种用于记事的办法吗？这种办法是否最终还是会被文字所取代？

水[①]

林西莉

对中国人来说，只有黄河是河。河里的水才是水，湖水和海水不是水。"水"字是有着河道、旋涡和沙岸的一个河的形象，当我们站在岸边看着河道的时候，看到的正是这样。

在合成字中这个字仅仅被写成三点——中国习惯语称作"三点水"。

石刻文。周代。

还有很多其他的字用同样的方法表示河。其中一个字的意思就是"川"。中国西部一个省份的名字中就有这个字：四川——四条河之地——长江及其三条支流流经那里。

可能纯粹是巧合，表示水的字与表示河的字——出于相同的东西。我们在另一个字里看到一段河岸被弯弯曲曲的河汉围着。这个字完全符合"河"的概念，河流看起来完全是这个样子，但是它的意思却是"州"，河中小岛。后来这个字变成了行政管理单位的名字"州"，过去管理两千五百口人。如今这个字主要被当作地区用。

[①] 节选自《汉字王国》（生活·读书·新知三联书店 2008 年版），有改动。李之义译。林西莉（1932—　），瑞典人，教授、作家和摄影家。主要作品有《古琴》《汉字王国》。

专题问道

专题12 文化全息码——汉字与文化

州 州 州 州 州

对于最初的定居者来说,河是生活的中心。河是很大的威胁,但也是很大的机会。在试图驯服和利用河的过程中成长起来的社会不同于我们的社会。我们说单个是强大的,想想那些森林中的伐木者和荒原上的开拓者就是这样。中国人会说单个是无力的,有成千上万只手才能保住河堤。几千人共同努力才能开河挖渠、引水灌溉。没有共同的努力便一事无成。

就是在这片肥沃的黄河泥沙冲击的土壤上诞生了华夏文明,但是当黄河泛滥时,也是在这片相同的土地上繁荣的村镇被掩埋。在一米厚的细黄泥底下它们一动不动地躺着。农民在上面种小米和玉米,当人们开渠或挖井,有时候会发现精美的青铜器,然后他们拿到附近的城市去卖给文物商人。华北平原上布满隐藏的城市,但是人们还只来得及挖掘出少数几个。

人们开始改造黄河,修了一连串发电站和水库以及几千公里的新河堤,特别是在通向大海的两岸种植了很多树,河道被固定住。

黄河流经山西、陕西等水土流失严重的山区。河水在松软的黄土地上留的印迹与我们在旁边看到的"州"字很相似。这里的石刻文是按周朝后期的实物原样复制的。

语言家园

汉 语 运 用

◎ **我思我在**

1. 在解说"水""川""州"时,除了字形,作者还分别从什么角度来谈?

2. "水"的字形源自水流淌的柔美线条,水被赋予了许多性格特质,如似水柔情、上善若水……你还能想到哪些词语?说说水被赋予的特质。

3. 国际音乐家谭盾幼时在湘江边嬉戏,几十年后因为这段童年记忆,他创作了具有实验性质的水乐。你在艺术中遇到过与水有关的作品吗?谈谈水给你在这个作品中的感受。

※ **学者谈片**

汉字:汉民族文化思维的镜像①

高林波

汉字是中国文化史上第一项民族心智系统工程,它充分体现了汉民族的传统思维方式。最简单的象形文字也都包含着从感觉到抽象,从具体形象到抽象概念这一逻辑思维的萌芽。

汉字的构形体现了汉民族思维方式的具象特征。古文字的构思往往是"仰则观象于天,俯则观法于地,视鸟兽之文与地之宜,近取诸身,远取诸物。"汉字造字的"六书"即以"画成其物,随体诘诎"的"象形"为基础的。"指事"是在象形的基础上加标记来指事的,"会意"是在原象形的基础上逐步深化,通过形象的复合来提示人们的思维和联想的,实际上是一个动态的象征符号,"形声"则是在象形符号的基础上增加声符来扩大文字再生产的。这充分体现了汉民族思维典型的形象特征。这种形象特征往往是多样化的。例如女性的形象在汉字中既有双手放在腹前的,又有带发的,还有描眉、突乳、哺乳的。有些事物的属性是无形的东西,如声音、气味等,先民为这一类意义的语词来构造文字,同样得到了生动的展现。例如,甲骨文的"声"字有这样的构形:一只手拿着一柄小锤敲击石磬,再画上一只耳朵,一张口。手执小锤敲击石磬这一基本图形即是对声音的曲折表现,还嫌不够,所以再用"口"形来暗示有声音发出,用"耳"形来强调声音入耳,通过这种意象图

---

① 选自《吉林师范大学人文社会科学版》2006年第1期,有改动。

专题问道

专题12 文化全息码——汉字与文化

形,把本来是听觉器官的声音,转化成能看到的声音。这是化无形为有形的典型例子。

汉字的构形浸透着汉民族辩证思维方式的运思法则。汉字的字形为方块形,不论独体字还是合体字,都必须置于预先设定的方框内,书写时总是围绕方框内的一个焦点,向上下或左右两极或上下左右四极延伸,力求所构造出的字体的各个部件围绕着造字取意的角度,既能凝聚成一个整体又呈谐调对称,这是汉民族"造化赋形,支体必双,神理为用,事不孤立"辩证自然观对汉字字形的制约和体现。汉字字形构成谐调对称的有机整体,具体而又集中地展示了汉民族辩证思维中的两两相对又相互补充的运思原则。汉字有一大批字都成对地用同一义符设计,在形体上对称,在结构上互补,渗透着汉民族祖先的阴阳意识。例如地势分"阴阳"、婚姻分"嫁娶"、元气分"魂魄"、明暗分"昊杳"、双手分"左右"、牲畜分"牝牡"、禽鸟分"雌雄"、方位分"上下"、形体分"凹凸"等。

汉民族的系统思维方式,在汉字中也有充分的体现。上古的会意造字方法,体现了汉民族对各种事物之间关系的综合思考。如"弃",甲骨文写作双手持簸箕,端走一个新生的还淌有羊水的婴儿的形状,表示欲弃置于外。"召",甲骨文写作将食器中盛满肉一类的诱人食物的形状,表示召人前来就餐、聚会、谋事等。"寒"甲骨文写作代表房屋、人、草、冰四类象形符号组成一个符号集群以表示寒冷的抽象意义,即冬天来了,冰天雪地,屋子非常冷,人只好钻进草中御寒。

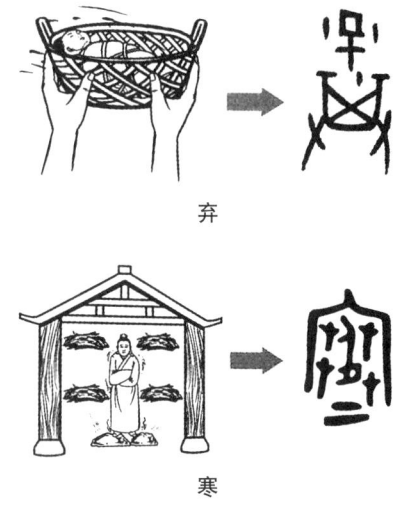

弃

寒

"盥"的造字方法就是"双手在盆中用水洗",由"双手""盆""水"这些相应对象组成一个字表达它们环绕的核心"洗"的意思。"涉"的造字方法反映了"两足分立跨过水"的形象,由两"趾"和"水"这些对象组成一个字表达核心"跨过"的意思,此类的例子不胜枚举。

汉字作为汉文化的代码,记录了汉文化的全部历史。每个汉字都贮存着丰富的信息,都有自己的发展史。汉字所贮存的难以穷尽的信息,给人以丰富的联想和智慧的启迪,具有极高的文化价值和史料价值。可以毫不夸张地说,保持了表意体系的汉字,本身就是历史,就是古代社会的多姿多彩的画卷,是中国传统文化的镜像。

汉 语 运 用

◎ **我思我在**

1. 文中第3段提到"嫁娶"等词渗透着阴阳意识,你还能找出一些吗?如:

凤_____ 子_____

2. 这种阴阳辩证意识是汉字特有的吗?其他文字有吗?比如你熟悉的英语。

3. 右图为"丰"的古文字写法及图解,联系文中提及的镜像现象,你能看出其中蕴含了哪些思维方式吗?

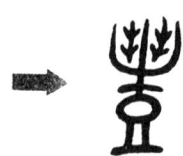

小篆　　楷体

※ **实践笃行**

我 是 谁
——探寻姓名的意义

情境创设

课间,程一苇和万晴在教室外的走廊上闲聊。

程一苇:哎,我这名字人家都以为是个男的……

万　晴:我的名字太普通了,人家都记不住……

程一苇:那为什么取这个名字呢?

万　晴:好像因为出生后老是下雨,也总生病。爸妈希望雨早点停,身体也能好起来,就取名为"晴"。你呢?一苇,是不是和我们刚学的《赤壁赋》有关啊?

程一苇:是的,我妈怀我的时候翻《诗经》,翻到"谁谓河广?一苇杭之"觉得很美,就取了这个名字。她还说"程"是左右结构,"一"是独体字,"苇"是上下结构,写起来比较好看;读起来,二一三的声调也比较上口。

万　晴:这么妙?原来我们的名字都有来历啊。

专题问道

专题12 文化全息码——汉字与文化

程一苇：是啊,我属羊,民间说属羊的最好名字里有草。正好,"苇"补了草。

万　晴：那属猴的补什么呀?

程一苇：猴子爬树,补木。你姓"万",那有姓亿的吗?

万　晴：我看过一期电视节目《中国国家地理》,那期专门讲姓氏,还有像姓茶米油盐酱醋。

程一苇：啊? 还有姓油盐的啊?

万　晴：有啊,他们找到江苏一个老爷爷姓盐的。然后还有数字类,十百千万亿。

程一苇：哦,古龙小说《多情剑客无情剑》里最后死在李寻欢手下的就叫百晓生。还有姓亿的呀?

万　晴：是啊,有趣吧? 我们分头去研究一下,到时候把研究结果分享一下吧。

程一苇：好啊!

活动准备

1. 采访前先列一个采访提纲,准备录音工具,以便采访后整理记录。

2. 查阅《说文解字》《图解说文解字》等与汉字有关的书籍,观看纪录片《史说汉字》,了解汉字的特点、规律及发展趋势;搜集常用汉字检索网站,以便活动过程中使用。

3. 了解相关知识,如抓周的风俗,姓氏的起源,取名的方式,以及名与字的关系。

抓周取名的知识背景

钱锺书周岁时,按风俗"抓周",他抓了一本书。旧俗认为,小孩子抓到的这件东西,就代表着他的志向。钱家是书香世家,他的父亲钱基博很满意,因此给儿子取名"钱锺书","钟爱书本"之意。

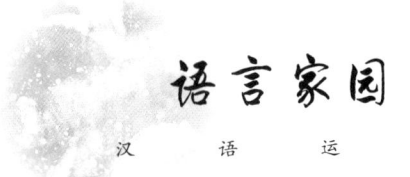

语言家园
汉语运用

活动过程

环节一　姓名寓意

采访父母或其他长辈,询问与姓氏有关的家族历史;采访给自己取名的长辈,询问名字的由来和当时的情况。

环节二　姓氏探究

(1) 姓氏由来

查阅资料,了解自己姓氏的起源、义项及字源、异体字的演变等。

(2) 姓氏历史

查阅资料,从字的形变了解姓氏的历史,看看与你同姓的有哪些名人,在地域的发源和变迁上是否有联系。如有家谱的,可查阅了解。

环节三　姓名探究

(1) 造字探寻

判断自己的名字是哪种造字法,并在汉典网站上查询,证实自己的判断是否准确。

(2) 义项衍化

试着写出自己的姓名分别有几种义项,每种写出1—3个相关词语。然后查阅《说文解字》《图解说文解字》《现代汉语词典》或汉字网等网站,总结名字的释义及字义衍化。

(3) 姓名新悟

通过采访和探究,你对自己的姓名是否有了新认识?试着记录下来。

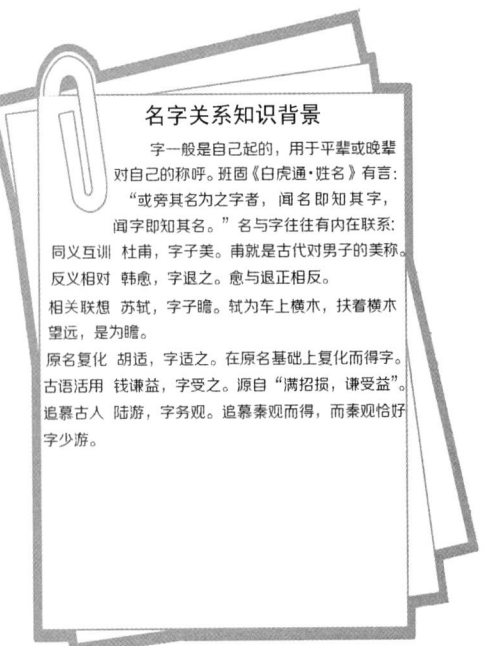

名字关系知识背景

字一般是自己起的,用于平辈或晚辈对自己的称呼。班固《白虎通·姓名》有言:"或旁其名为之字者,闻名即知其字,闻字即知其名。"名与字往往有内在联系:
同义互训　杜甫,字子美。甫就是古代对男子的美称。
反义相对　韩愈,字退之。愈与退正相反。
相关联想　苏轼,字子瞻。轼为车上横木,扶着横木望远,是为瞻。
原名复化　胡适,字适之。在原名基础上复化而得字。
古语活用　钱谦益,字受之。原自"满招损,谦受益"。
追慕古人　陆游,字务观。追慕秦观而得,而秦观恰好字少游。

环节四　有名有字

根据名与字的几种关系,给自己取一个字。

环节五　成果分享

将自己的探究成果做成PPT,在"我是

专 题 问 道

专题12 文化全息码——汉字与文化

谁——姓名探究"分享会上作报告;将自己的探究成果和相关PPT在家族聚会时分享给同姓的族人。

活动自检

项　　目	活　动　细　目	分值	自评
活动准备	1. 采访提纲有重点、亮点,能详细了解当时的取名情况、名字由来及赋予的意义	10	
	2. 通过书籍、视频学习汉字的相关知识,学会使用汉字相关网站	10	
	3. 了解与姓名相关的风俗文化	10	
活动过程	环节一 姓名寓意　有效记录访谈对象的谈话重点、亮点,了解自己名字的由来	15	
	环节二 姓氏探究　能翻阅书籍、查找网页,了解自己姓氏的历史	10	
	环节三 姓名探究　利用书籍及网络资源,了解自己姓名在字形上的特点、字义上的衍化情况	15	
	环节四 有名有字　了解取字文化,并在此基础上给自己取一个有意蕴的字	15	
	环节五 成果分享　报告清楚有条理,讲解生动自然,能与听众互动	15	

※ 闯关测试

弱冠之年,你计划上京赶考,要经历层层筛选,考验你对"汉字与文化"专题的学习成果,看看你能闯到哪一关吧!

第一关:院试(15分)

1. 下列女字旁的字中,含有对妇女歧视甚至侮辱意味的是(　　)(多选)　(3分)

A. 好　　　　B. 妨　　　　C. 婆　　　　D. 佞　　　　E. 婪

2. 中国人喜欢借谐音讨吉利。下列选项中对行为的叙述有误的是(　　)　(3分)

A. 春节贴"福"字倒着贴,取福到之意。

B. 祭灶王爷时,要吃汤团,只是取来年甜甜蜜蜜之意。

语言家园
汉语运用

C. 年画上画大胖小子抱个大鲤鱼,取年年有余之意。

D. 新婚夫妇被褥下放枣、花生、桂圆、莲子,取"早生贵子"之意。

3. 江浙一带的菜市场,买卖猪舌头不叫舌(蚀)头,叫赚头。与这种现象相似的是(　　)(多选) (3分)

A. 日本大阪"地铁"写成繁体"鐵"字,而不是简体"铁"(二字在日本通用),因简体字"铁"是失金,地铁失金,对地铁公司来说不吉利。

B. 打渔人家吃完鱼的一面后不能说"翻面"。

C. 台湾基隆,原名鸡笼,后改名为基隆。

D. 酱菜广告的广告语为"酱(将)出名门"。

4. 某机构通过对1 100名网友调查,排名前十名的最有价值汉字统计如下:

名次	1	2	3	4	5	6	7	8	9	10
文字	德	信	孝	诚	善	仁	和	礼	义	清
票数	8 359	7 897	7 385	7 267	7 220	6 439	7 151	5 256	4 302	4 006

请归纳这些汉字能够入选最有价值汉字的原因。 (6分)

恭喜你通过院试成为秀才! 笔墨指数╱你有资格参加乡试。

第二关:乡试(20分)

5. "亦声"就是会意兼形声字。如"婚"字,《说文解字》表述为"从女从昏,昏亦声"。婚嫁自然从"女",古时嫁娶拜堂多在黄昏之时,所以又从"昏"旁,这是会意造字法。但是"昏"又表示读音兼任声旁,因而"婚"字就具有会意兼形声的特点。下面不属于亦声字的是(　　) (3分)

A. 娶　　　　B. 芹　　　　C. 汐　　　　D. 返

6. 以下方言不是表示"喜欢"的是(　　) (3分)

A. 粤语区:中意　B. 吴语区:欢喜　C. 闽南地区:佮意　D. 巴蜀地区:巴适

7. 古人一车驾四马造出了"驷"字,一车驾三马就造出"_____"字,双马驾一车就造出"_____"字。 (4分)

专题12　文化全息码——汉字与文化

8. 唐代武则天根据"日月当空"之意而自造了一个字作为她的名字,这个字是"_____",字的音义同"照",从造字角度看颇有创意。（2分）

9. 花鸟字,又叫龙凤字,因为常常用于书写某个人的姓名,故也叫名字画。它利用多彩画笔,一气呵成,巧妙地融字、画于一体,表达出吉祥喜庆等多种效果,曾盛行于民间。你能看出以下几幅花鸟字分别写了什么吗？（4分）

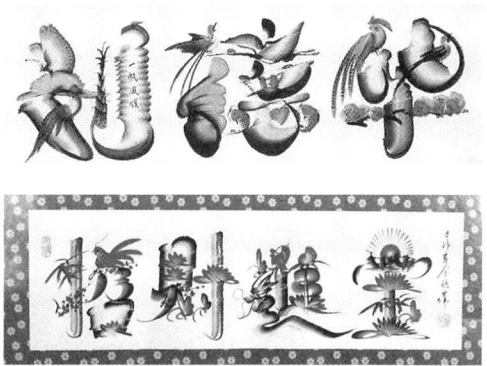

10. 一姓潘的男青年娶了姓何的姑娘。喜庆当日,所贴的婚联颇有特色,该联采用拆字对,上联将男方的姓氏"潘"拆分成"有田有米有水"。请你也依据拆字对的要求对女方的姓氏进行拆分作为下联,并注意符合结婚的情境和对联平声收尾的要求。（4分）

恭喜你成为举人！笔墨指数 ／／ 你有资格参加会试。

语言家园
汉语运用

第三关：会试(31分)

11. 某药厂的"胃气冲剂"介绍其功能与主治时说"得嗳气或矢气则舒"，"嗳气"就是打嗝，"矢气"就是"屁气"，也就是放屁。说"屁气"显得不雅，于是说成"矢气"。这种文字运用方法属于"六书"中的"_____"。 (2分)

12. 金、银、铜、铁、铂、锡、硫、碳、硼、汞、铅是古代已知的元素，故无须造字。而其余的化学元素的汉字大约要到20世纪才被创造出来。这些字分为两大类：音译和意译。音译字的音符基于化学家或地名的音节而来。如：

Na(Natrium)＝金＋内→钠

Ar(Argon)＝气＋亚→氩

而意译部分音符不仅表音，还描述了该物质的性质。如：

溴：味道臭

请推测当初给以下化学元素造字的人的用意。 (6分)

氯：_____

氢：_____

氮：_____

13. 请将空白处填写完整。 (4分)

许慎在《说文解字》中提出，汉字"美"取"羊大为美"的构形义理。有学者曾这样分析：

第一，视觉的，对于羊的肥胖强壮的姿态的感受；第二，味觉的，对于羊肉肥厚多油的官能性的感受；第三，触觉的，_____；第四，_____。这些感受归根到底来源于生活，包含着心理的爱好、喜悦、愉快等，可以叫作幸福感吧。

14. 以下三幅篆刻作品写了什么，你能认出来吗？ (9分)

专题问道

专题12 文化全息码——汉字与文化

15. "写出让宇宙能重来的诗篇,天雨粟鬼夜哭思念漫太古"是五月天乐队一首歌的最后两句歌词,里面隐含了一个人,而这个人的名字正是这首歌的歌名。你知道是谁吗？"天雨粟鬼夜哭"又是什么意思？ （4分）

16. 右图为电视剧《大明宫词》中的一张剧照,如果你是这部戏的艺术总监,你会怎么评价？ （6分）

恭喜你成为贡士!

笔墨指数 ／／／ 你有资格参加殿试。

第四关：殿试(34分)

17. 正月十五元宵节的灯会正在城隍庙热热闹闹地进行着,来看看你能猜出几条灯谜吧。 （6分）

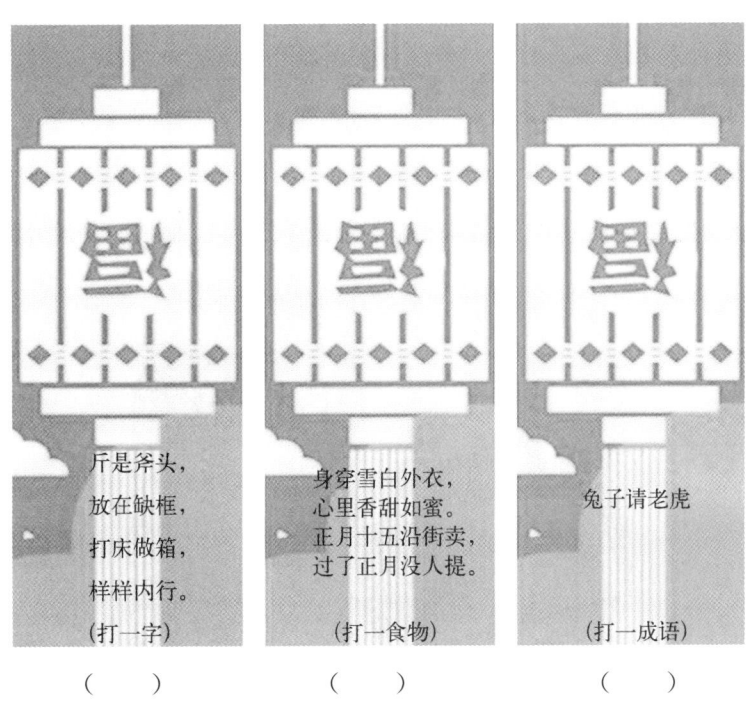

斤是斧头,
放在缺框,
打床做箱,
样样内行。
(打一字)
（ ）

身穿雪白外衣,
心里香甜如蜜。
正月十五沿街卖,
过了正月没人提。
(打一食物)
（ ）

兔子请老虎
(打一成语)
（ ）

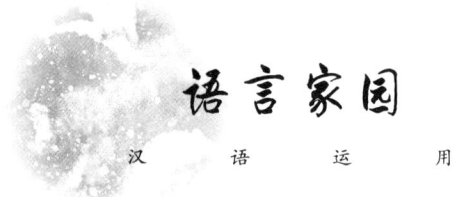

语言家园
汉语运用

18. 右图是一张节水主题的海报，你能看出设计者的用心吗？（6分）

19. 图1是艺术家徐冰为2016韩国"欢乐春节"文化活动题写的英文方块字书法"HAPPY CHINESE NEW YEAR"。（6分）

图1

图2是某公司请徐冰设计的奖项关键字，虽然是英文单词，但却用了宋体风格去表现。其中第一个是 Will，请据此推断后两个是什么英文单词？

图2

徐冰的《英文方块字书法》作为一件当代艺术品在西方展示时，最初是以"书法教室"的方式展出的：将画廊改成教室，教室里有桌椅，有黑板，有笔、墨、纸、砚。观众进入一间"中文"书法教室，但参与书写后发现，实际上是在写他们自己的文字。

如果这场展览在你所在的城市举办，你会去参观吗？你对这种艺术形式持什么态度？

专题问道

专题 12　文化全息码——汉字与文化

20. 台湾第一个现代舞团"云门舞集"一直以来都在寻找中国传统文化与现代舞表达形式的契合点,其中"行草三部曲"就是用身体去表现书法之美的。

(1) 右图为"行草三部曲"的剧照,你能看出背景中的"永"字来自哪幅书法作品?它属于哪种字体呢?　　(2 分)

(2) 行草是中国的、古老的,"云门舞集"为"行草"所作的背景乐却用了大提琴,你觉得大提琴和行草搭吗?为什么不用传统乐器表现?　　(4 分)

21. 下图是一则微博。浏览图文后,请在空白处填写你的评论。　　(4 分)

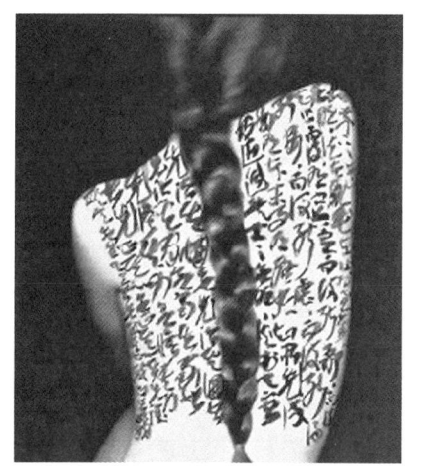

身体书法

"乱书"《心经》

白漆《易经》

书法界老顽童王冬龄,跨界更出位。从 2012 年在裸女身上创作身体书法,到 2016 年以 71 岁高龄在太庙前狂奔"乱书"《心经》,以及在太庙大殿用白漆和不锈钢镜面创作

语言家园

汉语运用

《易经》,不啻为对传统书法的一次次颠覆。到底是书法艺术家还是行为艺术家?是乱书还是乱写?是宣扬文明还是博眼球?是发展书法还是消费书法?

左手倒影: 太庙大殿里那幅作品真心无法接受,白漆和不锈钢镜面。王老师,我服了你!

不靠谱先森: 太庙写《心经》不是和公园里老大爷地上写字一个道理吗?为什么老大爷我们点赞,王冬龄就批判?

逗比猫:

资深宅男: 我觉得很美啊,为什么非得固守传统才是对的?戏曲如果不改革早就死了。越剧有了西洋乐器的加入,舞美道具的改善,不仅留住了老票友,还拉拢了年轻人。

安哲草原: 其实在身体上写书法也不是王冬龄首创的,电影《枕边书》里早就有了。

在路上: 传统书法,宣纸、运笔力度与墨的洇染效果直接相关,这皮肤怎么和墨产生洇染效果啊?这还是书法吗?

恍恍惚惚: 感觉书法跟人体结合简直是亵渎艺术。

Floral: 还创新呢?这是博眼球吧。

满地滚的节操: 尺度好大,但从艺术角度来欣赏,也是一种创新吧,画面冲击感挺强的。如果能因此带动更多人热爱书法不也挺好?

22. 方言在词汇、语音和语法上保留了一部分古汉语的特点。在粤语地区,人们说到"遗"时,发音为"wei",这与古汉语"遗"作"给"之意时的发音一致。而"仆街"中的"仆"在古汉语中就是"倒下"之意,在成语"前仆后继"中依然保留了这条义项。在你熟悉的方言中,你能发现其中所保留的古汉语痕迹吗?可以从词汇、语音、语法上展开论述。 (6分)

恭喜你成为进士!

写作而没有目的,又不求有益于人,这在我是绝对做不到的。

——列夫·托尔斯泰

说话周到比雄辩好,措辞适当比恭维好。

——培根

如果说有一门学科与心灵关系最近,那无疑是语文;如果说有一门学科与生活关系最近,那无疑也是语文。心灵和生活共同指向语文的两极,从而使语文不仅拥有诗和远方,还有了扎根大地的力量。因而本板块的关键词是"实用":"锦心"侧重于实用写作,"应世致用"就是它的目标;"绣口"侧重于实用口语,"互动对话"就是它的生活情境。我们希望你借此获得回归大地和生活的能力,第一流的文字在土地上生长,最终回到土地;从生活中诞生,最终走向生活。

# 应世致用

※"解释和说明"写作活动

"我让你知道"

——"解释和说明"类文章写作训练

解释和说明类文章的写作,好比你吃过一样特别好吃的食物,看过一档非常精彩的节目,去过一个很棒的地方旅游,做出了一道比较复杂的习题,现在你要把这个好吃的食物、好看的节目、好玩的地方和复杂的答题过程介绍给小伙伴,你会如何介绍呢?

第一,我们要充分了解向小伙伴介绍的主体是什么(弄清说明的对象)。

第二,我们要充分把握介绍主体的特征,它的最为人称道之处是什么(抓住对象的特征)。

第三,我们要选择一个清楚而又合理的顺序作介绍(理清说明的顺序),比如空间顺序、时间顺序、逻辑顺序等。

第四,为了帮助我们把事物说清楚,这其中我们可能要用到一些方法(掌握说明的方法),比如举例子、作比较、列数字、分类别、打比方、下定义、作诠释、引用、列图表等。

第五,写文章时,我们还要关注文章的说明结构。一般来说,解释和说明类的文章可分为:并列式、递进式和总分式。有时全文只有一种结构,有时多种结构交替使用。

实战演练

美食制作之旅

情境创设

美食的诱惑总是无处不在。有时,我们吃到一种非常好吃的食物,或看到一个非常棒的美食节目时,会想与小伙伴一起分享,可小伙伴没有品尝过,也没有看过,这时候我们该如何表达呢?这就需要我们用文字去介绍和说明,下面就让我们踏上一段专属于美食的文字之旅吧!

语言家园

汉语运用

活动过程

请你完成"饼干制作"的说明文。

环节一　介绍烤箱的构造和使用方法

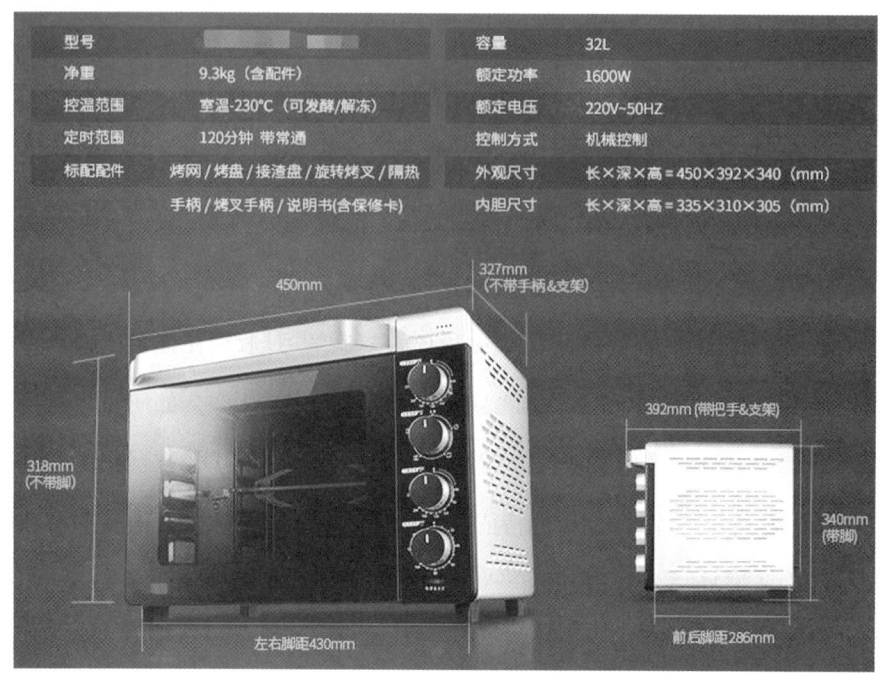

烤箱作为一款非常方便实用的家用电器,正越来越多地进入到我们的家庭中,为我们贡献一道道营养丰盛的美味。

你知道烤箱的构造和使用方法吗?下图是家用烤箱的配件图,请你根据这个图片用合适的语言和顺序介绍烤箱的构造,以及使用方法。200字左右。

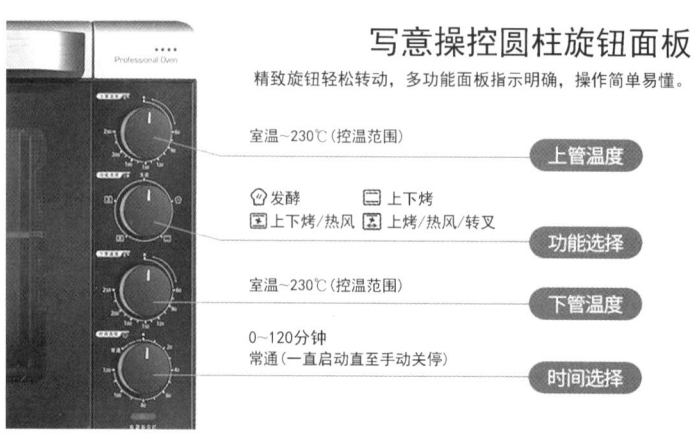

内置耐高温照明灯

烘焙少不了观察食物变化，有灯一目了然。
灯光柔和不刺眼，可拆式灯罩方便清洁/换灯。

环节二　介绍用烤箱制作蔓越莓饼干的方法

现在我们可以来制作美味的蔓越莓饼干了！下面是制作蔓越莓饼干的图片，请你根据图片，按照一定的顺序，运用一定的方法写出制作饼干的流程。500字左右。

○ 食材明细

低筋面粉	全蛋液	黄油	糖粉	蔓越莓干
115克	15ML	75克	60克	35克

甜味	烤	一小时	普通
口味	工艺	耗时	难度

① 准备材料。

② 黄油软化后，加入糖粉，搅拌均匀，不需要打发。

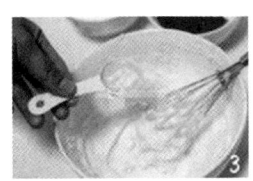

③ 再加入1勺鸡蛋液，搅拌均匀。

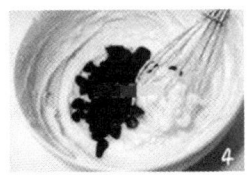

④ 倒入切碎的蔓越莓干。

小贴士

打发：蛋糕饼干等制作过程中的一种方法，指黄油、奶油、鸡蛋等被搅拌至呈现细腻泡沫的状态。

语言家园

汉语运用

⑤ 将蔓越莓与黄油搅拌均匀。

⑥ 倒入低粉,搅拌均匀。

⑦ 用手揉为面团。

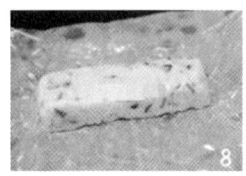
⑧ 用手把面团整形成宽约6CM、高约4CM的长方体,放入冰箱冷冻至硬(约1个小时)。

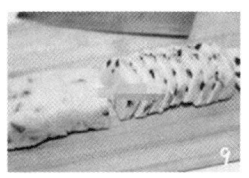
⑨ 冻硬的长方形面团用刀切成厚约0.7CM的片。

⑩ 切好后放入烤盘,放进预热好的烤箱,165度,中层,约20分钟,至表面微金黄色即可。

小贴士

1. 这款饼干,黄油不需要打发。
2. 饼干胚放入烤盘时,饼干间隙要大一些,这样才不会因为饼干受高温膨胀而发生粘连。
3. 没有糖粉,可以用搅拌机(或带有此功能的榨汁机)把白砂糖打成糖粉即可。

环节三 给蔓越莓饼干写一段推荐语

现在,我们去参加甜品大赛,参赛作品就是这道蔓越莓饼干,请你为这道美食写一段推荐语。字数不少于100字。

环节四 评价

恭喜你,完成了任务!现在,请你依据下面的评分标准,对自己的文案进行自我评价,或者找周围的小伙伴帮你评价一下吧。

活动自检

项　目	活　动　细　目	分值	评分
1	能将对象情况介绍清楚	10	
2	能将对象特点描述准确	20	
3	解释说明有条理	20	
4	能适当运用方法（如打比方、列数字等）	20	
5	文章条理清楚、结构清晰、逻辑严密	20	
6	文章语言准确，没有语病	10	

 互动对话

※"申诉"口语活动

"我要你听见"

——"申诉"口语训练

小红最近看了影片《杀死一只知更鸟》，这部经典的好莱坞电影呈现了好几场精彩的法庭戏，让小红对辩护、申诉发生了兴趣。正巧，这几天有人在她居住的小区附近举办音乐节，每晚都到24:00才结束。小红虽然也喜欢摇滚，但不可否认，小区居民的作息被打扰了。小红的妈妈是小区业主代表，她让小红准备一份申诉材料送交相关部门，希望尽快帮大家解决此事。

小红有些茫然，于是去找正在法律系就读的小刚商量这件事。

小红：我要跟哪个部门申诉啊？

小刚：应该向主管部门反映。

小红：是啊。通过什么方式申诉呢？

小刚：传统的申诉有书面申诉、当面申诉、电话申诉，现在也有网上申诉、微信申诉。

语言家园

汉语运用

你这个事儿选择电话申诉最直接吧。

小红：对，其他都不妥。我可以打电话到市长热线。但是，怎么操作啊？

小刚：你先了解下具体情况，比如音乐节每天几点开始几点结束，他们是唱民谣，还是玩重金属？

小红：都有，23:00后还很热闹，确实挺困扰的。

小刚：以前也发生过这种事儿，一个老太太打电话到电台去了，第二天歌手唱了一首歌就结束了。

小红：那说明申诉有效，哈哈哈。

小刚：可行的。然后你问下大家意见，希望几点结束，再去电话申诉。

小红：就可以了？

小刚：当然要跟踪反馈情况啦，如果今天晚上还这么晚，你得继续向相关部门反馈落实情况。

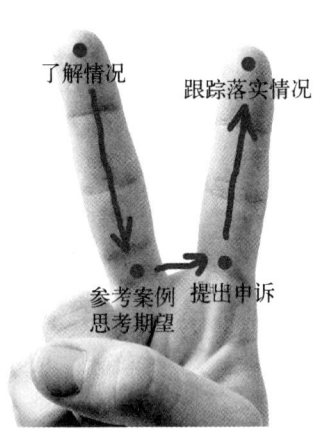

小红：那我要怎么说呢？

小刚：先陈述下事由。说得周全些，让人家明白来龙去脉，方便处理，但也别没完没了，要有重点。

小红：这个放心吧，没问题。然后得亮出观点了吧。

小刚：当然，你看法庭上不都是开门见山先亮出观点再论证的吗？

小红：《费城故事》里丹泽尔·华盛顿为汤姆·汉克斯辩护的时候，一开始就要证明对方因汉克斯有艾滋病而解雇他是违法行为。

小刚：然后说说期望。有音乐节是个高兴的事儿，城市格调不一样了，但是闹腾到这么晚不是所有人都能接受的。你可以提一下我刚才说的那个例子。这次时间紧，下次遇到类似情况，你可以查下文件、条例什么的。

小红：对，有理有据，说话有底气。

小刚：凡事客观点总是好的。你陈述的时候也别为了达到目的刻意夸大，人家一核实，发现事实并非如此，对处理事情反而不利。

小红：明白，《费城故事》里被告的女律师一连举了6个事实，实在太酷了！对了，还得一条条说,思路要清楚,对吧?

小刚:对,别人一听,这个姑娘年纪小小,通情达理,印象好,会引起重视的。

小红:我要是说着说着激动了怎么办?

小刚:那看情况吧,你这个事情比较小,要冷静。我家以前住在交警大队旁边,经常听到伤者家属哭的。人家心里难过,哭也是真实情感的流露,策略上确实也能打动人,会有一定申诉效果。不过个人反对情感泛滥,不认同把哭闹作为手段。

小红:你这么一说,我心里有底啦,谢谢了!

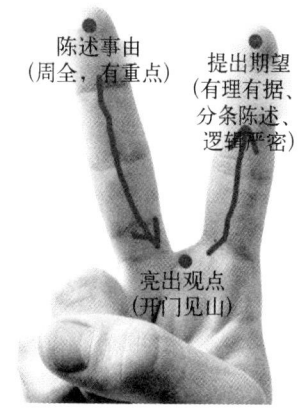

实战演练

我为你发声

情境创设

中秋节快到了,M中学高二(3)班团支部书记李雷计划在中秋之夜,在学校的露天广场上举行中秋诗词朗诵会。然而这个提议被学校否决了。高二(3)班的同学们很失望,但他们依然想争取一下。于是他们请李雷代表大家向学校申诉,希望中秋诗词朗诵会能如期举行。

活动过程

环节一 了解

李雷先要了解具体情况才能提出合理申诉。你认为他要了解哪些情况呢?请填写下面的表格。

校方反对的原因	
受理申诉部门	

语言家园

汉 语 运 用

环节二　准备

李雷去申诉前,在衣着、仪态上要注意哪些地方？请填写下面的表格。

衣着		
仪态	表情	
	举止	
	态度	
	语气	

环节三　表达

1. 李雷在陈述事由后,从校方角度揣测不同意的几条理由,你认为会有哪些,而李雷又将如何应对呢？请填写下面的表格。

校方反对的理由	应　对　的　方　案

2. 消除校方的忧虑后,应趁热打铁,说说这个诗词朗诵会带来的好处。李雷想从学校、学生和家长的角度去谈。

角　　度	好　　处
学校的角度	
学生的角度	
家长的角度	

3. 最后,李雷为了让校方吃上定心丸,要表表决心。他该怎样做才能使校方放心地同意他举办诗词朗诵会呢？

新课标 新语 新学习

我学我秀

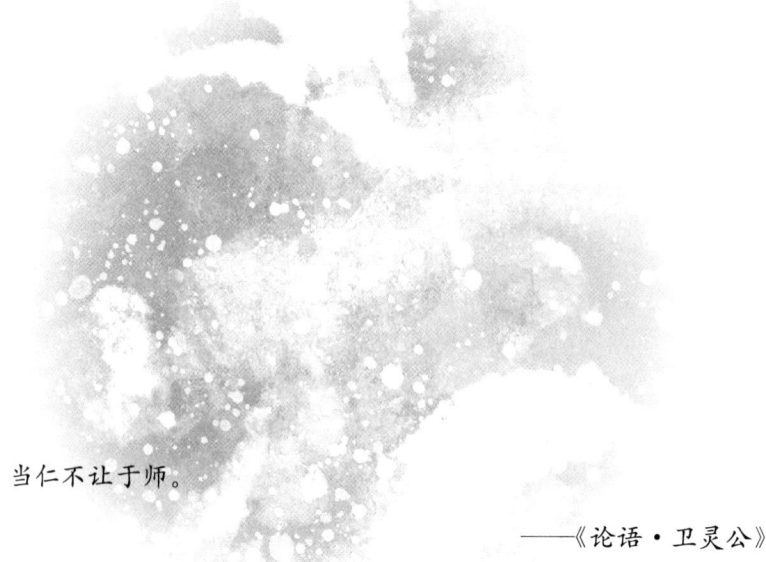

当仁不让于师。

——《论语·卫灵公》

在本次学习之旅即将结束之时,我们为你送上两份礼物:"展览平台"收录的是你的同龄人在旅程中的成果,我们希望这些成果给你借鉴,予你鼓励,期待看到属于你的独一无二的作品;"自我评估"则是一份综合测试题,当然它不是日常考试的模样,我们希望给你的是一种更友好、更灵活的面孔,你可以借此评估自己的学习收获。

所有的相遇都指向分离,但学习不是。你读过的这些文章、思考过的这些问题,以及写过的这些文字都化成了你的一部分,跟随你,永不分离。

 **展览平台**

※ 专题8"实践笃行"成果

裁笺半尺,写字一副
——对联文化趣味探究

在学习了"语言的魔方——对联与文化"专题后,H中学的同学们跃跃欲试,他们寻访校园,尝试撰写对联。

校门

（一）

师传人间道

校迎天下生

（二）

桃李竞芬芳　于斯为盛

杏坛多俊秀　惟此有材

教学楼

（一）

风水雨露如恩师教诲

成德立志为国家栋梁

（二）

峥嵘岁月数十载,在往昔

征战沙场凯旋归,看今朝

图书馆

（一）

金鞍寻芳客

语言家园
汉语运用

万卷别有春

（二）

书海有宝需寻觅

阅来中外聚古今

食堂

（一）

忆盘中佳肴来之不易

思田中老农劳作艰辛

（二）

酸甜苦辣口味绝妙

脂肪蛋白营养齐全

自我评估

综 合 测 试

同学们：语言是人类的家园。语言积累、梳理与探究和汉字汉语专题研讨这两个任务群的学习，不仅体现了你的语言水平，更折射出你的文化素养和精神底蕴。经过这些专题的任务学习，想必你已找到"回家之路"了吧？下面是语言闯关测试题，分为初级题（90分）、中级题（40分）、学霸题（20分），闯关成功就能得到150分，你就成为学霸级同学了，那就来试试吧！

第一关：初级题(90分)

1. 你认识下面诗句中的繁体字吗？选项中繁体字使用有误的一项是（　　）（3分）

A. "落花人獨立，微雨燕雙飛。"

B. "風蕭蕭兮易水寒，壯士一去兮不複還！"

C. "昔我往矣，楊柳依依；今我來思，雨雪霏霏。"

D. "老骥伏枥,志在千里;烈士暮年,壮心不已。"

2. 繁体字是中国传统文化艺术的结晶,经常出现在书法作品中,你能准确辨认出右图书法作品中的繁体字吗?请选出正确的一项是(   ) (3分)

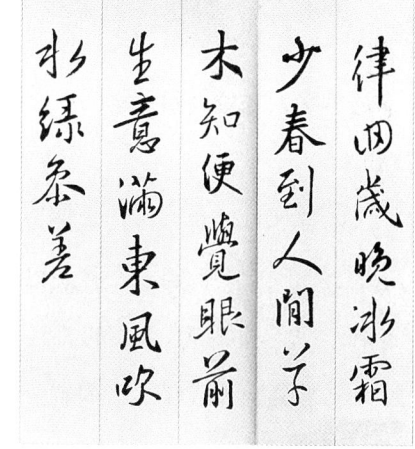

A. 律回岁晚冰霜少,春到人间草木知。便觉眼前生意满,东风吹水绿参差。

B. 律回岁晚冰霜少,春到人闲草木知。便觉眼前生意满,东风吹水绿参差。

C. 律回年晚冰霜少,春到人闲草木知。便觉眼前生意满,南风吹水绿参差。

D. 律回年晚冰霜少,春到人间草木知。便览眼前生意满,南风吹水绿参差。

3. 下列文字选自刘醒龙作品《我的河山我的家》,请你选出完全没有错别字的一项是(   )   (3分)

A. 小街的青石,光滑得像是从沧桑中溜出来的一页志书。小街的板房,粗犷得像是垂垂兮长者在守侯中打着盹。小街的空旷,幽幽地像是明眸之于女子越情深越虚无。(《丽江:在母亲心里流浪》)

B. "昔闻洞庭水,今上岳阳楼"。湖与楼的相得益彰,如老友古旧,端坐于云谲波诡的中国历史长河中经年交谈,以心换心。浩荡的气势与悠久的内涵,使岳阳楼成为唐以后诗人墨客的心灵栖息地,孟浩然、李白、杜甫、白居易、刘禹锡……(《沉郁岳阳楼》)

C. 就像任何一座桥的诞生,看上去是人对河流的超越与征服,其内心深处共鸣的反而是人对自然的顿悟与臣服。也只有这样去想,才能明白为何武汉城市中人,不理古典,独尊新桥,实在是因为这座桥是长久以来人们心中普遍存在的一个情节。(《武汉的桃花劫》)

D. 故乡是人的文化,人也是故乡的文化。那一天,面朝铺天盖地的油菜花野,我在故乡新近崛起的亚洲最大的钢构件生产基地旁徘徊。……没有哪座故乡不是有品格的。一个人走到哪里都有收获思想与智慧的可能。(《钢构的故乡》)

4. 阅读下文,选出□□内最适合填入的选项是(   )   (3分)

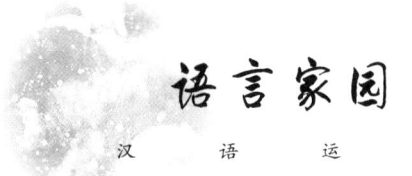

语言家园

汉　语　运　用

逛香山,则为消焦灼、蓄元气,更为避世。躲开车马鼎沸的□□、巍楼悍厦的逼视,远离骨骼与骨骼的撞击、欲望与欲望的火并、粗口与粗口的对骂……草木乃最安静、最富美德的生物,也是肉体最伟大的□□:献花容以悦目、果茎以充腹、氧气以呼吸、□□□□□,还承接人之垃圾和秽物……没有草木,我们真是一秒也活不成。(王开岭《多闻草木少识人》)

A. 聒噪　　母亲　　太阳以普照　　B. 喧闹　　母亲　　林荫以蔽日

C. 聒噪　　保姆　　林荫以蔽日　　D. 喧闹　　保姆　　太阳以普照

5. "犬",亦即狗,与人的关系有点异乎寻常,非其他动物可比,这种关系反映在语言文字上,亦颇耐人寻味。下列有关"犬"旁的汉字释义有误的一项是(　　)　　(3分)

A. 默:犬暂逐人也。假借为人静穆之称。

B. 状:犬形也。引申为形状,如类之引申为同类也。

C. 犯:侵也。本谓犬,假借之谓人。

D. 狎:犬可习也。引申为凡劝勉之称。

6. 瑞典作家林西莉的《汉字王国》,以图文并茂的形式讲述了中国文字的起源和特点,分析了中国人的生活方式和风俗习惯,从而使人加深对文字的理解。下列选项均选自该书,请你选出对汉字的理解和叙述有误的一项是(　　)　　(3分)

A. "子":令人依赖的生命,再现了一个婴儿的形象。它使我想起了我的弟弟妹妹小时候的情形,他们伸着胳膊躺在床上或摇篮里,裹着棉毯。大大的头,令人怜爱的小身躯。

B. "好":女和子组成"好",文字的创造者是考虑一个人有了女人和孩子生活得不错,还是考虑一个女人和自己的孩子在一起感到幸福? 或者他是考虑这个女人能生孩子很好,很能干?

C. "保":人和子组成"保",在甲骨文和金文中,我们在一些情况下看到孩子抱在成人怀里,在其他情况下孩子被背在身后,直到今天中国人仍然这样背孩子。

D. "奴":女字和手字放在一起的意思是"奴"。手代表奴隶的劳动,家里有一个地位低微的女仆人,或者代表女奴在他家里从事的繁重劳动。

7. 孟子提出"仁、义、礼、智",董仲舒扩充为"仁、义、礼、智、信",后称"五常"。"五常"贯串于中华伦理的发展中,成为中国传统价值体系中的最核心因素。下面对"五常"的文字表述中,选出你认为不恰当的一项是(　　)　　　　　　　　　　　　(3分)

A. "仁",单立人,一个二字,意思是亲善友爱;有同情心。如仁爱、仁慈、仁厚、仁义。

B. "義",羊部,下面是我,意思是人与人之间的感情联系。如义气、义举。

C. "禮",衣部,右边是曲、豆,意思是为了对神祇、祖先、宾客等表示敬意,或对社会活动中某些重大事件表示庆祝、纪念而举行的仪式。

D. "智",日部,上边一个知字,意思是聪明,有见识,有远见,有头脑,有灵性。如智慧、智力。

8. 鲍鹏山先生在《庄子——永恒的乡愁》一文中指出:孔子是一贯严正而间或幽默的;孟子是气势汹汹、咄咄逼人的;韩非子是怀才不遇、冷峻孤单的;但庄子呢？他的表情太丰富了,一会儿是尖锐无比的人生解剖师,一会儿是沉湎往事的诗人,一会儿是濮水上的泛舟者、垂钓者,一会儿是土屋前困坐无聊的穷汉。下列成语或典故中,不能体现庄子上述特点的一项是(　　)　　　　　　　　　　　　　　　　　　　　(3分)

A. 缘木求鱼　　　B. 惠子相梁　　　C. 濠梁之辩　　　D. 濮水垂钓

9. 下列有关对联的文字,选出□□内最适合填入的一项是(　　)　　(3分)

绍兴鲁迅的"三味书屋"两侧柱子上有一副对联:"至乐无声唯孝悌,□□□□□□□。"其中的"三味"是什么意思呢？按一般的说法,"三味"出自宋人李淑的《邯郸书目》,"读经味如稻粱,□□□□□□,读诸子百家味如醯(xī)醢(hǎi)",可见"三味"是用饮食比喻各类典籍的特点,勉励学子努力读书。

A. 太羹有味是诗书　　读史书如肴馔　　B. 诗书有味似清香　　读史书如肴馔

C. 太羹有味是诗书　　读史味如肴馔　　D. 诗书有味似清香　　读史味如肴馔

10. 中国城市名称往往折射出当地的历史和文化积淀,城市名字和城市印象已经成为不可分割的整体。比如青岛,青山碧海一半岛;天津,相声,包子,津津有味;蚌埠,盛产蚌珠的港埠。下列选项中,对城市名称的寓意解释有误的一项是(　　)　(3分)

A. 秦皇岛,秦始皇求仙入海之岛,是中国唯一用古代帝王称号来命名的城市。

B. 大同,取自"天下大同之地",有"北方锁钥"之称,"大同"是古代政治上的最高理想。

C. 威海,意为"通向大海的地方",得名于松江的一条支流。

D. 上饶,得名于"山郁珍奇,上乘富饶",在古代这里是物产丰饶之地。

11. 据《二十四史》记载,"中华第一望族"——山东琅琊王氏家族从东汉至明清1700多年间,居然培养出36个皇后、36个驸马和35个宰相,成为中国历史上最为显赫的家族。有人认为,王氏家族显赫的原因可能跟其倡导的为人处事的家规有关,你知道王氏的六字家规吗?请选出正确的一项是(　　)　　　　　　　　　　(3分)

A. "言宜慢,心宜善"　　　　　　B. "玉不琢,不成器"

C. "毋临渴而掘井"　　　　　　　D. "凡是人,皆须爱"

12. 美国民谣歌手鲍勃·迪伦被授予2016年诺贝尔文学奖,他的歌词富有诗的魅力。下列歌词中,不属于他的作品《答案在风中飘荡》的一项是(　　)　　(3分)

A. "一只白鸽子要越过多少海水,才能在沙滩上长眠。"

B. "一个人要抬头多少次,才能够看见天空。"

C. "到底要花费多少生命,他才能知道太多人死亡。"

D. "你们挣得的所有金钱,都无法买回你们所谓的灵魂。"

13. 汉语方言之间的差别主要在于语音,当然也有词汇和语法上的差别,请选出下列苏州话换成普通话的表达有误的一项是(　　)　　　　　　　　(3分)

A. (苏州话)"俚走出弄堂门口,叫啥道天浪向落起雨来哉。"

(普通话)"你走出胡同口儿,竟然天上下起雨来了。"

B. (苏州话)"啊呀,格爿天末实头讨厌。"

(普通话)"啊呀,这种天么实在讨厌。"

C. (苏州话)"还是蛮蛮好格哦,那咾会得落雨格介?"

(普通话)"还是很好很好的呀,怎么会下雨的呀?"

D. (苏州话)"又弗是黄梅天,现在是年夜快哉呀!"

(普通话)"又不是黄梅天,现在是快过年啦!"

14. 下列有关方言的知识,请选出有误的一项是(　　)　　　　　　(3分)

A. 吴方言以上海话和苏州话为代表,主要分布在上海、浙江和江苏等地,是仅次于北方方言的第二大方言。

B. 湘方言,以长沙话为代表,分布在湖南大部分地区,以及四川、广西等地。

C. 客家方言,也叫客家话,是不以地域而以人群命名的方言,以梅县话为代表。

D. 闽方言,以广州话为代表,主要分布在福建、海南、台湾、广东潮汕和雷州半岛等地区。

15. 文言实词的理解需要根据上下文推断猜测的功夫,请结合语境,选出下列句子中对"丧其元"理解准确的一项是(   )   (3分)

"昔齐景公田,招虞人以旌,不至,将杀之。志士不忘在沟壑,勇士不忘丧其元。孔子奚取焉?取非其招不往也。"(《孟子·滕文公下》)

A. 丧失了他的宝贝　　　　　B. 失去了自己的元宝

C. 被砍头　　　　　　　　　D. 失去了自己的衣服

16. 书斋,是中国文人生活不可或缺的一部分。古代文人也常为自己的书斋命名,或者题写对联,以此表明志向,寄托情怀,勉励自我。下列对联均出自古代文人的书斋,请选出不能一一对应的一项是(   )   (3分)

A. 苏轼:发奋识遍天下字,立志读尽人间书。

B. 陆游:万卷古今消永日,一窗昏晓送流年。

C. 诸葛亮:淡泊以明志,宁静而致远。

D. 王夫之:几间东倒西歪屋,一个南腔北调人。

17. 如果将当下的流行语改写成文言文,语言就显得典雅而有灵性,请选出下列流行语与古文对应有误的一项是(   )   (3分)

A. 我已经使出了洪荒之力。文言:太古滔滔之气,一泄于此。

B. 友谊的小船说翻就翻。文言:与友同游,动辄覆舟。

C. 你这么厉害,咋不上天呢?文言:汝乃天骄,何不上九霄?

D. 生活不止眼前的苟且,还有诗和远方。文言:孺子含辛,隐忍不啧。

18. 成语故事体现了中华传统文化和历史积淀,每一个成语的背后往往都有一个意义深远的故事,下列成语中相对应的历史名人和出处有错的一项是(   )   (3分)

A. 一字千金:吕不韦,出自《史记》"布咸阳市门,悬千金其上,延诸侯游士宾客有能增损一字者予千金"。

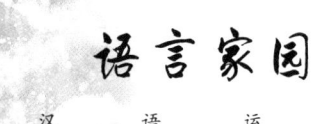

语言家园
汉语运用

B. 东山再起：谢安，出自《晋书》"隐居会稽东山，年逾四十复出为桓温司马，累迁中书、司徒等要职，晋室赖以转危为安"。

C. 老当益壮：王勃，出自《后汉书》"丈夫为志，穷当益坚，老当益壮"。

D. 程门立雪：程颐、杨时，出自《宋史》"见程颐于洛，时盖年四十矣。一日见颐，颐偶瞑坐，时与游酢侍立不去。颐既觉，则门外雪深一尺矣"。

19. 下列语段中空格处依次填入的成语最恰当的一项是（ ）   （3分）

对于梁庄的两大姓——韩姓和梁姓而言，很显然，他们是梁庄的主人。但是，也有不同角色的定位。两百多年来，梁姓和韩姓一直处于□□□□的状态。梁姓在文化上始终落于下风，韩姓信主的家庭特别多，读书的人很多，在气质和修养上，甚至在相貌上都显得□□□□，但也因此而在背后遭到很多诋毁。梁姓一直以来对信主很排斥，也许他们觉得跟着韩姓人到处跑太丢人。在政治上，梁姓则一直占上风，两百多年来都是梁姓做族长、支书，掌管村里事务。直到最近十几年，才被韩家人夺了过去。梁家人虽然会政治斗争，但是，经济上却一直都不行，在改革开放时代，□□□□地被赶下台去。（梁鸿《中国在梁庄》）

A. 明争暗斗 超凡脱俗 顺理成章

B. 明争暗斗 脱胎换骨 毫无悬念

C. 鹬蚌相争 脱胎换骨 顺理成章

D. 鹬蚌相争 超凡脱俗 毫无悬念

20. 中国人自古守礼谦逊，长幼尊卑有序，在人的称谓上极其讲究。下列选项中关于称谓方式说法有误的一项是（ ）   （3分）

A. 称字，是为了便于他人称谓，对平辈或尊辈称字出于礼貌和尊敬。苏轼写给弟弟苏辙的《水调歌头·明月几时有》："丙辰中秋，欢饮达旦，大醉，作此篇，兼怀子由。"这里的"子由"就是苏辙的字。

B. 称号，一般只用于自称，以显示某种志趣或抒发某种情感；对人称号也是一种敬称。欧阳修号"六一居士"，杜甫号"草堂野老"，白居易号"易安居士"，袁枚号"随园老人"等。

C. 称籍贯。唐代诗人孟浩然是襄阳人，故而人称孟襄阳；张九龄是曲江人，故而人称张曲江;柳宗元是河东(今山西永济)人,故而人称柳河东。

D. 称官名,把官名用作人的称谓在古代相当普遍。贾谊当过长沙王太傅就称贾太傅,王羲之官至右军将军世称王右军,苏轼曾任端明殿翰林学士就称苏学士。

21. 2017年1月14日,著名语言学家、"汉语拼音之父"周有光先生去世,享年112岁。周有光生前对"知识分子没有被收买"这一问题发表了深刻的见解,下列句子中有语病的一项是(　　)　　　　　　　　　　　　　　　　　　　　　　(3分)

A. 知识分子没有被收买。被收买就是你的思想歪曲了,不会思考了。假如你还会思考,就没被收买。

B. 王国维是真正有创造的知识分子。他的学术著作数量不多,但是质量非常高。真正能创造的人不一定知识很广博,知识广博和创造是两回事情。

C. 学问有两种,一种是把现在的学问传授给别人,像许多大学教授做的就是贩卖(传授)学问;第二种是创造新的学问。

D. 知识分子最应该关注什么?很简单,应当向民主和科学道路推进,继续提倡中国民主科学道路。

22. 汉字是维系中华民族的文化纽带,是中华民族的护身符。汉字生生不息,是世界上生命力最强的古老文字。请选出对汉字表述不恰当的一项是(　　)　　(3分)

A. "怪",竖心旁,一个圣。怪,心向圣人靠拢就怪?什么是怪?行为不合常理、不可思议、与众不同、荒诞不经,就是怪。想想,还真是不无道理。哪个圣人不是人群中的另类?

B. "俗",人和谷在一起,人和食物在一起,就俗。想想,还真是这么回事。俗人、俗套、俗气、俗事、俗世,我不禁惊叹,汉字真是充满智慧!

C. "人",一撇,一捺,好简单啊!从形象上看,这不是两个人在顶角吗?相反、矛盾、冲突、对立、善与恶、美与丑、爱与恨、情与仇、正与邪、公与私……

D. "出",山,一座山,两座山,前边是山,后边是山。走出去,就要翻山越岭;走出去,就要上山下山。看着这个出字,我的眼前仿佛展开了一幅画卷,山海茫茫,云海茫茫,烟雨茫茫,四野茫茫,一个少年身背行囊,头戴斗笠,独自走在崎岖的山路上……

23. "岩石用大海翡翠的语言交谈""远山迎面飞来把我撞成严重的内伤""你发如雪

语言家园

汉语运用

凄美了离别"……这些句子由于词语临时打破语言常规,形成文学语言的"陌生化",产生独具魅力的效果,这就是语言的超常搭配现象。下列句子中,对语言超常搭配现象赏析有误的一项是( )　　　　　　　　　　　　　　　　　　　　　　　　(3分)

A. 老舍:"在他心的深处,他似乎很怕变成张大哥第二——'科员'了一辈子,自己受了冤屈都一点也不敢豪横,正像住惯了笼子的鸟,遇到危险便闭目受死,连叫一声也不敢。"句中"科员"临时作动词用,语义由表示静态变为动态,突出了"科员"的平庸、卑微,增强了语言的形象性。

B. 王蒙:"天太大。海太阔。人太老。游泳的姿势和动作太单一。胆子和力气太小。舌苔太厚。词汇太贫乏。胆固醇太多。梦太长。床太软。空气太潮湿。牢骚太盛。书太厚。"这段语言由大量名词、名词性短语或分句连缀而成,强化了主人公豁达、乐观的情绪,句式新奇、利落。

C. 莫言:"越过劫路人的尸首时,奶奶侧面一视,污秽扎眼,一百万只肥胖的蛆虫把那人吃得只剩下些残渣余孽。"句中"残渣余孽",现代汉语词典释义为比喻残存的坏人,但从修辞角度看,"余孽"的使用冲淡了画面描写上的丑陋与恐怖,创造了一种调侃的效果。

D. 刘亮程:"我记得他们往墙上扔土块和泥巴,一个人站在高高的墙上,一个人在墙下往上扔土块,扔的时候喊一声,喊声和土块一起飞上天。"在这一修辞语句中,"土块"是正常的描写对象,"喊声"是它的伴随物,有了"土块"的陪伴,"喊声"也就获得了"质感",与"土块"一起飞腾起来,从而对被挑衅者形成了巨大的压力。

24. 请你选出下面这段话的语序排列正确的一项是( )　　　　　　　　(3分)

① 修辞学是西方显学之一,自亚里士多德以来,修辞学在西方的人文学科中一直居于比较重要的位置。无数学者皓首穷经,在修辞学领域漫步深思。

② 中国较早关心修辞意义的是孔子,他提出的"辞达而已矣"就是一种修辞观念。

③ 亚里士多德将修辞学定义为"在某一特定场合下寻求一切可利用的说服手段的功能"。

④ 不过后继的研究者大大地扩展了修辞的基本功能,现在关于修辞已经成为一门有"劝说""语言使用""劝说效果""社会动员""有效的演说策略"等话语范畴的学问。

⑤ 著名学者皮埃尔·布尔迪厄则指出,修辞的目的就是"使一个团体获得某种授权

的意志、计划、希望和前途",从而将主体意图"变得可以被识别,甚至可以被错误识别"。

⑥ 这一定义在很长时间内影响着西方修辞学的研究传统。

A. ①③⑥④②⑤　　　　　　B. ①③⑥④⑤②

C. ②④⑤⑥①③　　　　　　D. ②④①③⑤⑥

25. 朱光潜先生在《谈美书简》中指出,我国古诗词创造中往往赋予自然景物以人的行动性格、生命及思想情感,使自然景物反映出人和社会生活的美。这就是美学所称的"移情作用",下列诗句中不属于此类的一项是(　　)　　　　　　(3分)

A. 李白:"相看两不厌,只有敬亭山。"

B. 杜甫:"颠狂柳絮随风舞,轻薄桃花逐水流。"

C. 白居易:"座中泣下谁最多?江州司马青衫湿。"

D. 姜夔:"数峰清苦,商略黄昏雨。"

26. 民歌往往既有地方特色,又有富有"谐趣",即幽默感。下面这首民歌就是谐、隐和文字游戏的结合,请选出理解正确的一项是(　　)　　　　　　(3分)

"哈?豆巴,满面花,雨打浮沙,蜜蜂错认家,荔枝核桃苦瓜,满天星斗打落花。"

A. 这首民歌是四川人嘲笑花旦的幽默表达。

B. 这首民歌是四川人嘲笑麻子的幽默表达。

C. 这首民歌是广东人嘲笑麻子的幽默表达。

D. 这首民歌是广东人嘲笑花旦的幽默表达。

27. 大寒是二十四节气中的最后一个节气,《授时通考·天时》引《三礼义宗》:"大寒为中者,上形于小寒,故谓之大。寒气之逆极,故谓大寒。"下列古诗句中不属于描写大寒节气的一项是(　　)　　　　　　(3分)

A. 旧雪未及消,新雪又拥户。阶前冻银床,檐头冰钟乳。(邵雍《大寒吟》)

B. 宿鸟惊飞断雁号,独凭幽几静尘劳。风鸣北户霜威重,云压南山雪意高。(文同《和仲蒙夜坐》)

C. 泥牛鞭散六街尘,生菜挑来叶叶春。从此雪消风自软,梅花合让柳条新。(王镃《立春》)

D. 平明羸马出西门,淡日寒云久吐吞。醉面冲风惊易醒,重裘藏手取微温。(陆游

语言家园

汉语运用

《大寒出江陵西门》)

28. 回文诗是我国古典诗歌中一种较为独特的体裁。据唐代吴兢《乐府古题要解》的释义:"回文诗,回复读之,皆歌而成文也。"它运用汉语特有的修辞手法,形成具有特色的语言表达方式。右侧这首回文诗,描述了外出游玩的生活和情趣,最符合意境的一项是( )　　　　　　　　　　　(3分)

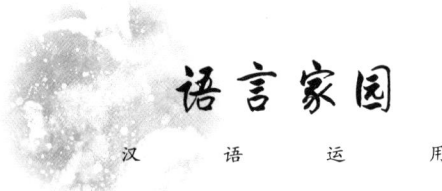

A. 赏花归去马如飞,如飞酒力微醒时。醒时已暮赏花归。

B. 暮已时醒微力酒,微力酒飞如马去。飞如马去归花赏,去归花赏暮已时。

C. 赏花归去马如飞,去马如飞酒力微。酒力微醒时已暮,醒时已暮赏花归。

D. 暮已时醒微力酒,力酒飞如马去归,去归花赏暮已时。

29. 望,篆体𦣠字《说文解字》:"望,月满也,与日相望,似朝君。从月,从臣,从壬。壬,朝廷也。"意思是一个人伫立在那里,抬头举目,仰望明月,可见"望"的本义是"远望"。随着时代的变迁,字形的演变,"望"字词义不断扩展、日益"虚化"。下列选项中属于"望"字本义的一项是( )　　　　　　　　　　　(3分)

A. 吾尝跂而望矣,不如登高之博见也。(《荀子·劝学》)

B. 王如知此,则无望民之多于邻国也。(《孟子·梁惠王上》)

C. 若望仆不相师,而用流俗人之言。(司马迁《报任安书》)

D. 王谢二氏,最为望族。(秦观《王俭论》)

30. 有个呆秀才,晚上被臭虫咬了,他对妻子说了三次,妻子都没理他。最后,秀才实在被臭虫咬得熬不住了,不得不改换说话方式。妻子翻身而起,埋怨说:"你早这样说,不就好了!"下列选项中,秀才的哪句话让妻子真正听懂了( )　　　　(3分)

A. "贤妻,迅燃玉灯。你夫被毒虫所袭。"

B. "身如琵琶,尾似钢锥。叫声贤妻,打个亮儿,看是何怪物也。"

C. "老婆子,快给我点灯吧! 我被臭虫咬得受不了啦!"

D. "夜之宁静,倏忽被破。虫之嗡嗡,扰我美梦。贤妻救我,快哉快哉!"

第二关：中级题(40分)

31. "只学一篇韵文便识天下汉字"，郑州大学郭保华教授用三年多时间将4 000汉字著成一篇韵文《中华字经》，全文共一千句，无一字相重，涵盖了百科又韵语成章。下面是《中华字经》的部分文字，你能把其中的繁体字改写成相应的简化字吗？　(5分)

諸子百家，孔孟老莊。扁鵲靈醫，魯班巧匠。

羅盤硝藥，針灸疗伤。蔡伦畢昇，鑒真玄奘。

易经論語，史記達暢。河圖洛書，算術九章。

西三紅水，聊儒瓶廂。詩詞曲賦，戲劇說唱。

32. "乐"字是多音字，含义不同，读音有异。请根据词义，把下列关于"乐"的词语分别放入不同的书卷中，并梳理其中的规律。　(3分)

乐坛、欢乐、奏乐、乐不思蜀、乐善好施、极乐世界、交响乐、乐章、乐极生悲、乐观、乐曲、仁者乐水、乐天知命、乐府

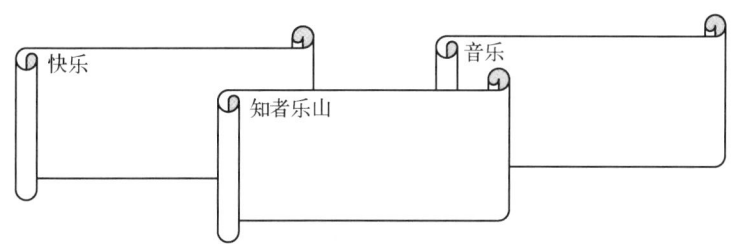

33. 玫瑰，读作"méiguī"还是"méigui"？拖累，读作"tuōlèi"还是"tuōlěi"？道行，读作"dàoháng"还是"dàoheng"？根据有关媒体的统计数据，在2006—2014年间下列词语是"最易读错的"，你能读对几个呢？这些词语为什么会"最易读错"？

请你根据范例，选择其中的一个词语，试从解释、辨析、例句三个方面加以梳理。　(6分)

生肖　答应　拾级而上　馄饨　打扮　舍利

瓦窑堡　道行　琢磨（问题）　拖累　玫瑰

生肖	shēngxiào (√)
	shēngxiāo (×)　出错率 73.4%
	频次 2 678

【释】代表十二地支而用来记人的出生年的十二种动物，即鼠、牛、虎、兔、龙、蛇、马、羊、猴、鸡、狗、猪。如子年生的人属鼠，丑年生的人属牛等。也叫属相。

【辨】"肖"有xiāo和xiào两个读音。读xiāo时，指姓；读xiào时，指相似，像的意思，如"酷肖"。

【例】①按照顾客的需要，年糕可以做成金元宝、生肖（shēngxiào）兔等形状，吸引了不少市民。(2011年1月24日中央人民广播电台《新闻和报纸摘要》)

②以青花瓷与十二生肖（shēngxiào）相结合设计的"瓶瓶安安"系列花灯是今年花灯展的主角。(2013年2月11日中央电视台《新闻联播》)

34. 下列这副对联是"九·一八事变"后，中华民族处于国难深重之时，有人愤然为死难者写的挽联，请你谈谈对其内涵的理解。　(4分)

语言家园
汉语运用

上联：死

下联：韦

35. 比较下列两句话,品味加点字在不同语境中的含义。 (4分)

"不为无益之事,何以遣有涯之生。"(项鸿祚)

"若不为无益之事,何以悦有涯之生!"(董其昌)

人生无益之事多矣,项鸿祚将写词为文看作无益之事,董其昌将绘画、藏画和参悟画道视作无益之事。到底该如何看待在有涯之生做无益之事?

36. 屈原《离骚》中说:"皇览揆余初度兮,肇锡余以嘉名:名余曰正则兮,字余曰灵均。"名字,往往寄寓了父母的美好期待,体现了一种价值追求,这是中国独特的语言文化现象。请你从下列名字中选择两个,说说它的寓意和文化内涵。 (4分)

张博闻 朱俊杰 木婉清 周芷若 屠呦呦 王守仁

37. "规"字当选为2016年度国内汉字,反映了怎样的民生诉求和时代特点? 请简要陈述你的看法。 (3分)

38. 中华诗词,以其独特的魅力,传诵千年。作为电视节目中的一股清流,2017年《中国诗词大会》圈粉无数。节目中,最精彩的环节是"飞花令"——借鉴古人诗词之趣,每场比赛增设一个关键字,在限制时间内,由场上选手轮流背诵含有关键字的诗句,直到有人背不出认输。金陵,有"六朝古都"之誉,历来是文人墨客吟咏的对象。今天,我们来一场金陵"飞花令"可好? 你能背出几首有关金陵的诗词曲?

(6分,答出一首得1分)

39. 小品《老伴》在2017年春晚播出后,"蔡明怼人金句"等文在网上走红。《环球时报》2017年2月20日刊登了标题为"怼天怼地怼媒体的特朗普,终于让美国人民美了一回!"的文章。你知道"怼"字的来历吗? 请你梳理出"怼"字的几种含义,并举例说明。

(5分)

第三关：学霸题(20分)

40. 阅读下面的一段话,试从口语和书面语的角度说明其中蕴含的道理。 (5分)

宋吕居仁《轩渠录》有一段很有趣的记载:

族婶陈氏顷寓岩州,诸子宦游未归。偶族侄大琮过岩州,陈婶令作代书寄其子,因口

208

我 学 我 秀

授云:"孩儿要劣姘子,又阅阅(音吸)霍霍地,且买一把小剪子来,要剪脚上骨茁(上声)儿肨(音胖)胘(音肢)儿也。"大琮迟疑不能下笔。婶笑云:"原来这厮儿也不识字!"闻者哂之。因说昔时京师有营妇,其夫出戍,尝以数十钱托一教学秀才写书寄夫云:"窟赖儿娘传语窟赖儿爷,窟赖儿自爷去后,直是忔(音肝)憎儿,每日根(入声)特特地笑,勃腾腾地跳,天色汪(去声)囊,不要吃温吞(入声)蠖托底物事。"秀才沉思久之,却以钱还之,云:"你且别处请人写去!"

41. "一支粉笔两袖清风,三尺讲台四季晴雨",这是对教师职业的形象写照。下面是网络写手创作的各科教师经典对联,请你自由选择其中的五副对联,结合对联的相关知识,对出其中的上联或下联。　　　　　　　　　　(5分,答出一联得1分)

(1) 写给语文老师的对联

上联:曹操曹丕曹植,为建安文学增色

下联:_____

(2) 写给数学老师的对联

上联:巧设计,细绘人生图像

下联:_____

(3) 写给英语老师的对联

上联:_____

下联:熟练口语,音准速快翻译棒

(4) 写给政治老师的对联

上联:览世事沧桑,_____

下联:看国家兴衰,_____

(5) 写给历史老师的对联

上联:_____

下联:横看世界,中美英法德日俄

(6) 写给地理老师的对联

上联:读教科书,乘季风,_____

下联:_____,看世界,了解异域风情

语言家园
汉语运用

(7) 写给物理老师的对联

上联：处三尺讲台，做功出力

下联：_____，_____

(8) 写给化学老师的对联

上联：究天机，_____

下联：培学子，巧同原子分子周旋

(9) 写给生物老师的对联

上联：实验室中，_____

下联：讲课台上，易题难题种种类型都有

(10) 写给体育老师的对联

上联：扣篮板，伸手赶超火箭队

下联：_____，_____

42. 当英文遇上汉语，就知道汉语有多强大了！世界上没有第二种语言能像汉语那样产生出极具美感的文字来。下面一段据传是英国文学巨匠莎士比亚创作的排比句，很多翻译爱好者跃跃欲试，把这一段诗歌根据中国古文风格翻译了不同的版本。请选择你最欣赏的一种版本，并说说具体理由。（5分）

英文原文：

You say that you love rain,

but you open your umbrella when it rains.

You say that you love the sun,

but you find a shadow spot when the sun shines.

You say that you love the wind,

But you close your windows when wind blows.

This is why I am afraid,

You say that you love me too.

普通版：

我学我秀

你说你喜欢雨,但是下雨的时候你却撑开了伞;

你说你喜欢阳光,但当阳光播撒的时候,你却躲在阴凉之地;

你说你喜欢风,但清风扑面的时候,你却关上了窗户。

我害怕你对我也是如此之爱。

文艺版:

你说烟雨微芒,兰亭远望;

后来轻揽婆娑,深遮霓裳。

你说春光烂漫,绿袖红香;

后来内掩西楼,静立卿旁。

你说软风轻拂,醉卧思量;

后来紧掩门窗,漫帐成殇。

你说情丝柔肠,如何相忘;

我却眼波微转,兀自成霜。

诗经版:

子言慕雨,启伞避之。

子言好阳,寻荫拒之。

子言喜风,阖户离之。

子言偕老,吾所畏之。

离骚版:

君乐雨兮启伞枝,

君乐昼兮林蔽日,

君乐风兮栏帐起,

君乐吾兮吾心噬。

五言诗版:

恋雨偏打伞,爱阳却遮凉。

风来掩窗扉,叶公惊龙王。

片言只语短,相思缱绻长。

语言家园
汉语运用

郎君说爱我,不敢细思量。

七言绝句版:

恋雨却怕绣衣湿,喜日偏向树下倚。

欲风总把绮窗关,叫奴如何心付伊。

七律压轴版:

江南三月雨微茫,罗伞叠烟湿幽香。

夏日微醺正可人,却傍佳木趁荫凉。

霜风清和更初霁,轻蹙蛾眉锁朱窗。

怜卿一片相思意,犹恐流年拆鸳鸯。

43. 最近,一份被称为"宋词+后宫体"的"诗意判决书"在网上走红。2016年6月27日,法官王云在处理江苏泰州一对夫妻的离婚官司时,在判决书中使用了"众里寻他千百度,蓦然回首,那人却在灯火阑珊处"等诗句,并判决不准予离婚。这份"诗意判决书"引起了网友广泛关注,也引发了法律界的争议和讨论。有人认为,"诗意判决书"至情至理,让法律充满了温情,是司法工作的创新;也有人认为,"诗意判决书"违背了司法文书的规范和庄重,虽然写得很有文采,但是用错了地方。

那么,你对这份"诗意判决书"有何看法?请陈述理由。   (5分)

知识附录

生活的全部意义在于无穷地探索尚未知道的东西,在于不断地增加更多的知识。

——左拉

你读到这一部分时,即将与这本书分别,请收藏好我们给你的最后情谊。"参考答案"是对"我思我在""闯关测试"和"自我评估"中思考题的回答,更多的是提供思考的方向;此外,"其他附录"中收录了与这个学习任务有关的一些资料和推荐书目。

学习之旅有涯,而学习无涯,我们的目光在旅程结束之时变得更加情意绵长,因为我们知道,你的道路才刚刚开始。孩子,祝福你!愿你在语文中获得幸福,在生活中得到力量!

参考答案

专题1

我思我在

甲　骨

1. 不同意，毛笔产生的时代后于商周。此处的"毛笔"不是指通常意义上的毛笔，应该是能够蘸上颜料涂画的管状物。

2. (1) 研究者较多，产生了四位代表人物。

(2) 勾勒了商代卜辞文字的大致轮廓。

(3) 探究了甲骨文产生的机理。

(4) 出版了代表著作，如《铁云藏龟》。

(5) 对甲骨文的书写美学有了一定的认识，如对甲骨文时代风格进行了断代。

3. 甲骨文是最古老的汉字，起源于先民对于吉凶祸福的占卜。文字为什么能承载寓意？先民通过象形模拟（根据事物的形状刻画）、火上炙烤、解读字符裂痕的意义等行为，推知文字背后的寓意，实现人神沟通，所以说汉字的产生是一个符号化的过程。另外，把汉字字形的发展演变放在历史长河里考察，符号化的另一层意思是汉字是从具体到抽象，从象形到象征，从绘画到符号的过程，这是符合人类语言文字发展的共同规律的。

闯关测试

1. D　传说伏羲氏时，有龙马从黄河出现，背负"河图"；有神龟从洛水出现，背负"洛书"。伏羲根据这种"图""书"画成八卦，相传此为文字的由来。题目为造型，只有D项与图画造型紧扣。

2. A

3. A

4. D　A项为甲骨文，B项为金文，C项为大篆。

5. D　"彳"可独立成字，念chì。

6. 蛰—蜇　旦—蛋　付—腐　鲁—卤　暴—爆　蜡—腊　罗—萝　蕃—番　弗—费

7. 这是家茶室。招牌上的字为：吃茶去。用繁体字做招牌是因为与茶文化的古韵相契合。

8. "玖"应为"九",只有在账目上"九"才写作"玖"。"後"应为"后","後"是"后来"的"后"的繁体字,而"天后""影后"的"后"在正体字中本来就写作"后"。

9. 长—長；路边店铺的招牌,"莲"字应作"蓮",而且字体是电脑字体打印出来的,用的是方正正黑简体。

10.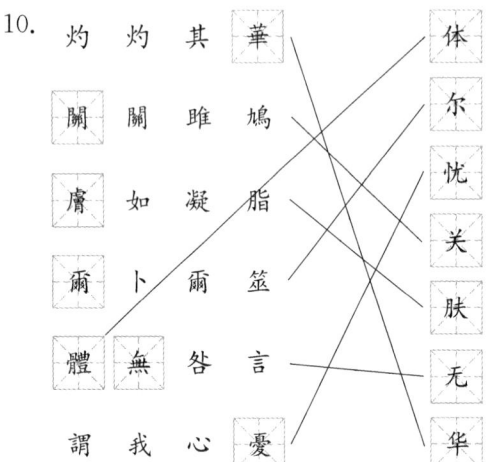

11. ① 象形程度高 ② 方笔居多,圆笔居少

12. 间—間 号—號 务—務 礼—禮

演变是渐变的过程。繁体字和简体字也不是某一个时期忽然完成转变的,在古代不同时期都存在简化字。

13. 单 亦 糖 休

14. 武侠是传统文化,用繁体字能营造出浓厚的文化韵味,提升电影的艺术感,起到更好的宣传效果。(举例略)

15. C "茶"可拆为"廿"和"八十八",加起来为108。

16. C 隶书盛行于汉代。

17. 没道理。从图片上看,"止"的原型是一只脚,因此,"止""戈"不是停止杀伐,而是背着兵器去打仗。

18. 小丸子：你们一帮选文科的就别叨叨了。

知识附录

学霸就是我：很多字简化后把字的本源符号也省去了，现在已经看不出字的本义了。有些字简化后更是与意思风马牛不相及。

小丸子：我赞同。汉字简化本来就是为了提高效率，而且也不是从新中国开始的。

若兮：我国港澳台地区和新加坡因为写繁体字就影响GDP（国民生产总值）了？

（言之成理即可）

19.（1）能写出繁体字优点，因此坚持繁体出版的即可。

（2）对于优秀作品，应创造条件出版以惠读者。如果因为条文而错失经典未免太过可惜。在遵守国家法律、法规的前提下，依从作者的要求，也是一种对作者的尊重。（言之成理即可）

专题 2

我思我在

语 境 与 语 义

1. 语境与语义有十分密切的关系。任何语义都必须在一定语境中才能得到实现；从不在任何语境中出现的"语义"是一种虚构。语境使语义单一化；语境使语义具体化；语境使词和句产生临时意义。

2.（1）⑥⑧　　（2）⑤　　（3）④　　（4）③　　（5）①②⑦⑨⑩

3.（1）"碰"了一下，其实是"打"了一顿。

（2）"狠心贼"指她们的丈夫，表达了这些女人没找到当游击队员的丈夫时既爱又恨的心情。

（3）好的翻译虽然转换了语言，但仍保留了原作的神韵。

义 境 融 合

1. 语言符号的有限性、抽象性与表达内容的具体性、丰富性之间存在矛盾，而表达的简洁、含蓄、暗示等要求，又产生了语义的空白。因此语词符号只有返回交际语境，才能使对方理解，这就是"义境融合"。

2."位置"有"所在或所占的地方"和"地位、职位"等意思。那位政客话中的"位置"

显然是指"职位"。而正承受着丧友之痛的威尔逊对此人的做法很不满,于是便故意别解"位置"为"所在或所占的地方",来讽刺对方言行失当。

3.(1)在"写"后面停顿,意思是不赞成自己写;在"我"后面停顿,意思是自己没把握。

(2)在"你说"后停顿,意思是两人都要说;在"他"后停顿,意思是一个人说。

(3)衣服很脏很难洗,但还是能够洗干净;衣服洗好了,洗得真干净。

4. 一、自我封闭,不知借鉴;二、机械搬用,不知创新;三、吸收消化,创造新知。

附:流行语含义解读参考答案

(一)"也是醉了"

(1)针对某区人大常委会主任用一韵到底的五言诗作工作报告一事的打趣式评论。

(2)针对春节期间高速路车流量大增而使行车时间大为增加这一现象的吐槽,表示不满。

(3)表示轻微的指责、批评。

(4)表达对小刚行为的鄙视。

(5)(6)句"也是醉了"是褒义的,都表达了乐在其中的喜悦感。

(二)"神马都是浮云"

(1)面对生活的压力保持淡定的态度,并告诫自己对不着边际的事情不抱幻想。

(2)难以言尽的感慨、感叹。

(3)表达一种超然物外的人生境界。

(4)某方面与其他比起来,不是重要的。

闯关测试

1. B 2. D 3. A

4. C ① 相当,相称;② 面对着;③④ 承受,承当;⑤ 掌管,主持。

5. C 后一句指你给我等着瞧,到时候给你好看。

6. A

7. B A项为动词,出游做客;C项为睡醒;D项为秋季的天空。

知 识 附 录

8. A

9. C

10. D "已"字写出曹操在赤壁之战前挥师顺流东下,目空一切的骄横。

11. ① 天马上就要下雨了。

交际场景 A：小明正准备出门。妈妈："天马上就要下雨了。"(提醒小明带伞)

交际场景 B：看到邻居阿姨家阳台外面晾着衣服,小王喊："阿姨,天马上就要下雨了。"(提醒阿姨及时收衣服)

交际场景 C：农民老陈看见老宋正在地里浇水,老陈说："天马上就要下雨了。"(地用不着浇水了)

② 我明天要去杭州。

交际场景 A：又到周末,办公室年轻的同事们在商议明天去野外烧烤,小林："我明天要去杭州。"(我参加不了)

交际场景 B：小张和父亲正在为如何把两大箱橘子寄往杭州姑姑家发愁,开货车的叔叔进来说："我明天要去杭州。"(我可以顺便带过去)

交际场景 C：看到小王下班了还在办公室里忙碌,孙姐打趣说："早点回家吧,别把明天的事都干完了。"小王说："孙姐,我明天要跟张总去杭州呢。"(我晚上得加班)

12. ① "给你点颜色看看(瞧瞧)"这句俗语的意思是"要教训你""要揍你",而女主人却按字面意思来理解。

② "锤不破"的"锤"字,杀猪的把它当作名词"锤子",卖茶的把它当作动词"敲打"。

③ "一滴就灵"的"滴"字,广告上作动词用,而顾客却理解为量词。

13. 与其抱怨环境,不如改变自己。(或：不能改变世界,就要改变自己。)

14. ① "大家都知道的原因"指的是从新中国成立初期,美国对中国大陆采取敌视、威胁、封锁的政策。在这个场合不便明说,也无须明说。

② "放着"指把这件事放下,不要记挂。"提着"意思是既然你不愿放下这件事,心里要记挂,那只好由你了。

15.

语 句	双 重 含 义	
	他妻子听了以为是	实际是
高高在上	职位高	在高空作业
仰视我	敬慕、崇敬	抬头向上看
有两把刷子	有点能耐与本事	带了两把清洁工具
上升期	事业正向上发展	正在升空作业

16. 从字面上看,是一首抒发男女情事之诗,诗歌描写了一位女子忠于丈夫,委婉而坚决地拒绝多情男子的追求。从深层看,却是一首政治诗,含蓄、得体地表达了诗人忠于朝廷、不被藩镇拉拢、收买的决心。

17. ① 林黛玉看到宝玉和宝钗在一起,心里含酸吃醋,故意说"不巧",语含讥刺。她的解释只是一种体面话,隐藏了真实的想法。

② 林黛玉表面上说的是紫鹃费心了,关心着她的冷暖,实际是讥讽宝钗劝宝玉不要喝冷酒,太为宝玉费心了。

另外,黛玉看似埋怨雪雁更听紫鹃的话,不听自己的话,实际是在奚落宝玉,认为宝玉更听宝钗的话,却不听自己的话。

专题 3

我思我在

词 义 的 变 化

1. (1) 词义的扩大:集,众鸟落在树上。《诗经·周南·葛覃》:"黄鸟于飞,集于灌木。"后指集合、集中,不限于鸟。

(2) 词义的缩小:瑞,本指用作凭信的玉器,引申为征验,也包括有吉凶两个方面,所以《论衡·指瑞》有"不吉之瑞"的话。后来一般指吉兆,双音词有瑞历、瑞雪。

(3) 词义的转移:史,本指王者身边担任占卜、星历、记事工作的人员,指人。《周礼·春官·大史》:"大史掌建邦之六典。"后转指史官所记的文字。

知识附录

2.

序号	词语	古义	今义
①	行李	出使的人	行装
②	丈夫	男子	妻子的配偶
③	山东	崤山以东	山东省
④	故事	旧事、前例	用作讲述对象的事情
⑤	中国	中原地区	中华人民共和国
⑥	颜色	脸色	色彩
⑦	辛苦	辛酸和苦楚	身心劳苦
⑧	形容	名词,形体容貌	动词,描述
⑨	首领	头颅	集团领导人

（1）词义扩大：④ 故事　⑤ 中国

（2）词义缩小：② 丈夫　③ 山东

（3）词义转移：① 行李　⑥ 颜色　⑦ 辛苦　⑧ 形容　⑨ 首领

3. ① 胜：美好、美妙。

② 樊：用树木围成的园林护卫物,篱笆。

③ 周：环绕。

④ 砌：石阶。

闯关测试

1. ① B　象形,金文、甲骨文像钉子的形状。后被借用为天干"甲乙丙丁"的"丁"。

② C　《诗经·小雅·鸳鸯》："鸳鸯于飞,毕之罗之。"这里的"毕"指用网捕捉。

③ A　金文像鸟巢的形状,小篆像鸟落在巢穴上休息。后被假借作方位词。

④ B　甲骨文、金文、小篆都像两个人挨在一起的样子。

⑤ A　甲骨文像人扛戈之形。后写作"荷"(念 hè)。

2. C　闲(閒),本义是栅栏,"空闲"是后起义。

3. A　鼻字增添了声旁；燃、樽、背都增添了形旁,本字成了声旁。

4. D　古人有名有字,古代女子成年(及笄,15岁)许嫁才由长辈来取字,后又称女子待嫁为待字。

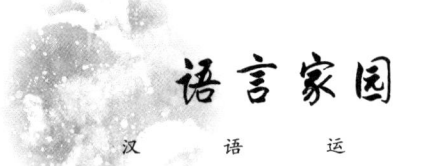

5. B 扁,在门户上题字;欧,古同"讴",歌唱;斯、劈、砍、段,锤击。

6. C 其他三项都有"缠绕"的意思。

7. C

8. ① 途 ② 作 ③ 岳 ④ 炎 ⑤ 胆 ⑥ 亟

9. 意思为"堤岸"的是①③④⑤,意思为"水池"的是②⑥⑦⑧。

10. ① 拯,拯救 ② 蛇 ③ 暮 ④ 盛食物的器皿 ⑤ 牛鸣声

11. ① 牺牲:祭祀时用的牛羊等祭品。

② 物色:景色,景物。

③ 闭关:闭门。

④ 根本:树木的根。

⑤ 奉承:侍奉("白头亲"指年老的父母)。

12. (1) 页部:与头(頭)有关。

颠(头顶) 题(额头) 硕(大头) 颗(小头) 颇(头偏)

(2) 阝部:"阜",与"土""高"有关。

阳(山之南坡) 阿(土山) 陛(台阶) 除(台阶) 队(即"坠",坠落)

(3) 隹部:与"鸟"部首同,与飞禽有关。

雏(小鸟) 雙(手里抓着两只鸟) 欆(许多鸟栖息树上) 隽(从隹从弓,用弓射鸟。指鸟肉肥美味道好。有词语"隽永") 雅(乌鸦的一种。《说文解字》:"楚乌也。")

13. ① 炎。会意字,上下两把火,本义是"火旺"。② 焚。会意字,上部是草木,下部为火,本义是"烧"。③ 黑。会意字,下部为火,上部像被火熏黑的烟囱,本义是"熏黑的颜色"。《说文解字》:"黑,火所熏之色也。"④ 熹。形声字,上喜下火,本义是"烤炙"。⑤ 爨。会意字,上面是锅,中间几块木头,下面是火。本义是"烧火做饭"。《广雅》:"爨,炊也。"

14. (1) ①② 抚养,养育;③ 文字;④ 用文字写的凭据;⑤ 书信;⑥ 书法作品;⑦ 表字,取字;⑧ 表字;⑨ 女子出嫁。

(2)"字"字含义演变图：

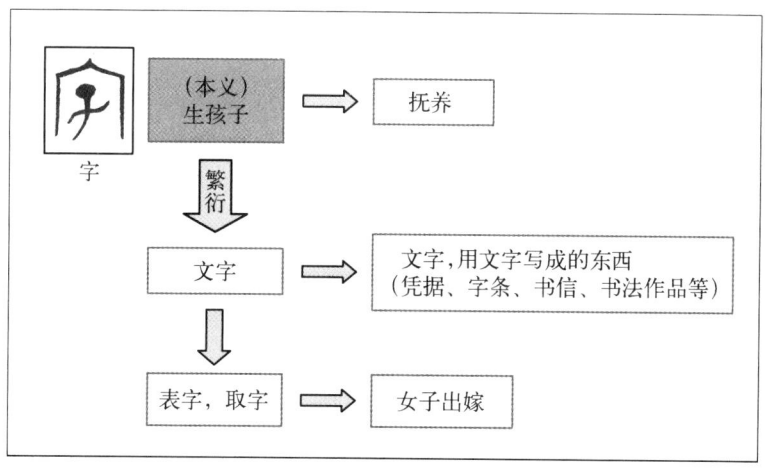

解释：

(1)"字"的本义是"生孩子"。如《论衡·气寿》："妇人疏字者子活,数乳者子死。"(妇女生孩子稀少,孩子容易养活;生孩子太频繁,孩子容易夭折。)

(2)(引申)抚养,养育。例如：① 又不能字人之孤而杀之。(《左传·成公十一年》) ② 字而幼孩,遂而鸡豚。(《种树郭橐驼传》)

(3)(由"生孩子""繁衍"再引申)文字。古时单体叫"文",合体叫"字","字"是从"文"繁衍出来的。《说文解字·叙》："仓颉之初作书,盖依类象形,故谓之文;其后形声相益,即谓之字。文者,物象之本;字者,言孳乳而浸多也。"例如：① 分文析字。(《汉书·刘歆传》) ② 有奇字素无备者,旋刻之。(《梦溪笔谈·技艺》)

(4)(由"文字"再引申)用文字写成的凭据、字条等；书信；书法作品。例如：① 立字为凭。(俗语) ② 亲朋无一字,老病有孤舟。(《登岳阳楼》) ③ 又有李元中,字画之工,追踪钟王。(《挥麈三录》)

(5)(由"文字"再引申)表字,取字。(古人生下来取名,成年取字。)例如：① 季子谢之,请问姓字。(《论衡·书虚》) ② 男子二十,冠而字。(《礼记·曲礼上》)

(6)(由"表字、取字"再引申)女子出嫁。[古代女子成年(及笄,15岁)许嫁,由长辈取字,故又称女子待嫁为待字。]如：待字闺中。(成语)

语言家园

汉语运用

专题 4

我思我在

"不亡之言"——熟语

1. 秦始皇可以焚毁有形的书籍,可要灭亡一些不利于自己统治的熟语就难了,除非把老百姓的脑袋都砍掉。"熟语"是贮存于人民头脑深层的历史符号和历史见证。

2. 农谚:冬天麦盖三层被,来年枕着馒头睡。

天气:朝霞不出门,晚霞行千里。

成语:多一事不如少一事,得饶人处且饶人,打破砂锅问到底。

3. 略

闯关测试

1. (1) 白头如新　　(2) 风月无边

(3) 握发吐哺　　(4) 外圆内方

(5) 济世安民　　(6) 天下为公

(7) 谈笑封侯　　(8) 匹夫之勇

(9) 评头论足　　(10) 气贯长虹

2. (1) 只有一句(锯)　　(2) 真(针)好

(3) 无法(发)无天　　(4) 好大胆(掸)子

(5) 望眼欲穿　　(6) 自吹自擂

(7) 走投无路　　(8) 凶多吉少

(9) 七手八脚　　(10) 动不得

3. (1) 醉翁之意不在酒

(2) 风马牛不相及

(3) 宁为玉碎,不为瓦全

(4) 癞蛤蟆想吃天鹅肉

(5) 打破砂锅问到底

4. (1) 节前电商造势,人们期待的情形:天花乱坠、铺天盖地、蠢蠢欲动。

(2)"双十一"晚的盛况:翘首以待、瞬间井喷、全面开花、一拥而上。

(3)"剁手党"们的矛盾心理:买到称心的是爱不释手、欣喜若狂;买到不称心的是食之无味、弃之可惜、悔之晚矣。

5.(1)大选之前的"电视辩论":唇枪舌剑、你来我往。

(2)大选之前的媒体造势:一边倒、大吹大擂、厚此薄彼。

(3)大选之时的戏剧性反转:半天云里扭秧歌——空欢喜;孙悟空到南天门——慌了神。

(4)大选结果揭晓后的全球反映(包括美国在内):买了罐子打了把——别提了;肚子里的二十五个小老鼠——百爪挠心;骑驴看账本——走着瞧。

6.略。

专题5

我思我在

这个婆娘不是人

1. 三句话在语法结构上没有问题,都是属于逻辑错误。婆娘和儿孙都是常人,"不是人""都是贼"这些判断不符合事实。柳絮总是白色的,所以单纯说"柳絮飞来片片红"也是不合常理。

2. 参考示例

类型	描述	例句
语序有误	如果词语出现的位置不符合规律,或者分句间顺序不当,就是病句。	① 通过检查,大家讨论、发现、解决了课外活动中的一些问题。 ② 不但他好好学习,而且还帮助其他同学。
搭配不当	如果句子的主干成分、枝叶成分不能相互搭配,如主谓搭配不当,谓宾搭配不当,定语与中心语搭配不当,就是病句。	① 修建高速公路是很必要的,但是应该看到,我们国家的经济基础还比较低,还不能一下子省与省之间都通高速公路。(主语和谓语搭配不当) ② 他穿着一件灰色上衣,一顶蓝布帽子。(谓宾搭配不当)

(续表)

类型	描述	例句
成分残缺	成分残缺主要有下列类型：缺少主语、缺少谓语、缺少宾语、缺少修饰成分。	① 由于她这样好的成绩,得到了老师和同学们的赞扬。(缺少主语) ② 虽然每天工作很忙,但还是抓紧和同学研究或自己看书。(缺少宾语)
成分赘余	成分赘余主要有下列类型：堆砌、重复、可有可无、应删去"的"字。	一年来,妇女工作已打下了相当的工作基础,获得了一定的工作经验。(第二、第三个"工作"应删去)
结构混乱	结构混乱,又叫句式杂糅,主要有以下类型：藕断丝连、中途易辙、反客为主等。	清晨,公园里到处是早锻炼的人们,有打太极拳的,有做健美操的,十分热闹。八点钟过后,公园里才比较安静下来。(最后一句句式杂糅,应是公园里才安静下来,或公园里才比较安静)
语意不明	语意不明有两种类型："费解",指一句话不知道怎么讲;"歧义",是一句话有两种理解意思。	校长、副校长和其他学校领导出席了这届迎新会。(发生歧义,是"其他学校",还是"其他领导")
不合逻辑	这里的"不合逻辑"指的是句子的意思在事理上讲不通。类型有：自相矛盾、强加因素、主客倒置等。	① 过了一会儿,汽车突然渐渐地停下来了。("突然"和"渐渐"矛盾) ② 他是多少个死难者中幸免的一个。(既然"幸免",自然是没有死,怎么能说是"死难中的一个"呢？应改为"多少人死难了,他是幸免的一个")

3. 参考示例

类型	描述	例句
因果复句	指句和句之间是原因和结果关系的句子。一句说明原因,另一句说明结果。	① 因为非对称图形只有 C 一个,所以会被认为与其他图形不同。 ② 既然普洛诃尔说这是野狗,那它就是野狗。
并列复句	并列复句由两个或两个以上的分句并列组合而成,它们之间没有主次之分。	① 虚心使人进步,骄傲使人落后。 ② 做,要靠想来指导;想,要靠做来证明。
承接复句	两个或两个以上的分句,一个接着一个的叙述连续发生的动作,或者接连发生的几件事情。分句之间有先后顺序。	① 他们俩手拉着手,穿过树林,翻过山坡,回到草房。 ② 起初他们问我个人的情况,然后又问到有关革命形势的一些问题和镇头市敌驻军的动静。

(续表)

类型	描 述	例 句
递进复句	后面分句的意思比前面分句的意思进了一层,分句之间是层进关系。	① 我们既不应当因为出了点错误便偃旗息鼓,悲观泄气,更不应当因为有了错误就否定改革。 ② 我们不但善于破坏一个旧世界,我们还将善于建设一个新世界。
选择复句	两个或两个以上的分句,分别说出两件或几件事,并且表示从中选择一件或几件。分句之间构成选择关系。	① 作为一个有骨气的男儿,与其跪着生,不如站着死。 ② 我们宁可挨批评,也不能昧着良心去搞假呀!
转折复句	后一分句的意思不是顺着前一个分句的意思说下去,而是作了一个转折,说出同前一分句相反、相对或部分相反的意思来。分句之间构成转折关系。	① 有的青年虽有理想,但刻苦勤奋不足。 ② 矛盾是普遍存在的,不过按事物的性质不同,矛盾的性质也不同。
假设复句	前一个分句假设存在或出现了某种情况,后一个分句说出假设情况一旦实现产生的结果。两个分句之间是一种假定的条件与结果的关系。	① 如果处理不好,往往会影响学习的效果。 ② 我们若能这样追问,一切虚妄的学说便不攻自破了。
条件复句	前一个分句提出一个条件,后一个分句说明这个条件一旦实现所要产生的结果,分为充分、必要、完全等三种类型。	① 衣服只要干净整齐,越朴素穿着越称心。 ② 只有具备了"明知山有虎,偏向虎山行"的胆识,才能昂首阔步于成功的大道之上。
目的复句	一个分句表示实现某种目的或避免某种结果,一个分句表示为此而采取的行为。	① 我在这里吃雪,正是为了我们祖国的人民不吃雪。 ② 这段时间校卫要好好检查校园设施,以免出现安全事故。

4.（1）"解决"的宾语缺失,要在"成本上涨"后加上"的问题"。

（2）逻辑不当,应当先培养兴趣,再热爱并且投身于滑雪运动。改为：如何培养有运动天赋的青少年对滑雪运动的兴趣,进而引导这些青少年热爱并且投身于滑雪运动。

（3）成分残缺,句子前还要加上"要提高"；搭配不当,"加强科研观测精度"应改为"提高科研观测精度"。

（4）双重否定,去掉"不得",变成"禁止空调厂商和经销商以价格战的手段进行不正

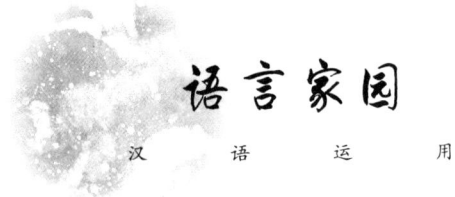

当竞争"。

(5) 宾语残缺,应该在"报告书"后面加"的行为"。

(6) 搭配不当,"维护"搭配"合法权益"可以,但是不可以搭配"合理要求",可改为"满足合理要求"。

(7) 谓语动词"是"缺少主语,将"实施了"改为"实施的"还原主语即可。

(8) 不合逻辑,将"前者"改为"后者"。

(9) 正确。

(10) 删除"将";"推行"缺少宾语,可在"基准测验"后加"的政策"。

闯关测试

1. (1) 主干部分:创业大街和创业大赛同步启动,X设计和Y设计是两大主题。前半句的主谓搭配不当,"大街"不能"启动"。

(2) 主干部分:歌剧《红楼梦》受到观众欢迎,给予评价。句中"给予了很高的评价"的主语应是"中国观众",无故省略,造成主语缺失。

(3) 主干部分:报告不仅总结了卫生事业不断改革和发展,而且指明了方向。"改革和发展"是不能总结的,能总结出来的应是改革和发展的情况。因此句中"总结了……和发展"缺少宾语,应在"发展"后加"的历程"或"的情况"。

2. (1) 因为"令尊"意为你的父亲,"拙作"意为我的作品,所以定语"您的""我的"多余。

(2) "五名"作为"美国队"的修饰语,显然不妥。

(3) 多项状语的语序:表目的或原因的短语＋时间词＋处所词＋程度或范围词＋情态动词或形容词＋表对象的介宾短语＋中心词

本句应改为:那位失主[为表谢意][昨天][在电视台][又诚挚地][为小赵]点了一首歌。

3. (1) 将关联词"不仅"放到"沿海城市"的前面,因为"沿海城市"只能作为前面分句的主语,应放在关联词的后面。

(2) 将"所"字去除,否则句子结构混乱。

(3) 将"还在于"去除,否则句子结构混乱。

(4) 将"不"去除,否则"不"与"防止"双重否定变成肯定。

4. BDE

5. ①"鼎力"是敬辞,用于自己不妥,改为"诚挚"或删去。②"莘莘学子"表示众多学生,不能与"广大"并列使用,改为"同学"。③"炙手可热"形容气焰很盛,权势很大,改为"蜚声中外"。④"惠顾"是用于商店对顾客,改为"光临"。(其他改法正确亦可)

6. 本次 M 中学迎新生晚会由高二、高三同学筹备演出节目,内容以反映中学生学习生活为主,形式不限。团委要提前通知相关年级并动员同学积极参加,演出后进行评奖。

7. 参考示例:生活是一首歌,它由跳跃的音符组成,挑战和机遇同在,失败和成功共存。人生漫漫,岂能为了一片树叶而放弃整片森林?岂能因为一次失足而停止追求的步伐?

8. C

9. (1) 极高 一定(或"务必")　　(2) 奉送　拨冗

10. 参考示例:文明乘车让出行更安全,更高效,体现了一个人的基本素养,也有益于社会和谐。

自觉排队,有序上车;尊老爱幼,主动让座;举止文明,谈吐有礼。

11. 参考示例:有道是"小不忍则乱大谋",很多悲剧的发生,往往源于口角之争。如果在这种口角之争升级为实质性冲突之前,双方或者至少一方能控制住自己的怒气,或许就可以将自己从可能的麻烦中解脱出来。人们啊,请少点怒气,多点和气。

12. C

13. 略

专题 6

我思我在

一样话百样说

1. "修辞活动"就是在可以百样说的话语之间作出某种选择,力图获得最佳实际效果的活动。

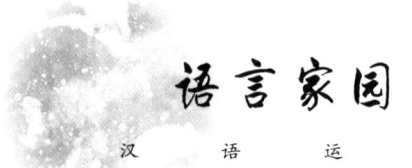

参考示例：不一致。上文是广义的"修辞"，包括所有的为获得最佳实际效果的言语实践活动。而中学生所接触、所认识的"修辞"往往就是修辞手法，即辞格，如比喻、拟人、排比、对偶等，是狭义的"修辞"。

2. (1) 你家的女儿可真用功啊！那么晚了还在弹钢琴。

(2) 陛下将比您所有的家人都长寿。

3. 参考示例：

① "往往"改为"立刻"，语气更加肯定了，脸红的反应更即时；修改后，三个形容词"微微""轻轻""稍稍"避免重复，分别修饰"脸红""心跳""俯首"更准确；"俯一下头"给人感觉时间短暂，不足以表现她们的羞涩，用"俯首"更好。

② 仔细品味，"好凶的样子！"比"好凶啊！"多了一点点说话者的理性，不如"好凶啊！"更能把说话者当时身处其境的情绪体验带出来。

③ 改后"成人，成鬼，变佛，变妖怪"比原句更整饬，句子内在的对称感、节奏感更强。

④ 修改后更能表达出说话人对打人者的强烈愤怒情绪。

⑤ 加上"盼得"一词，增加了对父亲的心理描写，突出了父亲对儿子的强烈期盼以及自身的不幸。

消极修辞与积极修辞

1. "消极修辞"要求表达者把想要表达的内容表达得极明白，没有丝毫的模糊，也没有丝毫的歧解。如高考要求"语言简明、连贯、得体"就属于消极修辞。

"积极修辞"是一种调动一切积极手法力图提高表达效果为终极目标的语言活动。它可以突破语法规范和逻辑事理，是一种超越常规的创造性语言活动。修辞手法的运用属于积极修辞。

2. ① 讳饰。"见背"即去世，"夺母志"指强迫母亲改嫁。

② "主人下马客在船"是互文，"管弦"借代音乐。

③ 通感。　④ 拈连。　⑤ 顶真。

3. 北方的雨，下得<u>豪爽、酣畅、粗犷、干脆</u>。

南方的雨，像南方少女的爱，<u>羞羞答答，多情、含蓄</u>。

知识附录

闯关测试

1. D 形式上是比喻,但在崎岖山路上战士急步猛冲的感觉与踩在棉花上的感觉是绝无相似之处的,不合情理。

2. C A项比较,B项夸张,D项表示一种感觉。

3. D

4. B A项"丝"为"思",谐音双关。C项"晴"与"情"谐音双关。D项"莲子""莲心"都是谐音双关,"莲子"谐"怜子",即爱你;"青"谐"情"。B项比较。

5. A 例句"长江长城,黄山黄河"借指中国;A项"紫荆花"是香港的标志,用"紫荆花已开"借代"香港回归"。B项借喻,把爱情比作布。C项拟人和排比。D项对偶。

6. B B项比喻,其他三项顶真。

7. A A项反问,其他三项对比。

8. C 比喻中的博喻。

9. C ①比喻 ⑥借代 ②讳饰 ③借代兼讳饰 ④⑤⑦比喻兼讳饰 ⑧用典兼讳饰

【春风风人】和煦的春风吹拂着人们。比喻及时给人教益和帮助。

【采薪之忧】病了不能打柴。自称有病的婉辞。亦称"负薪之忧"。

【三长两短】指意外的灾祸或事故。借指人的死亡。三长两短是指一副棺材的三块长板(底面和左右两面,棺材盖要最后盖上,所以不算)和前后两块短板。因此"三长两短"暗指棺材,有危险和死亡之意。

【琵琶别抱】旧时指妇女弃夫改嫁。

【破镜重圆】比喻夫妻失散或离婚后重新团聚与和好。

【狼烟四起】古代边防报警时烧狼粪腾起的烟,借指战争。

【香消玉殒】比喻美丽的女子死亡。

【阮囊羞涩】口袋里没钱。

10. C 此句没有互文。

11. D 先把学习比作"登山",后又说到达"彼岸",前后喻体不一致。

12. B

13. (1) 比喻,将宣纸上浓浓的墨痕比作眼泪。

(2) 顶真,排比。

(3) 顶真,反问,拟人。

(4) 对偶。

(5) 比喻和拟人。把离愁比作窗口的那一盏孤灯,并加以拟人化;把漂泊比作一壶浊酒。

(6) 拈连。

14. 我喜欢自然风光,更喜爱富于魅力的风光摄影;我喜欢大自然的音响,更喜爱美妙动听的音乐;我喜欢生活中的故事,更喜爱情节曲折的小说。

15. (1) 纽扣　(2) 蜘蛛　(3) 花生　(4) 撑船的竹篙　(5) 石磨

16. (1) 比喻不幸的事情,多指人的死亡。　(2) 相貌丑陋。

(3) 肥胖。　(4) 独身者。

生活中还有其他讳饰语,如失业叫"待业",没考中叫"榜上无名",被解雇叫"走路""卷铺盖",没钱叫"囊中羞涩"等。又如死者穿的衣服叫"寿衣",停放死尸的地方叫"太平间"。有的地方送人礼物忌送钟(谐音"送终"),恋人忌送伞(谐音"散")等。

17. (1) 比喻矛盾和纠纷不是单方面引起的。

(2) ① 比喻事情办得不圆满,引起别的麻烦;② 贬义,常用来比喻调查先落网的案犯,引出其他案犯的暴露。

(3) 比喻经历一次挫折以后就变得胆小怕事。

(4) 比喻表面人家给了自己好处,但实际上这好处已附加在自己付出的代价里。

(5) 比喻事到临头,总会有解决的办法。

18. (1) 不赞同。杜甫的诗用了夸张的手法。对于夸张,我们不能用精确的数字来计算其准确性。

(2) 不赞同。杜牧的诗用了借代的手法,借"铜雀春深锁二乔"来指代孙吴国破家亡,社稷、苍生已在其中。

19. (1) 不能改。此句描写了王熙凤慵懒的神态,表现了对刘姥姥的到来心不在焉的态度。改为"茶也不接,头也不抬",则让人觉得凤姐心中有气,不合实情。

(2) 不能改。此句表现三仙姑挨公公骂后的生气、委屈。改为"也不梳头,也不洗脸,也不吃饭",语气变弱了,不足以表现她心中的怒气。

20. (1) 第⑤句,因为这一句对"交通事故"的肇事方和受害方的情况描述最详细。

(2) 第②句,此句突出了马的责任和黄犬的无辜。

(3) 第⑥句,简洁明了,以最少的字数传达了事件的主要信息。

(4) 第③句,此句简要地说明了要马主人来交警队的原因。

21. (1) 每个词语和熟语都是比喻,特点为本体和喻体中间省去了比喻词。甲①组,每个词语前一个字是喻体,后一个字是本体;②组,本体和喻体调换了位置。乙组,三字词语,前两个字是喻体,后一个字是本体。丙①组,本体在前,喻体在后。如"米珠薪桂"意即"米贵得像珍珠,柴贵得像桂木"(指物价高,人民生活困难);②组,喻体在前,本体在后。如"萍踪浪迹"意即"踪迹像浮萍、波浪般的无定","风烛残年"意即"残年似风中的蜡烛"(指不久于人世)。

补充:甲 ① 虎牙　枭雄　海量　杏眼　鞭炮

　　　　② 石林　脸蛋　松涛　夜幕　云海

乙　马尾松　牛皮纸　猴头菌　马蹄莲　龙须面

丙　一衣带水　剑胆琴心　鹤发童颜　蝇头小利　奶油小生　枪林弹雨

(2) 缩喻语言简练,结构紧凑,生动形象。在诗歌中可以把抽象的情感意象化,在演讲中把抽象的概念形象化,使读者和听众易于理解接受。(赏析略)

22. 参考示例:

N市滨海区高中是我区唯一的一所普通高中。

它位于市区内中心地带,相邻的有市场、职业高中等,总建筑面积两万多平方米,教职工200多人,学生1500多名。学校的教职员工都兢兢业业地工作,教学质量显著提高,有许多老师被评为市先进教育工作者。学校也多次荣获省绿化先进单位、花园式学校等称号。这些都是学校领导带领全体师生共同努力、共同奋斗的结果。

迎着改革开放和科技兴国的春风,学校全体师生员工以雄厚的实力、充分的自信和

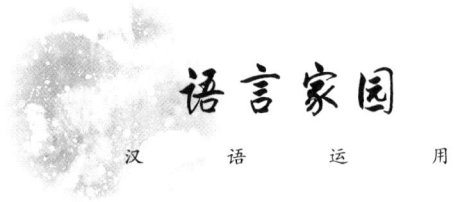

开拓创新的魄力向前迈进,以崭新的姿态奔向辉煌灿烂的未来。

23. 这是一道开放性的题目,同学们能表达出明确的观点并言之成理即可。

对于网络用语中大量使用"飞白"的现象,修辞学家也持不同观点。有的认为"飞白"在网络用语中有三大语用功能:新颖奇特、诙谐幽默、讽刺揶揄。飞白的语用特点正好适合了网络语言灵活、生动、随意新颖的要求,这是其被广泛使用的根本原因。但也有人认为飞白是一种"危险"辞格,因为其核心始终是别字的使用问题。不恰当的使用甚至滥用会影响汉语的纯洁性。飞白的使用要有限度,无限制使用别字会对语言的正确使用造成一定的影响。

专题 7

我思我在

审讯室里的"概念"战

1. 有以下几组概念在"交战":"非法携带枪支"与"打伤警察";"私藏大麻"与"海洛因交易";"瘾君子"与"毒贩";"主动认罪"与"被动认罪"。戴维斯警官在证据不足的前提下,从审讯一开始就用偷换概念的方法,如直接用"打伤警察"偷换"非法携带枪支",用"毒贩"偷换"瘾君子",用"海洛因交易"偷换"私藏大麻",不停地通过这样的概念偷换来误导对方的逻辑,并适时抓住"初犯"和"常常用大麻刺激创作灵感"两种概念在逻辑上的自相矛盾,使乔耶斯不小心暴露了。

2. 混淆了概念的内涵与外延。

菊花落瓣之争

1. 王安石难道真的是因为一句诗就对苏东坡"寻仇"吗?如果仅凭故事中的描述看起来是这样的,但查阅历史资料就会发现所谓的文学之争不过是政治之争的缩影。当时王安石变法想要得到名流认同,可是苏东坡却公然反对,王安石便借"菊花落瓣"一事向苏东坡示威,而苏东坡也是借承认"菊花落瓣"一事向王安石宣告俯首。

2. (1) 对某件事物有所断定;判断或真或假。

(2) 未必正确。不能因为你学习不努力就断定你一定不会成功。你可能在别的方面很有天分,依然有可能成功。

知识附录

狮子的微笑

1. 乔瑟夫捕捉到狮子微笑这个细节,根据狮子微笑实际是要打喷嚏,诱发狮子打喷嚏的药品很常见,以及祖尔把不知名的东西加进女驯兽狮的洗发乳里推断出了真凶。

2. 演绎推理。

罗拉快跑

1. 罗拉根据主人每天规律性的给它喂食、散步、晒太阳的时间,归纳总结出了"今天也不会例外"的规律,因而笃信自己不会被杀。但是归纳只是对有限的经验数据进行概括,因而不能保证归纳结论的正确。

2. 归纳。我们由一颗或者几颗葡萄来归纳出其余的也是甜的或不甜,但这是不靠谱的。它只是对几颗葡萄,即有限的经验(数据)进行概括,因而不能保证归纳结论的普遍性,剩下的葡萄有可能甜也有可能不甜。

皇冠谜案

1. 论题:皇冠与原来金块的质量相等,皇冠中的金子是否被偷换。

假设:相同材质、相同重量的物体所排出水的体积相同。

结论:将王冠和原先同等质量的金块放入盆中,发现放入王冠时溢出的水要比放入金块时多出很多,显然王冠与金块质量是不一样的。因此,阿基米德断定,王冠被铸造师掺了假。

2. 略

闯关测试

1.(1)正确。

(2)正确。首先搞清楚今天是星期几,然后再推断出后天的日子。你可以画一个思路图解,例如,按顺序列出一个星期所有的日子,会对你有所帮助。

(3)错误。他可以买两双同样的,但尺码不同的鞋,再从两双鞋中各选出一只来穿。

(4)正确。西瓜之所以是西瓜,是由其本质属性决定的,西瓜的轻重并非西瓜的本质属性。概念这种思维形式是反映事物的本质属性。

(5)正确。这是给"肥料"这一概念下定义,它揭示了"肥料"这一概念的内涵,是对"肥料"这一事物的本质属性的认识。

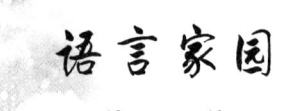

2. (1) A 因为"不懂逻辑者不得入内",对懂逻辑的没作规定。所以懂逻辑的,可能会被允许进入,也可能不会被允许进入。由不懂逻辑者不得入内可以得出进入者是懂逻辑的,所以说懂逻辑是进入的必要条件,但不一定是充分条件,所以可能可以进入,也可能不被允许进入。

(2) B 家父与父亲指的是同一个人,而且前者都是谦称。

(3) A

(4) C 补充C项作为前提,可以得到一个有效的推理:"所有导演都是大嗓门。有些导演留大胡子。所以,有些留大胡子的是大嗓门。"补充其余选项不能使推理成立。

(5) A

3. 只要用一支铅笔在硬币上面的纸上涂画,就可以拓出硬币上的日期。

4. B 仔细观察,你会发现A项的形状与其他三个不同,C项的颜色与其他三个不同,D项的数字与其他三个不同。所以真正与众不同的是B项,只有它没有与其他三个都不一样的地方。

5. 哲学家说的话是"我将死在错误之神面前"。

假设"我将死在错误之神面前"是真话:一方面根据题意,他应该在真理之神面前被杀掉;另一方面,这句话本身是真话,他应该在错误之神面前被杀掉。这就形成了矛盾,使得岛上的人没有办法杀掉他。

假设"我将死在错误之神面前"是假话:一方面根据题意,他应该在错误之神面前被杀掉;另一方面,这句话本身是假话,推出他将死在真理之神面前。这就形成了矛盾,使得岛上的人没有办法杀掉他。

所以,无论何种情况,只要哲学家说了"我将死在错误之神面前",岛上的人都没有办法杀掉他。

6. 赵老师教历史和体育,钱老师教英语和生物,孙老师教数学和物理。

a. 由(1)得,物理老师和体育老师不是同一个人。

b. 由(2)(4)得,赵老师不是生物老师。

c. 由(3)得,孙老师既不是生物老师,也不是体育老师。

d. 由(5)得,赵老师既不是英语老师,也不是数学老师。

由 abd 得,赵老师教历史。由 bc 得钱老师是生物老师。由(3)得体育老师只能是赵老师。由(4)得生物老师不是数学老师,即数学老师不是钱老师。再由(5)可知,数学老师不是赵老师,所以数学老师是孙老师。再由(5)可知,英语老师是钱老师,所以物理老师只能是孙老师。

7. 德军判断依次如下:

(1) 这只猫不是野猫,野猫白天不出来,更不会在炮火隆隆的阵地上出没。

(2) 猫的栖身处就在土包附近,很可能是一个地下指挥部,因为周围没有人家。

(3) 根据仔细观察,这只猫是相当名贵的波斯品种,在打仗时还有兴趣玩这种猫的绝不会是普通的下级军官。

据此,他们判定那个遮蔽点一定是法军的高级指挥所。

8. 从题意中可以明显地发现小高和小兴并不是主人,而是水缸里养的两条金鱼,所以李管家并没有报警。因为没有其他人在房间,水缸是不会自己翻倒的。安卡一日后被解雇了,因为她在工作中太不小心,打碎了水缸,致使两条金鱼死亡。所以,李管家把安卡解雇了。

9. 刘埔是运用逻辑思维中的推理。通过逻辑推理得出一个结论:两个对立的结果,如果一个是错误的,那么另一个必是正确。

10. (1) 周老爷用了偷换概念的诡辩术。"饭菜的香味"和"饭菜"明明是两个概念。闻到"饭菜的香味"与把"饭菜"吃进肚子里完全是两件事。"饭菜的香味"会随着空气传播到饭馆之外,许多人都闻得到。可这并不等于所有闻到香味的人,都吃了饭店的饭菜。所以,他们不用付钱,只有真正把饭菜吃下去的顾客才需要付钱。周老爷的诡辩手法就是将"饭菜的香味"与"饭菜"混为一谈,将"闻"和"吃"混为一谈,进行概念偷换,敲诈穷人。

(2) 聪明的沉香走到周老爷面前,从腰里拿出装钱的布袋,说:"他是我哥哥,我替他出这饭钱得了。"说完,把钱袋放在周老爷耳朵边晃了晃,"哗啦啦"响了几声后,问周老爷:"老爷,你可听到了钱币撞击的声音?"

"哦,有有,听到了!"

"这样就好办了,穷人闻了你的菜香,而你听到了钱币撞击的声音,那就互不相

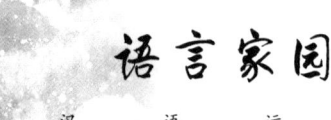

欠了。"

专题8

我思我在

对联的产生与发展

1. 对联产生的时间,不会晚于晚唐五代。理由:对联与律诗有关,这决定了对联的产生应当在律诗的定型时间之后;有关对联的最早记录,联界普遍认为是后蜀孟昶的对联。

2. 最早的门对春联来源于古时的桃符,《后汉书》"新春用桃符",题写桃符的风俗,催生了对联的诞生。

3. "好事流芳千古,良书播惠九州",从美学的角度看:首先,平仄相对、音韵和谐,具有音韵美、对仗美的特点;其次,书法隽秀清丽,自成风格,给人以美的享受;第三,天一阁是我国著名的藏书阁,郭沫若是中国现代著名学者,他为天一阁书写的这副对联点出了其历史悠久、价值巨大的特点,是名胜古迹的点睛之笔,有其独到的美学价值。

闯关测试

1. C A项因其犯了重字的错误,上下联同一位置不能重字。B项犯了语法错误,同位置词语词类和结构都要相同是对联艺术的精髓所在。"人心"是名词,与远近结构也不同。D项对仗工整,对联音律讲究仄超平收,然"暖"为仄,不妥,且语意也没有C项衔接之自然。

2. D 上下联的最后一字必须平仄相反,因此选项中只有D项符合。

3. C 首先可以排除D项,对仗有错,"已无痛"难对"心已伤"。A、B项对仗工整,但缺少"雅",而且"难"是仄声,而上联"雨"也是仄声。另外,上下联的意义一定要有变化,或相关相承,或相辅相成,或相为因依,或互为表里。

4. C A项《红楼梦》 B项《水浒传》 C项《西游记》 D项《三国演义》

5. C A项黄鹤楼 B项岳阳楼 D项杭州西湖灵隐

6. B "金石文章空八代,江山姓氏著千秋"是歌颂韩愈。"刚直不阿留得正气凌霄汉,幽而发愤著成信史照尘寰"写的是司马迁。"何处招魂,香草还生三户地;当年呵壁,湘流应识九歌心",上联"三户"指楚,下联"九歌"是屈原的代表作,此处借代屈原。"大河百代众浪齐奔淘尽万古英雄汉,词苑千载群芳竞秀盛开一枝女儿花"是指李清照。

7. B　对仗最主要的是词性相对,"墙头"可与"水面"和"楼上"(名词性偏正结构短语)相对,"雨细"只能与"风回"(主谓结构)对仗。

8. C　C项属于工对,野是田野,陌是小路,与"江楼"对得上。A项犯重字,B项"又"与"听"字词性对不上。D项"日"与"月"都是仄声,而且"合掌",即上下联所表达的意思重复了。

9. A　B项"芙蕖"与"荷花"结构不同,且"秋月"对"春风"也比"秋月"对"夏日"更合乎意境。C项"鲲鹏展翼"与"秋月芙蓉"结构不同。D项"冬雪"与"秋月"平仄一致,也不适合。

10. A、B项用于歌颂学术有成的学者,C项是从学生角度所写,D项是挽联。

11. 图书馆的作用至少有两个:一是藏书,二是传播知识。上联说出了藏书,下联可以是"文明播东西""智慧贯中西""知识达亚欧"等。

12. 戏剧社⑤　文学社③　摄影小组①

13. (1) 百万学子壮志凌云

(2) 孙贤子肖欢度晚年

(3) 栽培桃李满两千株

14. (1) 近水遥山皆有情　(2) 斯文在天地

15. 门对千竿竹短,家藏万卷书长。门对千竿竹短无,家藏万卷书长有。

16. 绕栏寻胜迹　看树外烟波　洲边芳草　都凭杰阁收来

17. (1) 岳阳:气蒸云梦泽,波撼岳阳城

(2) 黄鹤:昔人已乘黄鹤去,此地空余黄鹤楼

18. (1) 三潭印月　(2) 净慈寺　(3) 西湖楼外楼

19. ○○△△○○△　○△○△△△○

20. 从对联的文化角度,"若"字如果不向左撇就是"苦"字,"各"字如果能把那一捺变成一点就是"名"字,一撇一捺即"人"字。此对联既从文字的构字法角度巧妙阐释,又

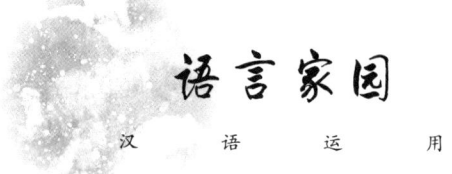

蕴含着丰富的人生哲理。人生中许多的苦来自"撇不开""放不下""舍不得"那些欲望与贪恋,劝导人们不必苦苦追寻、过分执着;另一方面,做人做事如果能够"耐得住""沉得下""受得了"那些困难与挫折,就能够功成名就。从对联创作方法的角度,此对联平仄相对,意义相衬,横批画龙点睛,读来朗朗上口又发人深省。

专题9

我思我在

从民谣看儒家文化对传统社会的影响

1. 选文作者将民谣分为三个方面来阐述。第一,家庭伦理角度(孝);第二,人生价值选择(择业);第三,政治风尚。

2. 这首民谣运用了顶针、重复、比喻等修辞手法,着力于音韵,使得整首民谣在音节上连贯自然,爽朗利落,语言生动形象,对民谣在民众间传播起到了很大的作用。

3. 反映童养媳风俗的民谣:"十八媳妇十岁郎,噙着眼泪在绣房,说是女婿年纪小,说是孩子不叫娘。"

反映夫妻恩爱的民谣:"东山岭上种毛桃,哥哥挑水弟弟浇。桃儿长得真是好,卖了桃儿娶嫂嫂。嫂嫂手儿不太巧,半个月做不成一件袄,哥哥面上过不去,关门假装闹脾气。哥哥你快拉倒吧,光打枕头做什么。"

闯关测试

1. C

2. B 出自《三国演义》,反映了当时军阀混战、主上蒙尘的社会状况。

3. C 《弹歌》选自《吴越春秋》。此书虽成书于东汉,但《弹歌》语言古朴,一般认为是上古歌谣。《冯玉梅团圆》出自宋代话本小说,一般认为是宋元时的作品。《还乡歌》是唐末宋初钱镠的作品。《竹枝词》是唐代刘禹锡的作品。

4. A 由题中的渔产品不难看出是渔民的歌谣。

5. B 《尔雅·释乐·旧注》:歌谣,是没有丝竹乐器的协奏,仅用人声歌唱的。《说文义证》:独歌是说就一个人唱歌,仅靠人声歌唱,不借助乐器。

6. D 这个故事实际上是有隐喻和象征的,A、B、C 三项都是从隐喻和象征角度说的,D项最多只能说"有可能起源于秦朝"。

7. B 朱自清先生的意思,类似《诗经》的"兴",即开头部分只是一个由头,与后文内容并无关系。符合此特点的,只有B项。

8. D

9. C 这首民谣主要是游戏之作,娱乐性质更明显一点。

10. C

11. D

12. 按地域、作用、歌唱者的职业、语言、时代等分。

13. 例:四儿四,晓得事;不靠人,自照自。

五儿五,常习武;是好汉,打战鼓。

六儿六,栽淡竹;淡竹多,笋子足。

(只要满足数字、押韵等基本要求即可)

14. ① 董卓 ② 裴炎

15. ① 莲与怜 ② 丝与思

16. 大官有嘴勿肯响。(茶壶)

二官无嘴关关响。(锣)

三官有脚勿肯走。(桌子)

四官无脚到杭州。(船)

17.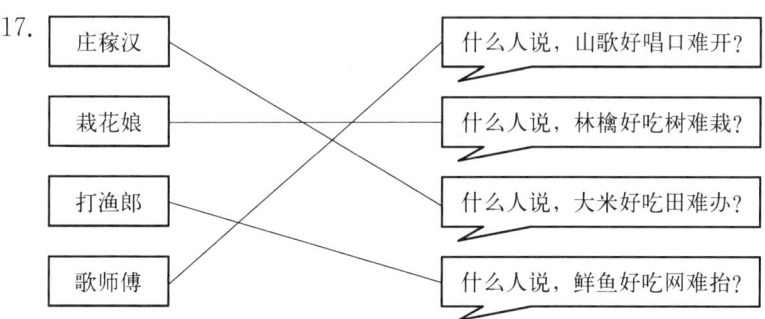

18. 韵脚多。整首童谣共有9个韵,有一句一韵,也有两句一韵、多句一韵的。随着歌谣韵脚的转换,语意不断变换、发展,让月光皎洁的夜晚显得更加生动,更加有趣。

241

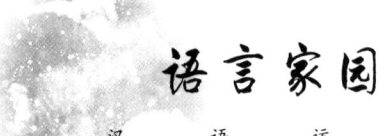

19. 所选择的事物有场所,有树木,有家禽;以担着十只小鸡路过姐姐家门口作为叙事中心,讲述了自己想早早回家去种漆树的愿望;然后又幻想自己所栽种的漆树高入云天。这些常见的意象使这首民谣更加富有生活气息和乡土情趣。

20. 顶针、叠词、重复。语句连贯,更有音乐感、节奏感。叠词使民谣更具有生活气息。

21. 略

专题 10
我思我在

文白的界限

1. 一般来说,从词汇、语法等角度看,杜甫的这三首诗都应该算作文言的范畴。同学们课外翻阅即可知道。胡适把这三首诗也算作白话,尽管有他的理由,但不可否认,太过勉强。

2. 成语、写信的祝颂语(如"此致""文安"等)、丧礼上的"节哀顺变"等。

3. 可以课外阅读胡适的名文《文学改良刍议》、鲁迅的小说《怀旧》、鲁迅校录的《唐宋传奇集》序言等。以鲁迅为例,鲁迅是反对文言、反对旧文化的代表,但从他的部分创作看,文言仍然是他惯用的一种语体,而且水平颇高。以胡适为例,《文学改良刍议》实际上是文白夹杂且文言味更浓的一篇文章。因此,文白的界限,既可以很清晰,也可以很模糊。

闯关测试

1. D 黄遵宪在光绪十三年就提出书面语与口语应该统一的问题。

2. C 《学衡》是吴宓等反对白话文的学者创办的杂志,是当时反对白话文的主要论战阵地。

3. B B项为鲁迅的《古书与白话》;A项为裘廷梁的《论白话为维新之本》;C项为陈荣衮的《论报章宜改用浅说》;D项为周作人给《燕知草》写的跋。另外,从选项中的观点和斩决的语气也可以推断出B项是鲁迅的话语风格。

4. A

5. D "冠""风""目"都是名词作动词,"颐"是名词作状语。

知识附录

6. C　A、B项都是唐代传奇,是文言小说;D项也是文言短篇小说;C项是明代白话小说。

7. B

8. A

9. 十岁以下:垂髫或总角。古代小孩头发下垂,引申指未成年的人。

女子十三岁:豆蔻年华。

十五岁:束发之年。

女子十五岁:及笄之年。

女子十六岁:破瓜之年。旧时文人拆"瓜"字为二八纪年,谓十六岁,多用于女子。

10. ① 百闻不如一见。

② 笨鸟先飞。

③ 好事不出门,坏事传千里。

④ 巧妇难为无米之炊。

⑤ 说曹操,曹操到。

11. ① 呢　　② 吗　　③ 呢　　④ (可不译)

　　⑤ 了　　⑥ 啊　　⑦ 罢了　⑧ 吗

⑤—⑧都是语气助词连用,翻译时一般侧重于结尾的那个助词,不必重复翻译。

12. ① 吾谁欺?　　② 牛何之?

　　③ 汝安从知之?　　④ 不患人之不己知。

　　⑤ 吾有老父,身死,莫之养也。

何、安、焉、奚都可以通用。前三是疑问代词做宾语,宾语前置;后二是否定句中代词充当宾语,宾语前置。

13. ① "狼""虎",名词作状语,像狼一样,像虎一样。

② "罗",名词作动词,用罗网抓。

③ "口""笔",名词作状语,用嘴巴,用笔。

④ "胫",名词作动词,长腿。

⑤ "残""缺",形容词作名词,残缺的东西。

⑥"草菅",名词的意动用法,把人命当成草。

⑦"丰""足",形容词的使动用法,使衣服丰厚,使粮食富足。

14. 参考译文:极目所见,群山之中没有一只飞鸟。回头四顾,每一条路上行人的踪迹都无法找到。寒冷的江面上,只有一个披着蓑衣的老渔翁,坐在孤单的小船上,独自垂钓。(译文不应遗漏意象,要营造出萧瑟孤寒的意境,若能押韵就更好)

15.
Fishing in snow

From hill to hill no bird in flight;

From path to path no man in sight.

A lonely fisherman afloat

Is fishing snow in lonely boat. (许渊冲翻译版)

16. 竟 察 忍(忍舍) 忍(忍悲) 就 先 顾 啼

17. 参考译文:我自从结识你以来,常希望天下的有情人都能结为夫妇;然而遍地血腥阴云,满街凶狼恶犬,有几家能称心满意呢?江州司马同情琵琶女的遭遇而泪湿青衫(我也像白居易一样多情善感),(因此)我不能像圣人一样忘记世间的感情。

18. 能说出文白表达各自的优点,结合文句言之成理即可。

19. 这个问题只要能说出自己的观点就好,希望能结合个人见闻与文白的特点,分析文言白话的命运。可以参考阅读南开大学邹铁夫博士的论文《论争与存在——文言的现代命运》。

专题 11

我思我在

网 言 网 语

1. 示例:"水逆"。"水逆"是"水星逆行"的缩略语。在希腊神话和各种占卜说里,水星逆行期间会出现各种混乱状况。所以凡是一段时间中的各种情绪、事业不如意都可以拿"水逆"来说事。

2. 示例:网络词语中的"你咋不上天呢"。看到这个标题,第一反应是想知道为什么会反问对方,"上天"又是什么意思,引起阅读和探究的兴趣。

知识附录

3. 示例:主要流行于网络中的一种语言,由汉语、英文字母、标点、符号、拼音等多种形式组合而成。

网 络 语 言

1. 示例:吕明臣等人对网络语言的界定主要限定在网络中使用的自然语言;而纪凌云、崔娜侧重将网络语言界定为人们进行网络交流时的一整套符号系统。

2. 示例:"高光",本是美术用语。物体最亮的部分叫作高光。

(1)"高光"时刻可以理解为"最精彩"的时刻。

(2)很"高光"即"备受瞩目、关注"的意思。

(3)(4)"高光"意为"出色"或"抢眼"的表现。

(5)"高光"高度赞扬了长征独具的历史意义。

网络流行语的运用让人感觉亲切,瞬间激发读者的好感,提升阅读兴趣,还能丰富信息量。

3. 示例:"比心"。"比心"这个网络用语已经从行为动作转变为一种表示情感的语言符号。它可以如此完美地适应于不同的语境,增加语言的亲和力。人与人可能隔着很远的距离,但一屏之隔,我们仍然可以通过彼此"比心",感觉到彼此如在眼前般的亲切。

4. 略

闯关测试

1. D

2. B

3. B

4. D

5. C

6. 示例:我们都要保持体重呀。

7. 示例:理想很丰满,现实很骨感。

8. 示例:(1) 说起来是"玩坏",但其实在照片主人看来,这个"我"比真实的"我"更可爱。

(2)"玩"在这里涵盖了软件制图、画面剪辑等具体的操作;"坏"则是"玩"得尽兴而产生的奇特幽默等效果。

(3)"玩坏"是指超常的逗弄宠物的行为。因为鹦鹉具有了本该人才有的无奈的表情而让人哭笑不得。

9. 示例:(1)(成绩很差)我可能进行了假复习。/(那么点收入)我可能收到了假工资单。

解读:这两句中"复习""工资单"都是真的,不是"假"的,它们被称为"假"的共同之处是因为"效果不佳"。

(2)我可能吃了一顿假饭,怎么肚子还那么饿呢?/我可能过了一次假生日,为什么一个红包也没有收到呢?

解读:这里"假"嵌进了动词,形成了"假吃饭""假生日"的效果,明显带有一种自我调侃的味道。

10. 网言网语的"前世今生"

(1)"囧"字可以看成是一张人脸,"八"就是两道下垂的眉毛,最下面是嘴巴,形象地表达一种无奈或极为尴尬的心情。

(2)"土豪"是曾与"劣绅"并列,是指"凭借财势横行霸道的乡间富人"。现在"土豪"增补了新的义项:"今也指富有钱财而缺少文化和正确价值观的人。"不仅是"土豪",互联网时代,许多旧有的词语已经有了全新的含义。

(3)原来是物理学上的一个名词。如今特指"积极的、健康的、催人奋进的、给人力量的事情"。在网络上传递正能量,成为一种风尚。"做一个正能量的人",成为许多人的生活格言。

(4)"晕"原意是头昏、头脑发昏。网络中的"晕"意义虚化了,表示某种惊讶、感叹的情绪状态。差不多成了一个叹词。例如:

A:听说考试要提前了?

B:哪天?

A:后天。

B:晕,还没看书呢。

11. 示例：不能接受。这样写诗感觉像在恶搞，随便找来一段话，选取其中一句，拆开分成几行，就成了"梨花诗"了。这样的诗歌，既无内蕴，也无韵味。

12. 示例：

上　　课

（仿李清照《武陵春》）

六科老师车轮战，长年读写算。本本资料厚如砖，神仙也疲倦。

下课铃响方寸乱，老师安如山。怎把苦恼托过雁，到蓬莱，寻清闲。

13. 示例：

小网同学抗议道："网络语言符合时代潮流，深受我们同学喜欢。它生动有趣，简单明了。它让我们'我手写我心'，喜欢上了写作。"

小网同学先发制人："网络早已成为了我们生活中不可或缺的一部分。所谓'适者生存'，我们年轻人要有时代使命感，积极接纳、使用网络语言，一味回避只能被加速淘汰。在讲究速度的现代社会，网络语言带来多少便捷？"

小范同学从容登台："在古老的东方大地上，有一位老人，曾经衣着端庄、面色红润。后来，他却衣衫褴褛，孤独地躺在阴暗的角落里，他的名字是'汉语'。今天，有人为了追求标新立异，将汉字撕碎再加上一些稀奇古怪的符号，派生出一些不知所云的东西。新新人类创造出的'火星文'，已将汉字折磨得千疮百孔。汉语真的要毁在我们这一代人手里吗？"

王老师起身说："网络语言并不一定完全适用于学习和生活中的任何情况。当然，也不完全是糟粕。我们应该用学过的'拿来主义'的方法：去其糟粕，取其精华。所以我和同学们约定：至少不要在书面语中使用。好吗？"

专题 12

我思我在

仓　颉　作　书

1. 日：☉，月：☽。"明"是会意字。

2. 象形、指事、会意、形声为造字法；转注、假借为用字法。

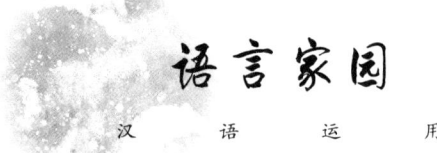

3. 示例：在树干上刻横线，或者用果子摆放来记事。但横线和果子的数目、组合方式渐渐也会演变成有特点的符号，这本身就是文字的雏形。随着人类社会节奏的加快，便于记录的、成熟的文字系统必然取而代之。

水

1. 字源；地理；行政区域。

2. 海纳百川、水乳交融、笔底波澜等。水有柔美、包容、净化、有力量等特质。

3. 示例：美术上，中国的山水画利用水墨在宣纸上的洇染，营造独有的美学风范；音乐上，水琴利用水及共振原理，制造出与众不同的哥特风格；电影上，王家卫《东邪西毒》里出现南方河水与西北大漠，不仅构成地貌的对比，也是回忆、幻想与现实的交织，更是美好与孤独的反差。

汉字：汉民族文化思维的镜像

1. 凰；疋；麒麟、浮沉等。

2. 略

3. 蕴含了具象思维和系统思维。

"丰"原为盛放祭品的一种器具，形象像豆（也是一种器皿）。"丰"繁体写法下面是"豆"也说明了这一点。上面是稻谷，表示祭品。在形象上近似描摹，是具象思维的表现。将器皿与祭品组合，从而表示丰盛，又体现了系统思维。

闯关测试

1. BDE

2. B 除了取来年甜蜜之意外，还有用汤团粘住灶王爷的嘴巴防止其说坏话的意思。

3. AB A、B项是避讳，C、D项仅仅是谐音。

4. ① 属于道德范畴，体现中华民族的传统美德。

② 体现为人处事的基本准则和普遍的价值观念。

③ 公众期待社会道德水平提高。

④ 公众期待中国传统文化能够得到更好的传承。（答出两点即可，每点3分）

5. B 娶、汐、返的声旁、形旁都同时表意，芹的声旁只表音。

知 识 附 录

6. D　巴适是舒服的意思。

7. 骉　骈

8. 壆

9. 刘德华　招财进宝

10. 娶来何氏女添人添口添丁。（其他答案亦可）

11. 假借

12. 氯：颜色绿　氢：重量轻　氮："淡"取冲淡空气之意

13. 期待羊毛羊皮作为防寒必需品，从而产生一种舒适感；从经济的角度，预想羊具有很高的经济价值，从而产生一种喜悦感。（言之成理即可）

14. 福德长寿　下里巴人　山水万滋

15. 仓颉　"天雨粟，鬼夜哭"是形容仓颉当时造字惊天地泣鬼神的状态。造化不能藏其秘，灵怪不能遁其形。

16. 可从多角度阐述：在服装上，使用书法元素具有美感及设计感；在人物设定上，与角色的气质契合；在题材上，符合历史古装片的定位；在影像上，与李少红导演的作品风格一致。

17. 匠　汤圆　寅吃卯粮

18. "水"上多一点为"永"，取意：水多一点即永恒。水是万物之源，意在提倡人们节约用水。

19. Power　dream

示例：如果是欣赏、接受，可从艺术的多元化、概念化，文字的改革、融合等去谈；如果是否定、批判，可从艺术的纯粹、美感等去谈；也可以辩证地看。言之成理即可。

20.（1）"永"字来自王羲之的《兰亭集序》，是行书。

（2）我认为很搭。传统乐器无法像大提琴那样，表现出书法美学那种沉静、内敛的气质，我们可以选择更适合的音乐来衬托。艺术不是僵化的，找到中国传统文化和西方舞蹈形式的契合点，才能焕发出艺术的魅力。

21. 略

22. 示例：

249

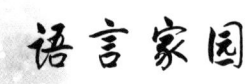

词汇上：浙江宁海有"谁人"的说法,而古诗中也有"莫愁前路无知己,天下谁人不识君"。而宁波用"其"指第三人称,而这正是古汉语中第三人称代词的常见用法。

语音上：浙江宁海把"宁海"念"能海",宁波把"宁可"念"能可",这符合古汉语中的旁转。

语法上：粤语地区把"你先走"说成"你走先",这是受古汉语中后置的影响。

综合测试

1. B "複遝"应为"復遝"。"複"与"復"的简化字都是复,但"複"的含义有重复、复杂等意思,而"復"的含义有转回、再、报复等意思。

2. A "歲"的简化字为"岁","間"的简化字为"间","覺"的简化字为"觉","東"的简化字为"东"。

3. D A项错在"守侯",应为"守候";B项错在"老友古旧",应为"老友故旧";C项错在"情节",应为"情结"。

4. C

5. D "引申为凡劝勉之称"当为"引申为凡相习之称",狎,从犬,甲声。从犬,犬善与人玩耍。本义：驯犬。引申为过分亲近,仿效的意思。

6. D 应为"手代表奴隶主的权力,他手里有一个女人",等于对她的所有权。

7. C 应为"示部,右边是曲、豆"。

8. A 缘木求鱼,爬到树上去找鱼。比喻方向或办法不对头,不可能达到目的。出处《孟子·梁惠王上》"以若所为,求若所欲,犹缘木而求鱼也"。

9. C

10. C 威海取自"威震东海"之意;上海意为"通向大海的地方",得名于松江的一条支流。

11. A 王氏家规"言宜慢,心宜善"。年轻时就该"言宜慢",深思熟虑少犯错误;人到壮年,心智成熟、实力雄厚,应该"心宜善"。

12. D D项选自鲍勃·迪伦作品《战争贩子》。

13. A 应为(普通话)"他走出胡同口儿,谁知道天上下起雨来了。"

知 识 附 录

14. D　闽方言,以福州话和厦门话为代表,主要分布在福建、海南、台湾、广东潮汕和雷州半岛等地区。

15. C　"志士不忘在沟壑,勇士不忘丧其元",意为有志之士不怕弃尸山沟,勇敢的人不怕丢掉脑袋。"丧元",即丧首,被砍头。

16. D　"几间东倒西歪屋,一个南腔北调人"这是徐文长书斋的对联。

17. D　生活不止眼前的苟且,还有诗和远方。文言:常抱青云之志,莫但求田问舍。宝宝心里苦,但宝宝不说。文言:孺子含辛,隐忍不喷。

18. C　老当益壮:马援,出自《后汉书·马援传》"丈夫为志,穷当益坚,老当益壮"。

19. A

20. B　杜甫号"少陵野老",白居易号"香山居士","易安居士"是李清照的号。

21. D　成分残缺,应为"继续提倡中国走民主科学道路"。

22. C　应为"从形象上看,这不是两头牛或者两只羊在顶角吗?"

23. B　应为"强化了主人公烦躁、失常、不满的情绪"。

24. B　这段话的核心话题是"修辞学",先从西方学者的观点谈起,故第①句是起始句;亚里士多德为西方修辞学研究的代表,他对修辞学下了定义,并影响着西方修辞学的研究传统,故③⑥句;不过后继的研究者扩展了修辞的基本功能,这就改变了修辞的目的,故④⑤句;然后再谈到中国修辞观及孔子讲修辞的内容,故②。

25. C　"青衫"采用借代手法,其余采用移情手法。

26. B

27. C　该选项是描写立春节气的诗句。

28. C

29. A　A项意为"远望",B项意为"希望、期望",C项意为"怨恨、责怪",D项意为"有名的人"。

30. C　呆秀才不顾语境,自作高雅,放着现成的口语不用,却要使用"之乎者也"的书面语,使得妻子以为丈夫说梦话,导致交际中断,什么事情都没办成。只有C项使用口语,意思让人一听就明白。

31. 诸子百家,孔孟老庄。扁鹊灵医,鲁班巧匠。

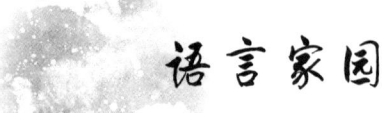

罗盘硝药,针灸疗伤。蔡伦毕昇,鉴真玄奘。

易经论语,史记达畅。河图洛书,算术九章。

西三红水,聊儒瓶厢。诗词曲赋,戏剧说唱。

32.（1）快乐、欢乐、乐观、乐不思蜀、乐极生悲、乐善好施、乐天知命、极乐世界等都读lè,主要是指人的一种愉快的心理状态。

（2）音乐、乐府、交响乐、乐章、奏乐、乐曲、乐坛等都读yuè,都与悦耳的声音有关。

（3）知者乐山、仁者乐水旧读yào,含有爱好、喜爱的意思。

33. 略

34. 这副奇特的挽联表达了我中华儿女宁肯站着死,不愿跪着"生"的浩然正气。全联文字简短而寓意深刻。

35. 一个"遣"字,道出了项鸿祚以写词为文的无益之事来充实自己的有涯之生的不甘心和凄婉之情;董其昌将绘画、藏画和参悟画道之乐,视为人生之"悦",自得其乐,是难得的人生自信和优雅。

36. 张博闻:"博闻",即见闻广博,出自《汉书·东方朔传》"自以智能海内无双,则可谓博闻辩智矣"。

朱俊杰:"俊杰",即才智出众的人,出自《春秋繁露·爵国》"十人者曰豪,百人者曰杰,千人者曰俊,万人者曰英"。

木婉清:金庸小说中的人物名字,意为"水木清华,婉兮清扬"。"水木清华"出自西晋诗人谢琨《游西池》"莲池鸣禽集,水木湛清华";"婉兮清扬"出自《诗经·郑风》"野有蔓草,零露漙兮。有美一人,清扬婉兮"。

周芷若:金庸小说中的人物名字。"芷若"是香草名,在《史记·司马相如传·子虚赋》中有记载:"其东则有蕙圃衡兰,芷若射干,穹穷昌蒲,江离麋芜,诸蔗猼且。"集解引《汉书音义》:"芷,白芷;若,杜若也。"

屠呦呦:诺贝尔医学奖获得者。"呦呦"是指鹿的叫声,取自《诗经·小雅·鹿鸣》篇中的"呦呦鹿鸣,食野之苹"。

王守仁:明代大儒王阳明。"守仁"就是"守住仁爱之心",出自《论语·卫灵公》"知及之,仁不能守之;虽得之,必失之。知及之,仁能守之"。

知 识 附 录

37. 2016年度国内汉字"规"体现出中华传统与时代需求的融合。"规",即规矩,方圆之至也。老规矩是民族的立身之本,取其精华、去其糟粕,该坚守的还要坚守;新规矩是新时代新要求,体察民生、追踪民情,方能匡正。

38. 江南佳丽地,金陵帝王州。(谢朓《入朝曲》)

凤凰台上凤凰游,凤去台空江自流。吴宫花草埋幽径,晋代衣冠成古丘。(李白《登金陵凤凰台》)

六朝旧事随流水,但寒烟衰草凝绿。至今商女,时时犹唱,后庭遗曲。(王安石《桂枝香·金陵怀古》)

烟笼寒水月笼沙,夜泊秦淮近酒家。(杜牧《泊秦淮》)

俺曾见金陵玉殿莺啼晓,秦淮水榭花开早,谁知道容易冰消!(孔尚任《哀江南》)

山围故国周遭在,潮打空城寂寞回。(刘禹锡《石头城》)

旧时王谢堂前燕,飞入寻常百姓家。(刘禹锡《乌衣巷》)

南朝四百八十寺,多少楼台烟雨中。(杜牧《江南春》)

江雨霏霏江草齐,六朝如梦鸟空啼。(韦庄《台城》)

晚凉天净月华开。想得玉楼瑶殿影,空照秦淮。(李煜《浪淘沙》)

春归秣陵树,人老建康城。(李清照《临江仙》)

今日槿花落,明朝梧树秋。若负平生意,何名作莫愁。(李贺《莫愁曲》)

佳丽地,南朝盛事谁记。山围故国绕清江,髻鬟对起。怒涛寂寞打孤城,风樯遥度天际。(周邦彦《西河·金陵怀古》)

金陵子弟来相送,欲行不行各尽觞。(李白《金陵酒肆留别》)

淮水秋青,钟山暮紫,老马耕闲地。一丘一壑,吾将终老于此。(郑燮《念奴娇·长干里》)

郎骑竹马来,绕床弄青梅。同居长干里,两小无嫌猜。(李白《长干行》)

三百年间同晓梦,钟山何处有龙盘。(李商隐《咏史》)

六代江山在,繁华古帝都。乱来城不守,战后地多芜。(王贞白《金陵》)

前三国,后六朝,草生官阙何萧萧。(高启《登金陵雨花台望大江》)

39. 参考示例:

"怼",形声字,从心,对声。《说文解字》释义为"怼,怨也。""怼"是方言词语,在河南方言、陕西关中方言、客家话、粤语中均有使用。网络用语"怼"的语义主要有以下几种：

① 表怨恨，保留古义。如：索要成功，女婿家砸锅卖铁背负重债，女儿生活艰辛；索要不成，女儿忍痛割爱，对父母就会心生怨怼。(《人民日报》2016年4月5日)

② 表批评、指责。如《伊朗外长怼特朗普：他的"禁穆令"是对"整个国家的侮辱"》(环球网2017年2月20日)

③ 嘲弄，开玩笑。如：戏里马丽对贾乃亮情根深种，却又只能以"哥们"的名义互怼嬉闹，背后对其不计回报地默默付出。(环球网2017年1月25日)

④ 表敲打、撞击。如《杭州街头5辆豪车连环怼，宝马奔驰全毁，惊呆路过小伙》(《钱江晚报》2017年1月22日)

40.（1）受过教育的秀才听不懂当地的乡言土语。（2）宋代口语与书面语之间有相当大的差异。（3）方言和通用语的沟通是增强人们交际的关键。

41. 示例：（1）写给语文老师的对联

上联：曹操曹丕曹植，为建安文学增色

下联：苏洵苏轼苏辙，给唐宋诗词添彩

（2）写给数学老师的对联

上联：巧设计，细绘人生图像

下联：精计算，巧解生活方程

（3）写给英语老师的对联

上联：通晓语法，学博思精造诣深

下联：熟练口语，音准速快翻译棒

（4）写给政治老师的对联

上联：览世事沧桑，洞晓社会变化规律

下联：看国家兴衰，窥破未来发展先机

（5）写给历史老师的对联

上联：纵观历史，秦汉隋唐元明清

下联：横看世界，中美英法德日俄

（6）写给地理老师的对联

上联：读教科书,乘季风,激起心中暖流

下联：转地动仪,看世界,了解异域风情

(7) 写给物理老师的对联

上联：处三尺讲台,做功出力

下联：凭一腔热血,放电发光

(8) 写给化学老师的对联

上联：究天机,乐与有机无机做伴

下联：培学子,巧同原子分子周旋

(9) 写给生物老师的对联

上联：实验室中,植物动物样样标本俱全

下联：讲课台上,易题难题种种类型都有

(10) 写给体育老师的对联

上联：扣篮板,伸手赶超火箭队

下联：踢足球,迈脚夺取世界杯

42. 示例：喜欢"诗经版"。理由：① 句式整齐,读来朗朗上口。② 语言凝练,富有表现力,如"慕雨""启伞"等。③ 质朴自然,通俗易懂。(言之成理即可)

43. 略

 其他附录

※ 推荐书目

1. 王宁《汉字六论》,中国大百科全书出版社 2017 年版。

推荐语：汉字问题在 20 世纪和 21 世纪之交,成为中国国内一个热门话题,也受到国外的关注。本书从汉字起源、汉字的表意性质、汉字与汉语的辩证关系、汉字构形的系统性、汉字与中华文化、《说文解字》及其在当代的应用六个角度,对汉字作了高屋建瓴的

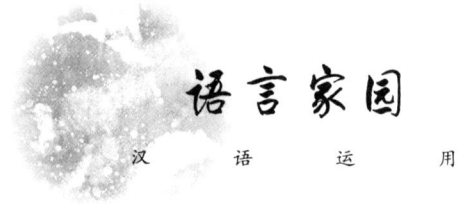

论述。

2. 魏励《汉字部首解说》，商务印书馆国际有限公司 2017 年版。

推荐语：你知道汉字有多少部首吗？你知道部首的不同含义和用法吗？《汉字部首解说》讲解了 201 部首的造字本义以及部中统属字的关系。这是一本适合中学生阅读的汉字知识入门读物。

3. 魏励《语言文字规范手册》，商务印书馆国际有限公司 2014 年版。

推荐语：本书收录了《中华人民共和国国家通用文字法》《通用规范汉字表》《出版物上数字用法》《标点符号用法》等现代汉语规范标准和用法。"一册在手，规范无忧"。

4. 杨广恩《熟语趣话》，哈尔滨出版社 2008 年版。

推荐语：孔子说自己是"丧家狗"是怎么回事？"说曹操曹操到"源于什么典故？物品为什么称为"东西"而不称"南北"？"混账"何以成了骂人的话？"跳槽"原来竟是青楼术语？"炒鱿鱼"为什么成了开除解雇的代名词？"只许州官放火，不许百姓点灯"有什么来历？读了《熟语趣话》这本书，你就能找到答案。

5. 〔加〕布兰登·罗伊尔《一本小小的蓝色逻辑书》，冯亚彬、刘祥亚译，九州出版社 2016 年版。

推荐语：欢迎打开奇妙的逻辑世界，这是一本能让你思维"如刀锋般犀利"的逻辑入门书！读完此书你会拥有更全面的逻辑推理能力，生活中的逻辑漏洞，或许你一眼就能看清！

6. 〔美〕威廉姆·沃克·阿特金森《逻辑十九讲》，李奇译，山东文艺出版社 2016 年版。

推荐语：一本足以彻底改变你思维方式的小书。作者以其朴素简练而充满趣味的笔触，将一门深奥的逻辑科学以通俗易懂、妙趣横生的语言娓娓道来，从逻辑学的基本原理，到推理的过程，再到论证，再到种种逻辑谬误的根源，一步步带领我们进入精彩无比的逻辑世界，体会妙趣横生的思维交锋，跨过无处不在的思维陷阱。

7. 〔清〕李渔《笠翁对韵》，浙江古籍出版社 2011 年版。

推荐语：这本书是中国古代学习写作近体诗、词，用来熟悉对仗、用韵、组织词语的启蒙读物。按韵分编，包罗天文、地理、花木、鸟兽、人物、器物等的虚实应对。从单字、到

知 识 附 录

双字对、三字对、五字对、七字对到十一字对,声韵协调,朗朗上口。

8. [清]梁章钜《楹联丛话》,中华书局 2013 年版。

推荐语:这是我国文学史上第一部"联话"著作,是"楹联丛话系列丛书"中的一本。本书内容涉及故事、应制、庙祀、胜迹、格言等,每条联语均简述其撰人、撰写缘由、特点、悬挂地点等,力求全面详尽地再现对联的文化风貌,是不可多得的楹联方面的经典之作。

9. 苍舒《中国对联艺术》,山西教育出版社 2012 年版。

推荐语:本书以五彩缤纷的联史为经,以丰富多彩的联例为纬,融对联的来龙去脉、形式与社会功能、情境意境与风格、创作与格律、修辞与宜忌于一体,把中国对联放置在艺术这个大领域中。读了这本书,相信你既可以获得关于对联的宏观知识,又可以获得创作对联的微观技巧和手法。

10. 朱自清《中国歌谣》,复旦大学出版社 2004 年版。

推荐语:你知道中国歌谣的起源与发展吗?你了解歌谣的分类吗?朱自清先生的《中国歌谣》是一本中国近代歌谣的理论专著,对中国歌谣的释名、起源与发展、历史、分类、修辞和评价等都作了比较系统的分析和论述。书中例证丰富,保存了大量原始文献,是研究中国歌谣领域一本具有开拓性意义的著作。

11. 张中行《文言和白话》,中华书局 2012 年版。

推荐语:张中行先生的这本书,系统论述了文言与白话的关系、特点等问题。本书不像其他专著深奥难懂,而是平易近人,把艰深的话题用浅近的语言表达出来,非常适合学生阅读。

12. 张颖炜、曹玮、徐爱民《网络语言研究》,暨南大学出版社 2015 年版。

推荐语:没有让人如坠云里的艰深术语,没有让人昏昏欲睡的枯燥学说,作者借鉴计算机语言、心理学、文化学等学科的理论和方法揭示了网络语言的基本特征。

13. 陈炜湛《汉字的故事——古文字趣谈》,文化艺术出版社 2010 年版。

推荐语:古文字研究一向被视为高深的学问,但《汉字的故事——古文字趣谈》以深入浅出的表述、图文并茂的方式,把一个个抽象的汉字演绎得通俗易懂、趣味横生。这是陈炜湛先生汉字研究的成果,不仅极大促进了古文字的大众普及,也非常适合中学生阅读。

14. 鲍宗豪《数字化与人文精神》,上海三联书店 2003 年版。

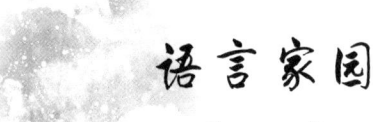

语言家园
汉语运用

推荐语：本书定义了数字化生存的本质，并以现实主义的态度告诉读者数字化网络时代的灵魂是人文精神。

15. [瑞典]林西莉《汉字王国》，生活·读书·新知三联书店 2008 年版。

推荐语：作为一名长期生活在中国的瑞典作家，林西莉对中国的百姓生活进行了细致观察，同时又对考古材料了然于胸，使得她对汉字的解读既生活又学术。本书文字浮想联翩，从字的释义谈到生活与文化，气息鲜活。

16. 蒋勋《汉字书法之美》，广西师范大学出版社 2009 年版。

推荐语：蒋勋在本书中历数汉字根源变迁，多方譬喻，以自身暖色记忆经验谈起，让人看见汉字不仅在指腕间，更在生命间，舞动着动中见静的韵律之美。

17. 廖文豪《汉字树》，北京联合出版公司 2017 年版。

推荐语：本书以"树"的形式来解读汉字，将看似没有关联的汉字形象化地展现出来，让读者在趣味阅读的同时，轻松掌握汉字的不同意义及用法，既能丰富汉字知识，又能提高国学素养。同时，全书海量收集了这些汉字的甲骨文、金文、篆文、繁体中文、简体中文等，每一个与"人"有关的汉字，都有属于自己的生长故事。

※ 成语的加减乘除

成语的加减乘除，将语文与数学知识结合在一起，是非常有趣的语文教学方法。让同学们在游戏中增长知识，能过目不忘哦！

1. 成语的加法

（　　）言为定＋（　　）鸣惊人＝（　　）全其美

（　　）亲不认＋（　　）触即发＝（　　）窍生烟

（　　）体投地＋（　　）手遮天＝（　　）神无主

（　　）令五申＋（　　）平八稳＝（　　）步之才

（　　）通八达＋（　　）望无际＝（　　）湖四海

（　　）龙戏珠＋（　　）零八落＝（　　）霄云外

（　　）海为家＋（　　）亲不认＝（　　）万火急

知识附录

（　）生有幸＋（　）颜六色＝（　）面玲珑

（　）字千金＋（　）令五申＝（　）通八达

（答案：一 一 两；六 一 七；五 一 六；三 四 七；四 一 五；双 七 九；四 六 十；三 五 八；一 三 四）

2. 成语的减法

（　）彩缤纷－（　）呼百应＝（　）海升平

（　）全十美－（　）手八脚＝（　）顾茅庐

（　）光十色－（　）事无成＝（　）面八方

（　）嘴八舌－（　）亲不靠＝（　）言为定

（　）死一生－（　）分五裂＝（　）湖四海

（　）室九空－（　）盘散沙＝（　）牛一毛

（　）神无主－（　）龙戏珠＝（　）面受敌

（　）体投地－（　）长两短＝（　）败俱伤

（　）仙过海－（　）掷千金＝（　）上八下

（　）面威风－（　）光十色＝（　）头六臂

（　）颜六色－（　）海为家＝（　）丝不苟

（答案：五 一 四；十 七 三；五 一 四；七 六 一；九 四 五；十 一 九；六 双 四；五 三 两；八 一 七；八 五 三；五 四 一）

3. 成语的乘法

（　）里挑一×（　）川归海＝（　）籁俱寂

（　）马平川×（　）发千钧＝（　）笔勾销

（　）全其美×（　）相情愿＝（　）海一家

（　）花齐放×（　）万火急＝（　）变万化

（　）全十美×（　）指连心＝（　）花盛开

（　）龙戏珠×（　）丝不苟＝（　）面三刀

（　）心二意×（　）视同仁＝（　）思而行

（　）言九鼎×（　）牛二虎＝（　）霄云外

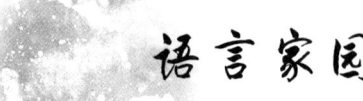

语言家园
汉语运用

(答案：百 百 万；一 一 一；两 两 四；百 十 千；十 十 百；双 一 两；三 一 三；一 九 九)

4. 成语的除法

( )寿无疆÷( )思不解＝( )折不挠

( )辛万苦÷( )步芳草＝( )年树人

( )霄云外÷( )头六臂＝( )教九流

( )神无主÷( )虎相斗＝( )长两短

( )面楚歌÷( )面三刀＝( )龙戏珠

( )拿九稳÷( )光十色＝( )袖清风

( )炼成钢÷( )全十美＝( )拿九稳

( )气呵成÷( )毛不拔＝( )波三折

(答案：万 百 百；千 十 百；九 三 三；六 二 三；四 两 双；十 五 两；百 十 十；一 一 一)

后　记

　　语言是光,它照亮了世界;语言是花,它绽放出个人的魅力。语言的积累、梳理与探究和汉字汉语专题研讨,不仅仅是语言技巧的训练,更是认识世界、发现自我的途径。正如哲学家海德格尔所说"语言,是人类存在的家园"。人活在自我的语言体系中,丰富自我的言语积累,就是一种诗意的生命栖居。

　　法国作家都德在《最后一课》中指出,一个民族的语言是一个民族的灵魂,"亡了国当了奴隶的人民,只要牢牢记住他们的语言,就好像拿着一把打开监狱大门的钥匙"。汉语,是我们中华民族的母语,也是我们民族智慧的一种结晶和象征。比如语言的"魔方"对联、"活化石"熟语、"时代晴雨表"民谣、繁体字与简体字、文言与白话等,这些鲜活的语言现象呈现了时代的缤纷画卷,是中国传统文化的镜像。文字是语言的符号,也是思想的载体。中国汉字从远古仓颉造字绵延至今,在几千年的漫长岁月里,它是历史的痕迹,是有着鲜活生命的"你""我""他"。我们的方块字里潜藏着丰富的审美和诗意,诉说着无穷的魅力和意蕴。比如"忍"字,就像一把刀刃放在心头上,形象地表现出人的一种欲罢不能的心理状态,传达出中国人特有的一种心态——退一步海阔天空。我们的语言学习任务,首先从领悟汉字的魅力开始,在汉字文化中找到我们民族的自信、文化的自信。《汉书·枚乘传》载:"夫十围之木,始生如蘖。"语言的积累、梳理与探究就是汲取汉民族文学养料的过程,就像一棵参天大树,只有深深扎根于文化的土壤,才能成长为枝繁叶茂的"十围之木"。

　　洪堡特强调语言的"生命体",语言是一种精神的创造活动,只有在运用中才有生命

语言家园
汉语运用

力。在传统的语文学习中,我们往往将语言机械地割裂并烦琐地分析,虽然知道了字、词的意思,段落的内容以及句子构造的特点,但是忽视了语言的直觉感受,限制了语言的流动,抹杀了语言本身的生命与美。《普通高中语文课程标准(2017年版)》指出,语言积累、梳理与探究要求学生在语文学习中养成积累语言的习惯,并探究语言文字的特点及其运用规律,形成个体的言语经验,在具体的语言情境中正确有效地运用语言文字进行交流沟通。也就是说,语言的学习与运用要沿着"咀嚼品味—迁移运用—自我内化"的路径进行,要渗透在语文课堂、生活实践之中,最终沉淀为学生的语言素养。因此,活动性、情境性、实践性是本书编写的原则,也是实现语言学习方式的新途径。通过12个专题学习,让同学们在生活情境中理解语言、在实践中体会语言、在运用中内化语言,力求提升和构建自我的言语体系,丰富自我的精神世界和文化素养。

德国诗人荷尔德林在《远景》中描述:"当人的栖居生活通向远方,在那里,在那遥远的地方,葡萄闪闪发光。那也是夏日空旷的田野,森林显现,带着幽深的形象。自然充满着时光的形象,自然栖留,而时光飞速滑行。这一切都来自完美。于是,高空的光芒照耀人类,如同树旁花朵锦绣。"诗人是存在之家的守护人,只有在语言家园中,我们才能实现诗意的栖居。

最后,衷心感谢浙江省特级教师包建新、台州市名师邹兆文等专家在本书编写过程中给予的悉心指导。

关于本书版权事宜的启事

收入本书的文章已获得大部分作者的授权，但还有部分作者没能联系上。请您看到本书后与上海教育出版社联系，我们将寄上样书和稿酬。

图书在版编目(CIP)数据

语言家园:汉语运用 / 张永飞主编. —上海:上海教育出版社,2018.3
(新课标　新语文　新学习/褚树荣主编)
ISBN 978-7-5444-8179-3

Ⅰ.①语... Ⅱ.①张... Ⅲ.①阅读课—教学研究—高中 Ⅳ.①G633.332

中国版本图书馆CIP数据核字(2018)第055361号

新课标　新语文　新学习
语言家园:汉语运用
褚树荣　丛书主编
张永飞　本册主编

出版发行	上海教育出版社有限公司
官　　网	www.seph.com.cn
地　　址	上海市永福路123号
邮　　编	200031
印　　刷	上海展强印刷有限公司
开　　本	787×1092　1/16　印张17.75
字　　数	284千字
版　　次	2018年4月第1版
印　　次	2018年4月第1次印刷
书　　号	ISBN 978-7-5444-8179-3/G·6766
定　　价	45.00元

如发现质量问题,请向本社调换　电话 021-64377165